Mit Mops und Mann

Die Mops-Trilogie

Band 1: Nicht ohne meinen Mops
Band 2: Mops und Möhren
Band 3: Mops und Mama
Band 4: Mit Mops und Mann

Silke Porath, Jahrgang 1971, lebt mit Mann und drei Kindern im schwäbischen Spaichingen. Sie arbeitete lange Jahre als Zeitungsredakteurin und PR-Beraterin in verschiedenen Agenturen. Seit 2001 ist sie als Schreibtrainerin für Kinder und als Dozentin für Kreatives Schreiben tätig.
Mehr Informationen unter www.silke-porath.de.

Silke Porath

Mit Mops und Mann

Roman

Weltbild

Besuchen Sie uns im Internet:
www.weltbild.de

Genehmigte Lizenzausgabe für Weltbild GmbH & Co. KG,
Werner-von-Siemens-Straße 1, 86159 Augsburg
Copyright der Originalausgabe © 2016 by Silke Thiercy
Projektleitung: usb bücherbüro, Friedberg/Bay
Redaktion: Ingola Lammers
Umschlaggestaltung: Alexandra Dohse - www.grafikkiosk.de, München
Umschlagmotiv: Bildmontage unter Verwendung von Bildern von Alexandra Dohse
und Shutterstock: © Valentin Creciun, Fine Art Studio, Elena Polovinko
Satz: Datagroup int. SRL, Timisoara
Druck und Bindung: GGP Media GmbH, Pößneck
Printed in the EU
ISBN 978-3-95973-298-7

2020   2019   2018   2017
Die letzte Jahreszahl gibt die aktuelle Ausgabe an.

»Ein Mops ist sich seiner besonderen Ausstrahlung sehr
wohl bewusst. Er tritt nicht einfach in einen Raum,
er erscheint.«

Christina Marie Vlachinsky

Eins

»Scheiß auf den Prinzen. Ich nehm den Mops.«
Melanie Arendt

Wie halten andere Frauen das bloß aus? Earl klingt, als würde er gleich ersticken. Mudel rasselt leise vor sich hin. Arne lässt das Zäpfchen gegen den Rachen krachen, und Zita schnurpselt den Atem so schwungvoll ein, dass es beim Ausatmen pfeift. Zugegeben, ohne die Lärmkulisse wäre das ein super süßes Bild: mein Liebster liegt mit Baby Zita auf der Brust auf dem Sofa, rechts und links flankiert von Mops Earl und dessen Sohn Mudel, einer kuriosen Mischung aus Mops und Pudel, gezeugt im Sandkasten eines Stuttgarter Spielplatzes. Doch, es sieht richtig niedlich aus. Eigentlich. Aber ich bin in jenem Stadium von müde, in dem schon ein Blinzeln zu anstrengend ist. Und vom Geräuschpegel mal abgesehen – haben die vier daran gedacht, dass Tanja auch einen Platz zum Pennen braucht? Immerhin habe ich seit gefühlt sieben Wochen keine Sekunde Schlaf bekommen. Und sehe übrigens auch so aus, aber das ist mein kleinstes Problem. Denke ich jedenfalls, bis ich an der Wohnung gegenüber klingele und mein Ex-Mitbewohner Chris die Tür öffnet. Jedes Mal, wenn ich ihn sehe, überkommt mich der Wunsch, die Zeit ein bisschen zurückzudrehen, als er und sein Mann Rolf noch meine WG-Kumpel waren, meine

Wochenenden aus Prosecco bestanden und meine Augenringe noch nicht aussahen wie luftleere Lkw-Reifen.

»Du siehst scheiße aus«, stellt Chris fest und lässt mich eintreten. »Und du riechst ...«

»Nach Babykotze«, vervollständige ich. Es scheint an der Bauart von Säuglingen zu liegen, dass nach dem Einfüllen von 200 Millilitern Milch gute 300 wieder rauskommen. Bei meiner Tochter jedenfalls scheint die Evolution eine Klappe zum Schließen des Magens vergessen zu haben.

»Eau de Maman!«, flötet Rolf aus der Küche. »Kaffee für meine Prinzessin?« Ehe ich Ja sagen kann, rattert das Mahlwerk los.

»Intravenös am besten«, seufze ich und lasse mich auf meinen alten Stammplatz am Küchentisch plumpsen. »Euren Hunden geht es übrigens Bombe«, füge ich matt hinzu.

»Danke fürs Aufpassen.« Chris haucht mir ein Küsschen auf die Wange, und ich könnte ihn knutschen. Dafür, dass er das tut und dafür, dass er nicht die Nase rümpft. Denn zum säuerlichen Geruch ausgekotzter Milch kommt noch das, wonach frau eben so riecht, wenn sie die Dusche seit gefühlten drei Tagen nur von außen gesehen hat. Ich will gar nicht wissen, wie meine Haare aussehen. Wahrscheinlich wie ein Besen nach der Kehrwoche in der Schmalzfabrik.

»Köln war so, so schön«, schwärmt Rolf und stellt die Kaffeetasse vor mir ab. »Und schau mal ...« Er wischt über den Handybildschirm und hält mir dann das Gerät vor die Nase. »Ist das nicht romantisch?«

Ich sehe ein knallrotes Schloss, eines von Tausenden, die die Hohenzollernbrücke irgendwann vor lauter Liebesschwüren zum Einstürzen bringen werden. Das Schloss trägt die Inschrift »Rolf & Chris forever«. Ziemlich verschwommenes Bild, denke ich im ersten Moment. Dann merke ich, dass mir Tränen über die Wangen rollen.

»Das war ein wirklich schöner Jahrestag«, sagt Chris und reicht mir die Großpackung Kleenex.

»Das freut mich so für euch«, schniefe ich. Ich ziehe die Nase hoch und will die beiden anlächeln. Aber statt eines lustigen Tanja-Grinsens kommt ein unglückliches Heulen aus meiner Kehle.

»Ach du liebe Güte.« Chris steht auf und legt die Arme um mich. »Du bist ja völlig fertig.«

»Ich ... kann ... nicht mehr«, heule ich. Wahrscheinlich nicht sehr originell, welche Mutter mit einem sechs Monate alten Baby hat nicht ab und zu den Blues? Andererseits ist das hier mein Blues. Mein Leben. Sollte es zumindest sein. Ich nippe am Kaffee.

»Ich will mein Leben zurück«, flüstere ich. »Versteht mich nicht falsch, ich liebe Zita, aber ...«

»... du bist hundemüde.« Rolf nimmt mir den Kaffeepott ab und zieht mich hoch. Als er mich in den Arm nimmt und gegen seine Brust drückt, bekomme ich zwar einen Moment lang keine Luft, fühle mich aber gleich wieder besser. Ein bisschen jedenfalls.

»Komm.« Chris bugsiert mich in mein altes Zimmer, das noch fast so aussieht wie zu unseren WG-Tagen. Unter dem runden Fenster, dessen Scheibe eine Frau im Tiffany-Stil aus bunten Glas ist, steht mein altes Bett. Und genau da stecken mich meine Jungs rein. Decken mich zu. Hauchen mir jeder ein Küsschen auf die Stirn und befehlen mir, die Augen zu schließen. Ich gehorche umgehend, und noch ehe die beiden aus dem Raum geschlichen sind, falle ich in ein sehr tiefes, sehr dunkles und sehr schläfriges Loch.

Das Loch muss mindestens bis Australien gereicht haben, denn als ich meine bleischweren Lider öffne, ist es draußen dunkel. Erschrocken setze ich mich auf und weiß einen Moment nicht, wo ich bin. Automatisch lausche ich nach Zita. Und höre sie giggeln. Im nächsten Moment fällt Arne mit seinem warmen Lachen ein, gefolgt von Earls heiserem Kläffen. Ich gähne und fühle mich ganz anders als in den vergangenen Monaten. Irgendwie wacher. Mehr wie ich selbst. Das ist ein Gefühl, das so schön ist, dass ich gleich wieder heulen könnte. Das lasse ich aber lieber sein, sondern schleiche aus dem Zimmer und spicke in die Küche. Rolf steht am Herd, auf dem es in einem übergroßen Topf brodelt. Chris faltet die Servietten zu kleinen Schwänen. Arne hat Zita auf dem Schoß und lässt sie auf und ab wippen. Mudel und Earl beten Rolf aus bettelnden Hundeaugen um ein Stück Wurst an.

»Wie schön!«, rutscht es mir raus, und sechs Köpfe fahren herum.

»Guten Morgen Prinzessin!«, begrüßt Rolf mich.

»Hallo Schatz, du halt mal eben.« Arne springt förmlich auf und drückt mir unsere gemeinsame Tochter in den Arm. Die natürlich sofort zu greinen anfängt. Der Kindsvater sprintet zum Kühlschrank und grabbelt sich eine Flasche Bier heraus. Öffnet sie mit den Zähnen und wirft den Kopf nach hinten. Als genug Gerstensaft in ihn reingelaufen ist, rülpst er leise.

»Papa braucht auch mal ein Fläschchen«, grinst er mich an.

»Mama auch.« Das war Chris, der jetzt fertig ist mit der Serviettenfaltung. Er nimmt mir Zita ab und befiehlt mir geradezu, den Prosecco aus dem Gefrierfach zu holen. Arne bekommt gar nicht mit, dass Chris ihn missbilligend ansieht. Wie auch, er springt ja beinahe in den Eintopf, den Rolf zaubert.

»Sorry, nur Reste«, entschuldigt der sich. »Wir hatten keine Zeit zum Einkaufen.« Er zwinkert seinem Mann zu. Chris wird ein kleines bisschen rot, setzt aber nach: »Wir hatten auch sonst kaum Zeit ...«

»Ist ja gut«, falle ich ihm ins Wort und entkorke die Flasche. Als es ploppt, fühle ich mich fünf Jahre jünger. Und nachdem ich das erste Glas intus habe, fast wieder wie ich selbst. Vor zehn Jahren. Unbemannt, unbemuttert. Aber ich. Ich ganz allein. Gut, damals hatte ich Rolf und Chris noch nicht und auch keine Ahnung, wie anders das Leben mit einem Mops und seinem Abkömmling ist. Und ich hatte Arne noch nicht, den ich trotz allem abgöttisch liebe. Aber ich hatte Größe 36. Keine Falten. Und deutlich mehr Spaß. Auch im Bett. Okay, die meisten Kerle waren in dieser Hinsicht ein Witz, aber immerhin hatte ich Sex. Wenn die Flaute bei Arne und mir weiter andauert, muss ich mich wahrscheinlich ein zweites Mal entjungfern lassen.

»Jetzt schau nicht so«, sagt Arne und schüttelt den Kopf.

»Wie schaue ich denn?«, gebe ich patzig zurück.

»Ja, so halt.« Arne zuckt mit den Schultern. Und ich muss ganz tief Luft holen, um ihm nicht ins Gesicht zu springen. Das würde ich gerne, beherrsche mich aber aus

Rücksicht auf Rolf und Chris. Immerhin hatten die seit Langem mal ein freies Wochenende. Dafür haben sie sogar ihr Lokal »Zum fröhlichen Laubenpieper« in der Schrebergartensiedlung ganze drei Tage geschlossen. Was fast so ist, als ob eine Mutter ihr Baby mal eben drei Tage in den Keller legt, um auf die Rolle zu gehen. Klar, die beiden arbeiten den ganzen Tag zusammen, aber das ist ganz und gar nicht dasselbe wie ein schickes Hotel in einer schicken Stadt. Und dieses Nach-Grooven eines genialen Wochenendes will ich meinen liebsten Jungs und Paten meiner Tochter ganz bestimmt nicht versauen.

»Was gibt's denn *nichts Besonderes*?«, wechsle ich das Thema und versuche, so fröhlich wie möglich zu klingen.

»Erbseneintopf«, sagt Rolf, und mir läuft das Wasser im Mund zusammen. Rolfs Eintopf ist der beste in ganz Stuttgart und einer der Renner auf der Speisekarte im Laubenpieper. Zum Glück hat er immer ein paar Portionen zu Hause eingefroren. Und so kann ich mich über einen dampfenden, schmackhaften Teller hermachen. Und das auch noch mit beiden Händen und in einer für die Bandscheiben angenehmen Haltung, weil Zita in Chris' Arm eingeschlafen ist.

Während des Essens erzählen Rolf und Chris, was sie in Köln alles erlebt haben. Viel war das nicht, denn die meiste Zeit haben sie tatsächlich im Hotel verbracht. Immerhin gibt es einige Beweisfotos, auf denen die beiden an der Domplatte zu sehen sind, und Rolf führt uns stolz die Errungenschaften des Shoppens vor. Drei Pullover, vier Hemden und jede Menge Shirts. Die beiden haben das Glück, sich nicht nur zu lieben, sondern auch noch dieselbe Konfektionsgröße und denselben Geschmack zu haben. Ein Traum! Ich schiele immer wieder zu Arne. Vielleicht bringt ihn ja die romantische Erzählung auf eine ähnliche Idee? Zita ist ja irgendwie aus dem Alter raus, in dem die Mama hundert Stunden am Tag rund um die Turmuhr für sie da sein muss. Und da wir ja auf die Hunde aufgepasst haben, böte sich doch ein Tausch mit Baby an. Ich lächle Arne an. Der lächelt tatsächlich zurück und nimmt meine Hand.

»Ich muss dir was sagen.«

Oh. Ja? Ja!

»Ja?«

»Ich habe gekündigt.«

»Was?« Moment mal, habe ich das richtig verstanden?

»Habe ich das richtig verstanden?«

»Ich habe mein Arbeitsverhältnis aufgelöst«, sagt Arne ganz ruhig und sieht mich an.

»Aber warum?«, kommt Rolf mir mit der Gretchenfrage zuvor. Immerhin ist Arne als Tierarzt in der Wilhelma angestellt, also quasi Tierarzt im Beamtenstatus. Und war doch bis gestern ganz begeistert von der neuen Zebraherde, die er im Stuttgarter Zoo ansiedeln wollte?

»Weil ich … also …« Arne räuspert sich. Chris parkt Babyzita im Stubenwagen und schiebt sie in den Flur. Er macht das so leise und geschmeidig, dass ich wieder einmal denke, er wäre die bessere Mutter. Denn meine Versuche, meine schlafende Tochter von meinem Arm in ein Bett zu befördern, enden regelmäßig mit Protestgeschrei. Mir ist jetzt auch nach Geschrei. Innerlich wälze ich mich tobend auf dem Boden. Äußerlich gebe ich mich erwachsen.

»Ich kann nicht als Angestellter arbeiten.« Arne nickt in

die Runde. Und, schwul hin oder her, Rolf und Chris stimmen ihm Männer-solidarisch nickend zu. Ging den beiden ja auch so, weswegen aus Postbote Rolf und Florist Chris die Pächter vom Laubenpieper und damit angesagte Szenegastronomen wurden. Bei Arne sieht das ein bisschen anders aus, er war bei der Stuttgarter Tierrettung angestellt, forschte in Bolivien nach irgendwelchen Bulldogfledermäusen und war ganz begeistert von dem Angebot der Wilhelma. Geregelte Arbeitszeiten. Geregeltes Gehalt. Das vor allem – schließlich hat er Frau und Kind zu ernähren!

»Und ... ich meine ... wie stellst du dir das vor?«, frage ich betont ruhig, während vor meinem inneren Auge unsere letzten Kontoauszüge aufploppen. Schwarze Zahlen sehen definitiv anders aus, aber die Ausstattung für Zita hat eine Menge Geld verschlungen und tut es noch, und seitdem ich nicht mehr kellnern gehe, fehlt ein heftiger Batzen Trinkgeld in der Familienkasse.

»Gute Frage«, pflichtet Chris mir bei.

»Also, das ist so«, sagt Arne. Und wenn Arne so anfängt, dann folgt eine Rede epischen Ausmaßes. Weswegen Rolf und Chris ihm mit Handzeichen gebieten, erst dann weiterzusprechen, wenn die Trinkvorräte ausreichend aufgestockt sind. Bei Prosecco für mich und Bier für die Jungs verkündet Arne uns seinen Plan. Der ist so gut, dass ich beinahe vergesse, dass er mich nicht vorher eingeweiht hat. Macht man das nicht so in einer Partnerschaft? Jedenfalls hat mein Liebster sich Folgendes überlegt: Im kommenden Monat wird ein Bausparvertrag fällig. Von dem ich nichts wusste, der aber schlappe 50.000 wert ist. Arnes Berechnungen zu Folge müsste der Betrag exakt ausreichen, um das kommende Jahr – Kindergeld mitgerechnet – zu überbrücken. Und ihm damit die Zeit zu geben, um endlich seine Doktorarbeit zu schreiben.

»Dann bin ich auch immer zu Hause«, zwinkert er mir zu. Was verlockend klingen würde, wenn Arne zu der Sorte Mann gehörte, der Windeln wechselt oder nachts aufsteht, wenn das eigene Fleisch und Blut um sein Leben brüllt. Aber leider hat Zitas Vater einen Tiefschlaf wie ein Faultier, und beim bloßen Gedanken an Babykacke wird er blass.

»Aha«, sage ich lahm und kippe das komplette Glas Prosecco in mich hinein. »Und ab wann ist das so?«

»Ich bin ab sofort zu Hause«, verkündet Arne und prostet uns mit der Bierflasche zu.

»Na, dann Prost«, sagen Chris und Rolf. Ich füge in Geiste hinzu: »Mahlzeit.«

Zita hat es gut, denke ich, als ich am nächsten Morgen die leergetrunkenen Fläschchen der letzten Nacht in die Spülmaschine räume. Sie wird von drei Männern geliebt und muss sich um nichts Gedanken machen. Zählt man Earl und Mudel mit, hat sie sogar fünf Männer an ihrer babyspeckigen Seite. Der Mops und sein Sohn haben es sich scheinbar zur Lebensaufgabe gemacht, mein Babygirl zu beschützen. Ich weiß, dass es im Hunderudel die Männer sind, die die Welpen erziehen. Was ich nicht wusste: eine schlabbrige Mopszunge im Gesicht beruhigt ein kreischendes Baby in Sekunden. Ein schnarchender Hund katapultiert Säuglinge binnen Sekunden ins Reich der Träume. Und zwei schmusende Fellnasen sorgen für höchstes Wohlbefinden bei Fräulein Zita.

»Ach Earl«, seufze ich und lasse mich auf den Boden sinken. Der Mops kommt auf mich zu und drückt sein Plattgesicht an meinen Oberschenkel. Während ich ihn an den Halsfalten kraule, fiept er leise, was aber aufhört, als er eine andere Position eingenommen hat. Earl ist eben auch nicht mehr der Jüngste mit seinen zehn Jahren, und erst neulich ist er nach einem Spaziergang etwas gehumpelt. Arne fand das nicht behandlungswürdig, und mittlerweile denke ich auch, dass der Mops vielleicht nur Muskelkater hatte.

»Was gibt's zum Essen?«, unterbricht Arne unsere Schmusestunde.

»Dich und mich!«, hätte ich vor Zita beim Anblick seines unrasierten Gesichts und der zerzausten Haare noch gerufen. Jetzt aber erhebe ich mich, tätschle Earl ein letztes Mal und zucke mit den Schultern.

»Keine Ahnung. Ich dachte, du könntest vielleicht …?«

»Hör mal, Tanja, nur weil ich zu Hause bin heißt das nicht, dass ich nicht arbeite.« Arne wedelt mit einer Fachzeitschrift vor meiner Nase rum. Ich beiße mir auf die Zunge.

»Ja, Herr Doktor«, versuche ich zu scherzen, aber Arne hört mich gar nicht mehr. Kaum hat er beschlossen, den akademischen Weg einzuschlagen, benimmt er sich wie ein zerstreuter Professor. Gleich nach dem Aufstehen hat er sich hinter den PC geklemmt. Jetzt ist es elf Uhr, und er trägt noch immer seinen Pyjama, hat aber seinem Gesichtsausdruck nach zu urteilen, bereits einige weltwichtige Erkenntnisse gewonnen. Ich balle die Fäuste. Mein Schatz ist seit gerade mal drei Stunden Doktorand der Tiermedizin … Wie soll das ein Jahr lang so weitergehen?

Das Quäken aus dem Schlafzimmer reißt mich aus meinen Gedanken. Arne gibt mir mit einem Blick zu verstehen, dass er Ruhe braucht. Absolute Ruhe. Hätte ich auch gerne. Aber ich straffe die Schultern, atme tief ein und sehe nach meiner Tochter.

Hunger, Durst, Windel voll, Bauch tut weh, Mama fehlt. Als Baby ist die Welt noch einfach. Ein bisschen so, als wäre man ein Hund. Die streben auch nicht nach Karriere. Da steht keine wichtige Prüfung an. Da muss niemand für ein gefülltes Konto sorgen. Oder Windeln wechseln.

»Süße, du stinkst«, gurre ich Zita an. Sie reckt die Fäustchen nach mir. Und greift mir damit direkt ins Herz. Meine Laune wird sofort besser, obwohl mir aus dem Bettchen ein Geruch entgegenschlägt, der irgendwo zwischen verrotteten Eiern und verwesendem Hamster liegt. Leider sieht das Produkt in der Windel auch nicht besser aus, als es riecht.

Augen zu und durch! Ich schalte meinen Geruchssinn ab und muss an ein Video denken, dass ich vor ein paar Monaten auf Youtube gesehen habe. Damals war ich alles andere als schwanger und habe mir vor Lachen fast in die Hose gemacht, als ein muskelbepackter Kerl beim Wickeln seines Babys gewürgt und schließlich in den Mülleimer gekotzt hat. Diese Phase habe ich längst hinter mir. Meine Theorie: mit der Muttermilch schießt gleichzeitig ein Anti-Ekel-Gen in die Blutbahn. Anders kann ich mir jedenfalls nicht erklären, dass ich noch nie in Ohnmacht gefallen bin, wenn Zita sich entleert hat, ob nun oben oder unten raus.

Im Anschluss verlangt meine Tochter umgehend nach Füllung. Fast wie ein Auto, das auch nur läuft, wenn genug Sprit drin ist. Zitas Benzin heißt Milch, und seitdem ich nicht mehr stille, ist das Leben viel einfacher geworden. Erstens können der Vater oder die Onkel die Fütterung übernehmen, und zweitens halten die Fläschchen länger satt. Meine Augenringe sind zwar noch nicht weniger geworden und ich schlafe selten länger als drei, vier Stunden am Stück, aber ganz allmählich verwandle ich mich vom milchgebenden Zombie wieder in einen Menschen. In Tanja.

Ein Blick ins Wohnzimmer, in dem neben der gemütlichen Lümmelcouch auch der alte Schreibtisch vom Flohmarkt steht, macht mir klar: der Vater könnte Fläschchen geben. Wird er aber nicht. Denn Arne wedelt mit den Armen, sobald ich auch nur im Türrahmen aufkreuze. Es sieht ein bisschen aus, als würde er unsichtbare Fliegen verscheuchen. Heißt aber im Klartext, dass er gerade jetzt in dieser Sekunde auf der Jagd nach dem genialsten aller genialen Gedanken ist und auf keinen Fall gestört werden darf. Nicht mal von seinem eigenen Fleisch und Blut. Also knicke ich meinen Plan, während der Fütterung unter die Dusche zu springen und sorge selbst dafür, dass die Kleine satt wird. Was ziemlich schnell geht. Rolf sagt, sie hätte einen besseren Zug als die Stammgäste im Laubenpieper.

Ungeduscht kuschele ich nur mit einem Mann. Der eigentlich kein richtiger Mann ist, sondern ein Mops. Und der sich tierisch freut, als ich kurz darauf in der Wohnung gegenüber auftauche, um ihn und seinen Sohn Mudel zur Gassirunde abzuholen. Meistens nehmen die Herrchen ihre Lieblinge ja mit zur Arbeit, aber heute kommt der Vertreter einer Firma, die veganökologischeumweltschonendezuckerfreie Trendlimo herstellt. Die drei wollen den Vertrag klarmachen, und das geht nicht, wenn der Geschäftspartner wegen seiner Hundeallergie schnieft und rotzt. Bei seinem ersten Besuch jedenfalls, hat Chris berichtet, endete das Gespräch mit einem rotnasigen Vertreter, der kaum mehr aus den Augen gucken konnte.

»Na, meine Herren, bereit für ein Abenteuer?«, frage ich die Hunde. Die Antwort ist ein zweistimmiges Bellen, Jaulen und so etwas, das nach Lachen klingt. Dass Möpse singen können, weiß ich auch erst, seit ich mit Rolf und Chris in einer WG gewohnt habe. Und seit Earl mal auf Diät war. Da hat er ganz neue Tonleitern an leidvollem Jaulen hervorgebracht und sie sich leider bis heute nicht abgewöhnt. Wirklich abgespeckt hat er übrigens auch nicht, und noch immer frisst er gerne Pommes samt Pappschale. Geschadet hat ihm das bislang noch nie, denn unser Stamm-Imbiss serviert die Kartoffelstangen in unbehandeltem Papier.

Die Hunde scheinen bereits fürs Abenteuer, und das beginnt schon beim Abstieg aus dem dritten Stock. Für mich jedenfalls, denn zwei flitzende Hunde im Auge behalten, Baby Zita tragen und gleichzeitig die tonnenschwere Wickeltasche, mit der wir jederzeit bereit für eine sechswöchige Exkursion wären, ist für unausgeschlafene Mütter nicht ganz ohne. Immerhin gelingt es mir, die Eingangstür zu erreichen, ohne von Frau Otto im zweiten Stock gestellt zu werden. Seit Zita geboren wurde, scheint unsere Hauspolizei noch penetranter an der Tür zu lauschen, als sie es ohnehin schon tat. Ich mag Frau Otto, aber ich mag es nicht, wenn sie ihre Finger ungefragt auf Zitas Wangen abwischt. Oder sie, wie neulich erst, gleich abknutscht. Klar machen so ein paar fremde Bazillen einem Kind nichts aus, aber eklig ist es. Ich fände es eklig, so geherzt zu werden und gehe jede Wette ein, dass meine Tochter sich wehren würde, wenn sie könnte.

Da Arne in seiner Schreibstube festklebt, kann ich mir den Wagen schnappen und muss nicht mit dem ganzen Tross in die S-Bahn. Bis Zita in der Babyschale festgezurrt ist, haben sich auch die Hunde im ehemaligen Dienstwagen der Tierrettung installiert. Mudel sitzt hinten in der Mitte, Earl wie immer auf dem Beifahrersitz. Er kann zwar nur mit Mühe aus dem Fenster des umgebauten Bullys gucken, aber dafür freut er sich, wenn die Klimaanlage ihm auf die Plattschnauze bläst. Er ist ein bisschen enttäuscht, weil ich sie nicht einschalte, rollt sich an der ersten Ampel zusammen und schnarcht, bis ich über den Schotter des Parkplatzes der Laubenkolonie »Zur Wonne« rolle. Genau dort, wo für mich und die Jungs unser eigenes kleines Paradies ist. Parzelle 42.

Die Hunde kennen den Weg und flitzen sofort los. Bis ich Zita samt Maxi-Cosi zum Gartentörchen geschleppt habe, stehen Earl und Mudel schon davor und hüpfen auf und ab.

»Wartet, nicht so schnell«, schnaufe ich. »Ohne Schlüssel wird das nix!« Ich stelle meine schlafende Tochter vorsichtig ab und krame in der Wickeltasche nach dem gusseisernen Schlüssel, der zum antiken Tor passt. Flohmarktkauf von Chris, unverschämter Preis, aber unverschämt schön. Und unverschämt große Schlüssel, für die man eigentlich eine extra Tasche bräuchte. Ich bin also mit meiner Wickeltasche klar im Vorteil. Eigentlich. Aber der Schlüssel scheint sich im Nirwana zwischen Windeln, feuchten Tüchern, Milchportionstütchen und anderem Kokolores verloren zu haben. Earl bellt maulend, während Mudel weiterhin versucht, über das Tor zu springen. Nach und nach landet der Inhalt der Tasche neben Zita auf dem Kiesweg. Ich finde zwei Windeln, aus denen mein Töchterchen längst rausgewachsen ist. Die zweite rosa Socke, die seit mehreren Tagen vermisst wurde. Einen noch original verpackten Schnuller. Meinen Lippenpflegestift und eine Packung Traubenzuckerbonbons. Zitas gelbe Rassel mit den bunten Perlen. Den Kassenbon aus dem Supermarkt. Aber keinen Schlüssel.

Earl beschnuppert alle Fundstücke und setzt sich dann auf den Hintern.

»Dir ist klar, was Sache ist, was?«, frage ich den Mops. Seine Antwort ist ein Gähnen. Mudel gibt seine Sprungversuche auf und nimmt hechelnd neben seinem Vater Platz. Beide Hunde schauen mir dabei zu, wie ich alles zurück in die Tasche stopfe. Kurz überlege ich, eine Runde Traubenzucker auszugeben, lasse es dann aber. Traubenzucker in Mops gibt aufgedrehten Mops. Und das kann ich nicht gebrauchen. Ich will Liegestuhl, Augen zu und Gehirn abschalten. Dazu allerdings müssen wir erst mal zu Rolf und Chris in den »Fröhlichen Laubenpieper«.

Die Hunde kommen vor mir an. Kein Kunststück, die sind ja auch nicht beladen wie ein griechischer Packesel. Mudel läuft wie immer die dreifache Strecke, bleibt an jedem zweiten Busch stehen, schnuppert, hebt das Bein, rennt zurück, rennt voraus. Earl trottet gemütlich neben mir her und achtet darauf, die Kurven so knapp wie möglich zu nehmen. Nur als es in einem Holunderbusch raschelt, kommt er kurz in Fahrt, entscheidet dann aber, dass sich ein Spurt doch nicht wirklich lohnt wegen einer Maus oder eines Igels.

Vor dem Lokal sind alle Sonnenschirme zugeklappt, und die Holzstühle lehnen an den dazu passenden Tischen. Ich liebe Ruhetage, denn dann gehört der Laubenpieper uns ganz allein. In den Jahren seit der Eröffnung hat sich die angestaubte Wirtsstube, die vor allem als Clubhaus für die Schrebergärtner diente, in ein richtiges Kleinod verwandelt. Was sicher auch an Chris' grünem Daumen liegt, denn als ausgebildeter Florist hat er dafür gesorgt, dass man sich drinnen fast so im Grünen fühlt wie draußen. Die Stuttgarter jedenfalls lieben den Laubenpieper, die einfachen, aber guten Speisen und vor allem meine Jungs, die jedem Gast das Gefühl geben, nach Hause zu kommen. Und genauso fühle ich mich auch, als ich mit lahmen Armen die Tür zum Gastraum aufstoße. Die Hunde flitzen durch, kaum ist ein Spaltbreit offen.

»Pipi, Hunger, Durst!«, rufe ich und trete ein. Drei Köpfe fahren herum. Am Stammtisch sitzen Rolf, Chris und ein blasser Kerl, der mich anstarrt, als hätte ich ein Horn auf dem Kopf. Das heißt, sein Blick rast zwischen mir, der Babyschale und den Hunden hin und her, die sich auf ihre Herrchen stürzen, als hätten sie die beiden seit Monaten nicht gesehen.

»Äh.« Scheiße. Den Limomann hatte ich glatt vergessen. Dessen Immunsystem aber seine Allergie nicht, denn binnen Sekunden werden seine Glubschaugen rot. Vielleicht bilde ich mir das auch nur ein, das Licht im Laubenpieper ist ein bisschen schummerig. Auf dem Tisch vor den drei Herren sind allerlei Flaschen aufgebaut, manche geöffnet, dazwischen liegen Prospekte.

»Wir haben gerade ein Verkaufsgespräch mit Herrn Vogler«, sagt Chris lahm.

»Ich weiß«, lahme ich zurück und überlege, ob ich mich mit Stilldemenz aus der Nummer raus reiten könnte. Aber erstens stille ich nicht mehr, und zweitens kommt mir der Vogler zuvor, indem er erst mit den Nasenflügeln wackelt und dann niest. Einmal. Zwei Mal. Beim dritten Mal steht er auf.

»Ich habe doch gesagt, dass …«, schnäuzt er. »… ich eine …« Hatschi. »… Hundeallergie habe.«

»Das tut uns sehr leid.« Rolf springt auf und versucht, die Hunde in Schach zu halten. »Tanja ist gleich wieder weg.«

Er schickt mir einen strengen Blick und jagt Mudel, der das alles für ein Spiel zu halten scheint, um den Tisch. Ich versuche derweil, Earl zu fassen zu bekommen, aber der legt den Mopsturbo ein. Macht er selten, aber wenn, dann ist er fix unterwegs. Chris umrundet den Tisch in der anderen Richtung, was Earl nur noch mehr Spaß zu machen scheint. Der Mops flitzt zwischen den Stuhlbeinen durch, als würde er an einer Agilitymeisterschaft teilnehmen. Mudel bellt fröhlich, ist dann aber doch nicht schnell genug. Rolf bekommt ihn zu fassen und drückt ihn mir in den Arm.

»Unter diesen Konditionen ...« Vogler wird knallrot, und seine Augen schwellen zu. Steht ihm gar nicht. Er sieht ein bisschen aus wie Zita, wenn sie nöckelig ist. Im Gegensatz zu Vogler, der mittlerweile ziemlich rasselnd atmet, hat meine Tochter eine exzellente Lunge. Das Tohuwabohu bekommt durch ihr Geschrei jetzt noch eine ganz besondere Note. Ich klemme mir Mudel unter den linken Arm, stelle die Babyschale auf den Stammtisch, stoße dabei eine der geöffneten Flaschen um und nestele einhändig am Gurtverschluss. Der mal wieder klemmt.

»Das geht so nicht«, hustet Vogler und springt auf, als die Biolimo auf seine Hose schwappt. Der Farbe nach Rhabarbergeschmack. Sein Stuhl kippt nach hinten, rasselt gegen den Tresen und fällt krachend zu Boden. Zita brüllt mich an. Rolf ruft nach dem Mops. Vogler rasselt. Endlich klickt das Schloss auf, und ich schaffe es tatsächlich, mit dem unsichtbaren dritten Mutterarm Baby und Hund gleichzeitig an mich zu drücken. Mudel schlabbert an meinem linken Ohr, Zita rotzt meinen rechten Busen voll. Earl macht einen Schlenker hinter die Theke, kommt gleich darauf wieder, bellt begeistert und rast auf Vogler zu, der mittlerweile sein Asthmaspray gezückt hat. Der Mops nimmt Anlauf, fixiert das feuchte Hosenbein, saust darauf zu –

und schlittert einen Sekundenbruchteil später quer über den Boden.

»Sind Sie noch ganz dicht?«, brülle ich Vogler an. »Sie können doch den Hund nicht treten!«

Chris hastet zu Earl, der sich sofort wieder berappelt. Er schüttelt sich, schaut sich irritiert um, gähnt. Und humpelt zu seinem Herrchen.

»Der hat mich angefallen!«

»Der ist verletzt«, keife ich den Vertreter an, und es ist mir vollkommen egal, ob seine Biolimo der Verkaufsschlager ist oder nicht. Rolf nimmt mir Zita ab. Ich setzte Mudel auf den Boden und haste zu Chris, der den Mops auf den Arm genommen hat.

»Der wollte mich beißen«, schreit Vogler. Seine Stimme klingt piepsig, und er gibt nicht gerade eine gute Figur ab mit nasser Hose, roten Augen und verquollenem Gesicht. Wenn ich könnte, würde ich lachen. Das kann ich aber nicht, dazu bin ich viel zu wütend.

»Blödsinn«, presse ich durch zusammengebissene Zähne hervor und betaste Earls Vorderbeine. Ich spüre nichts, was ungewöhnlich wäre.

»Setz ihn mal hin«, bitte ich Chris. Als Earl mit allen vier Pfoten den Boden berührt, knickt sein rechter Vorderlauf ganz leicht ein. Er umrundet sein Herrchen, hinkt bei den ersten Schritten, läuft dann aber wieder rund.

»Dem ist doch nichts passiert«, motzt Vogler.

»Das werden wir ja sehen«, knurre ich. Arne muss gleich heute Abend eine umfangreiche Untersuchung vornehmen, denke ich. Wozu hat man schließlich einen Tierarzt im Haus?

»Meine Hose ist ruiniert.«

»Das ist nur eine HOSE«, schreie ich. »Sie haben einen HUND getreten!«

»Tanja ...« Chris packt mich am Arm. »Ist schon gut.«

»Nichts ist gut. Der Kerl hat nach Earl getreten!«

»Süße, bitte, hör mal ...« Ich weiß, dass ich den Jungs gerade ein Geschäft versaut habe. Wahrscheinlich das beste der letzten Monate. Mein Herzschlag setzt einen Moment aus, ich hole tief Luft und starre Vogler an. Leider beherrsche ich das mit den tötenden Blicken nur manchmal im Traum. Hämorrhoiden für den triefnasigen Limomann bestelle ich trotzdem beim Universum.

Rolf schaukelt Zita, die zu schreien aufgehört hat. Wie auch immer er das macht – ich will das auch können.

»Brauchen Sie ein Handtuch?«, fragt er den schniefenden Vogler.

»Ich brauche Luft«, sagt der, rafft seine Utensilien zusammen und drängt sich an Rolf vorbei durch die Tür. »So ein Irrenhaus!« Er knallt die Tür mich Schmackes zu.

Chris sieht Rolf an. Rolf sieht Chris an. Beide nicken. Rolf reißt die Tür auf.

»Unter diesen Konditionen können Sie sich Ihre Brause sonst wohin stecken!«, ruft er Vogler hinterher. Dann drückt er meiner Tochter ein Küsschen auf den noch immer ziemlich haarlosen Kopf.

»Andere Saftläden haben auch leckere Limo«, grinst Rolf. »Und ehrlich gesagt finde ich das Rhabarberzeugs ein bisschen klebrig.«

»Dann ist es ja gut, dass Earl so reinlich ist«, sage ich und muss grinsen, als der Mops und sein Sohn in trauter Eintracht die verschüttete Brause vom Boden lecken.

»Das tut mir echt leid, Jungs.« Mein schlechtes Gewissen schwappt wie braune Bracke über mich. Ich weiß, was von dem Deal abhing. Erstens fahren scheinbar gerade alle auf die Brause ab (die wissen ja nicht, wer hinter dem Trend steckt), und zweitens hätte der Hersteller den Jungs eine neue Garnitur Sonnenschirme spendiert. Die alten sind quasi durch, neue anzuschaffen, würde aber den Rahmen sprengen. Chris legt mir den Arm um die Schulter.

»Muss dir nicht leidtun, Prinzessin.« Er drückt mir ein Küsschen auf die Wange. Und irgendwie schafft er es, dass ich mich nicht mehr ganz so schrecklich fühle. »Der Typ ist ein Arsch.«

»Der hat keinen. Also keinen Arsch in der Hose«, grinst Rolf.

»Wo du wieder hingeschaut hast.« Chris schüttelt den Kopf und droht seinem Mann mit dem Zeigefinger. Allerdings kichert er dabei.

»So. Feierabend«, sagt er dann. »Ich mache sauber, und ihr kümmert euch um den Hintern der kleinen Maus da. Ich glaube, die ist nicht mehr ganz frisch.«

Stimmt. Zita mieft. Aber sie sieht sehr entspannt aus. Baby müsste man sein.

Eine halbe Stunde später bin ich mitten im Paradies. Mit meinen Herzmenschen. Und meinen Lieblingshunden. Zita riecht wieder menschlich, Rolf hat ganze Arbeit geleistet. Chris hat aus dem Laubenpieper eine halbe Apfeltarte und drei Stück Käsekuchen vom Vortag mitgebracht, in der Laube rattert die kleine Kaffeemaschine, und auf dem Tisch steht ein Wiesenblumenstrauß, der einen Zitronenfalter anlockt.

»Was für ein Blödmann.« Chris setzt sich zwischen Rolf und mich. Mudel hüpft auf seinen Schoß. Da Rolf von Zita okkupiert ist, entscheidet Earl sich für mich als Sitzkissen. Allerdings schafft er den Sprung beim ersten Mal nicht. Ich wuchte den Mops hoch und betaste noch mal sein Bein. Earl grunzt dabei und sieht mich von unten mit seinen braunen Kulleraugen an. Das kann nun alles heißen zwischen »Das tut ganz ganz ganz doll weh« und »Ich hab ganz ganz ganz doll Hunger.«

»Ich glaube nicht, dass ihm was passiert ist«, sagt Rolf. »Auf dem Weg hierher ist er ganz normal gelaufen.«

»Er steht sicher noch unter Schock«, gebe ich zu bedenken. So einfach will ich den Vogler nicht davonkommen lassen.

»Wir haben erst mal ein ganz anderes Problem.« Chris macht ein sehr ernstes Gesicht.

»Bitte nicht, es reicht für heute!« Ich drücke den Mops an mich. Zita gähnt. Meiner Tochter fallen die Augen zu, und ich beneide sie ein bisschen. Ich hätte nichts gegen ein kleines Schläfchen. Von mir aus auch auf Rolfs Schoß.

»Doch, das ist ernst und wichtig.« Chris zwinkert mir zu. »Wer bekommt das Stück Käsekuchen?«

Ich muss lachen. Klar, Stück eins und zwei sind für die Hunde. Die fahren total auf die Eigenkreation vom Laubenpieper ab. Und schließlich ist Quark ja gut für die Knochen. Allerdings stehen auch wir drei Menschen auf die süße Verführung.

»Ich verzichte freiwillig«, räumt Rolf ein und belädt seinen Teller mit einem Stück Tarte.

»Ich nicht, auf gar keinen Fall.« Chris funkelt mich an.

»Niemals. Ich auch nicht.« Ich funkele zurück und halte ihm meine geballte Faust unter die Nase.

Rolf kichert. Earl schlabbert mit der Zunge über seine Plattnase. Mudel hechelt aufgeregt.

»Gewonnen.« Chris zuckt mit den Schultern. »Du darfst den Käsekuchen gerne haben.« Dabei macht er ein Gesicht, als wäre jemand gestorben.

»Wie großzügig«, scherze ich. »Aber ich kann dich unmöglich leiden lassen. Nimm du ihn.« Mit großer Geste schiebe ich den Teller zu ihm.

Mudel ist schneller. Er rammt seine Plattnase in die Quarkmasse. Earl bellt empört, und ich beeile mich, ihm seinen Teller hinzuschieben. Der dritte Käsekuchen in der Tischmitte lacht mich an. Der schmeckt wirklich lecker, und ich weiß, wie das hier ausgeht: nachdem die Hunde ihre Teller blitzblank leergeschlabbert haben, werden Chris und ich den Kuchen teilen. Denn streiten kann ich mit meinen Jungs nicht. Will ich auch nicht. Manchmal allerdings überraschen sie mich auch nach den vielen gemeinsamen WG-Jahren noch. Jetzt zum Beispiel, als Chris sich den Teller schnappt, Mudel von seinem Schoß bugsiert und das letzte köstliche Kuchenstück mit einer geschmeidigen Handbewegung mitten in mein Gesicht platziert.

»Waff foll baff?« Vor Schreck habe ich den Mund aufgemacht, doch ehe ich schreien konnte, war schon alles voller zitronensüßem Quark.

»Das hast du dir verdient, Süße, du hast uns den Deal des Jahres ruiniert.« Chris kichert. Rolf kichert. Und dann bricht es aus den beiden raus. Sie biegen sich vor Lachen. Ein Wunder, dass meine Tochter nicht aufwacht, denn

Mops und Mudel stimmen bellend in das Gelächter der Herrchen ein.

»Du siehst herrlich bescheuert aus«, grölt Rolf und stibitzt mit dem Zeigefinger ein bisschen Quarkmasse von meiner Wange.

»Soll extrem gut für die Haut sein«, lacht Chris.

»Der Biskuit auch?«, will ich wissen. Die Antwort ist ein vierstimmiges Lachgebell. In das ich einstimme. Ich kann nicht anders. Und ich will nicht anders: ich liebe meine Jungs!

Gestatten,

mein Name ist Earl. Earl of Cockwood. Ja, genau, ich bin der Mops, um den es hier dauernd geht. Und jetzt muss ich endlich mal meine Schnauze aufmachen. Mir hört ja sonst keiner zu.

Menschen sind komisch, echt. Also große Menschen. Das Welpenmädchen ist super. Schmeckt lecker nach Milch, ist kuschelig warm und macht mir auch sonst keine Probleme. Menschen über einem Meter Körpergröße sind da ganz anders drauf. Echt.

Der Limomann zum Beispiel. Keine Ahnung von Hunden hat der. Ich wette, der lebt in keinem Rudel. Sonst wäre ihm klar gewesen, dass ich nichts von ihm wollte. Ich wollte – nein: musste! – in die Hose beißen. Warum? Keine Ahnung, war halt so. Was muss, das muss. Das ist wie mit Käsekuchen. Den muss ich auch fressen. Wozu sonst gäbe es Käsekuchen, wenn nicht zum Fressen? Eben.

Tanja ist traurig. Und müde. Ich tue mein Mopsmögliches, um sie aufzumuntern. Sie wissen schon. Ringelschwanzballett. Große runde Augen machen. Kopf schief legen. Alles eben, worauf Menschenweibchen stehen. Kommt derzeit aber nicht ganz so gut an. Und so richtig die Erziehung übernehmen kann ich bei Zita auch nicht. Weil die meistens in irgendwelchen Behältnissen liegt. Bei Welpen ist das viel einfacher, die sind auf meiner Augenhöhe. Mudel habe ich super hinbekommen, finde ich. Mein Sohn ist stubenrein, schnarcht fast so gut wie ich und weiß genau, wie man bekommt, was Hund will. Den Leckerliblick hat er von mir.

Ich weiß ehrlich gesagt nicht, warum Menschen sich manchmal so einen Stress machen. Da geht es um Geld und Karriere.

Um Macht und Mögen. So was gibt's in einem Hunderudel zwar auch, aber da reicht es, einmal laut zu kläffen. Dann ist klar, wem das größte Körbchen gehört und wer den bequemsten Schlafplatz bekommt. Arne hat ein großes Bett. Mir schleierhaft, warum er nicht zufrieden ist. Außerdem ist er ein prima Tierarzt. Hat mir mal das Leben gerettet. Ich erinnere mich noch genau an den Tag. Irgendwie war mir die Tage vorher schon nicht ganz so wohl. Als ob jemand einen Wattebausch in meinen Kopf gesteckt hätte. Der Wattebausch ist immer größer geworden, und dann bin ich umgefallen. Habe an allen vier Pfoten gekrampft. Was echt, echt wehtat. Aber ich konnte nicht mal jaulen, weil mein Kopf voll Watte war. Elipepsie oder so nennen das die Menschen. Ich fand es einfach nur lästig und war danach so müde wie nie zuvor.

Mein Herrchen Rolf könnte auch wieder mehr Zeit mit mir verbringen. Aber scheinbar muss er ganz oft weg. Manchmal kann ich ihn besuchen und finde es super praktisch, dass er in einer Küche arbeitet. Ich helfe dort gerne aus, bin sozusagen zuständig für die Reinigung der Böden, wenn Essen auf die Fliesen fällt. Damit ich nicht ganz arbeitslos bin, sorge ich dafür, dass Rolf manchmal mit Absicht was fallen lässt. Ich helfe, wo ich kann.

Jedenfalls finde ich, aus meiner Sicht, dass es meinem Menschenrudel manchmal an Gelassenheit fehlt. Die haben Fressen, die haben Bettchen, die haben sich. Und natürlich mich.

Zwei

**»Der Mops ist eine Mischung zwischen Clown,
Katze und Schwein. Ich liebe ihn über alles.«**
Jessica Scheske-Häcker

Ob der Quark meiner Haut gutgetan hat, weiß ich nicht. Mit Regenwasser aus der Tonne und viel Hundeschlabber ging es ganz schnell wieder ab. Den Rest des Nachmittags haben wir im Garten verbracht. Mit allem, was so dazugehört. Chris hat mit seinen Blumen und Büschen gesprochen, sie gehegt und gepflegt und dabei von Rolf zu hören bekommen, dass der bei so viel Liebe zum Grünzeug auch Blätter haben will. Mops und Mudel haben sich um das Umgraben des hintersten Beetes gekümmert, in dem wie durch Zauberpfote immer mal wieder ein ranziger Kauknochen aus der Erde wächst. Rolf hat Zita bespaßt, und ich habe im Liegestuhl die Beine lang gemacht. Die Augen musste ich nicht schließen, die sind von ganz alleine zugeklappt. Ein perfekter Tag – dem nur noch das Sahnehäubchen fehlt. Arne.

Als wir – ohne von Frau Otto aufgehalten zu werden – alle sechs unsere Etage erreichen, hecheln die Jungs und ich heftiger, als es Möpse können. Babys samt Ausstattung wiegen eine Menge, ein Mops und ein Mudel aber auch. Earls Vorderlauf schien nach dem Hopsen aus dem Bully wieder ins Ungleichgewicht geraten zu sein. Jedenfalls humpelte der

Hund den Gehweg entlang und starrte anschließend die Treppenstufen aus seinen schwarzen Augen an, ohne auch nur eine Pfote hinaufzusetzen. Bei einem Mops wie Earl of Cockwood heißt das an den meisten Tagen: »Ich bin ein Mops. Trag mich. Weil ich ein Mops bin.« Heute aber haben wir diesen Blick so interpretiert: »Pfote aua weh Hilfe.«

»Das muss Arne sich sofort ansehen.« Chris klingt besorgt, als er Earl absetzt.

»Wehe da ist was, ich bring den Vogler um.« Denke ich. Sage ich aber nicht. Schließlich könnte Zita das hören. Und als Mutter muss ich ein Vorbild sein. Oder wenigstens so tun, als sei ich eine ganz normale Mama.

»Wenn Earl sich verletzt hat, wird der Vogler das büßen.« Rolf kennt weniger Skrupel und ballt die Fäuste. Er ist aber auch »nur« der Patenvater meiner Tochter. Da hat er in Sachen Schimpfwörtern sicher von Rechts wegen mehr Spielraum.

Ich will unsere Wohnungstür öffnen, vor der immer noch die Fußmatte mit Bärchenmotiv liegt, die Arne als damaliger Junggeselle dort abgelegt hatte. Mittlerweile ist das Bärchen ziemlich abgewetzt. Sieht fast schon aus wie ein kleiner Löwe. Auch nicht weniger kitschig, aber wir haben uns in all den Jahren an den Anblick dieser geschmacklichen Verirrung auf dem Boden gewöhnt. Die Tür ist abgeschlossen.

»Oh nein. Arne ist nicht da.« Ich stoße die Tür auf. »Arne? Arne! Bist du da?« Die Antwort ist Stille.

Wenn man den Doktor einmal wirklich dringend braucht! Innerlich fluche ich. Äußerlich bleibe ich ganz cool und schlage den Jungs vor, nebenan zu warten.

»Ich rufe ihn auf dem Handy an. Der ist sicher nur kurz ... irgendwas ... naja.« Keine Ahnung, wo er steckt. Während Chris und Rolf mit den Hunden nach nebenan gehen, parke ich Zita auf der Krabbeldecke vor dem Sofa. Sie ist ein Geschenk von Chris und Rolf. Die doppelt gepolsterte Decke war bis neulich noch genau so bemessen, dass Zita von Mudel und Earls flankiert dort ihr Nickerchen machen konnte, während sich über dem Trio ein Bogen mit Bällchen spannte. Mittlerweile müssen die Hunde fast daneben liegen, wenn sie mit dem Baby kuscheln wollen. Zita ist schlicht und einfach aus dem Kuschelnest herausgewachsen. Sie ist auch jetzt wie immer völlig fasziniert von dem dreiteiligen Mobile aus Plüschbällen, das über ihr baumelt. Der blaue knistert, der grüne klappert und der rote klingelt, wenn man ihn anstößt, aber das hat sie bislang noch nicht von alleine hinbekommen. Ich habe jetzt allerdings keine Nerven, für das Baby am Ball zu bimmeln, sondern wähle Arnes Nummer. Ich erreiche die Mailbox.

»Guten Tag, Sie sind verbunden mit der Mailbox von Arne Fuchs. Bitte hinterlassen Sie eine Nachricht.«

Mist. Ich wähle noch mal und streife mir die Schuhe von den Füßen, während es tutet.

»Guten Tag, Sie sind verbunden mit der Mailbox von Arne Fuchs. Bitte hinterlassen Sie eine Nachricht.«

Ich muss aufs Klo. Während ich mit einer Hand die Hose runterziehe, drücke ich mit der anderen die Wiederholungstaste.

»Guten Tag, Sie sind verbunden mit der Mailbox von Arne Fuchs. Bitte hinterlassen Sie eine Nachricht.«

Als die Spülung rauscht, habe ich noch zwei Versuche unternommen.

»Guten Tag, Sie sind verbunden mit der Mailbox von Arne Fuchs. Bitte hinterlassen Sie eine Nachricht.«

Nein. Ich werde keine Nachricht hinterlassen. Geh gefälligst ran! Er sieht doch, wer ihn anruft. Unverantwortlich, da nicht abzuheben, es könnte ja was mit Zita sein! Mit mir! Wir könnten tot sein! Missmutig gehe ich ins Wohnzimmer, wo meine Tochter ihre prallen Ärmchen unkoordiniert nach den für sie unerreichbaren Bällen ausstreckt und dabei den Spaß ihres Lebens zu haben scheint. Jedenfalls giggelt und grinst sie wie ein Teenager beim Konzert von Robbie Williams in der ersten Reihe. Leider riecht Zita, als wäre sie tatsächlich am Verwesen. Ich habe wirklich keine Ahnung, warum die Pampersfüllungen meiner Tochter derart stinken. Organisch ist sie laut Kinderarzt völlig gesund. Und an der Ernährung kann es auch nicht liegen, sie bekommt nur Milchpulver. Ich habe die stille Hoffnung, dass sich der Geruchspegel gegen normal einpendelt, sobald sie das erste Mal Möhrenbrei bekommt. Bis dahin ist es allerdings noch eine Weile hin, und während ich meine Tochter wickele, überlege ich, wo zum Kuckuck Arne stecken könnte.

Weder im Wohnzimmer noch in der Küche finde ich eine Nachricht. Ich schaue sogar im Schlafzimmer nach, ob er dort einen Zettel hinterlassen hat. Fehlanzeige. Auf seinem Schreibtisch liegen zwar allerlei Papiere, aber alle mit Ausdrucken von Tierskeletten, tierischen Blutbahnen und animalischen Zeichnungen, die mir zwar vage bekannt vorkommen, mit denen ich aber nichts anfange. Keine Nachricht für mich. Nichts.

»Boah Mann ey.« So viel schimpfen muss auch als Mutter erlaubt sein. Zita hat keine Lust mehr auf Bällchen, denn als ich sie wieder auf die Matte legen will, protestiert sie lauthals. Also nehme ich sie hoch, setze das Wasser fürs Abendfläschchen auf und überlege, ob ich meine Tochter noch baden soll.

»Och nö.« Ich denke, alle drei Tage müsste reichen. Sie schmutzt sich ja nicht ein. Und irgendwo habe ich gelesen, dass es gar nicht so gut sein soll, Babys zu oft in Seife zu tauchen. Mal abgesehen davon, dass ich hinterher das ganze Bad wischen muss, weil ich es nicht hinbekomme, Zita unfallfrei zu reinigen. Klar, dem Kind passiert nichts, aber irgendwie schwappt immer die Hälfte des Wassers auf mich und den Boden. Während das Wasser köchelt, rufe ich bei den Jungs an.

»Chris? Tanja hier.«

»Wir warten auf den Doktor.« Earls Herrchen klingt besorgt. »Earl hat keinen Hunger. Gar keinen. Rolf hat gekochte Hähnchenmägen serviert, und er hat trotzdem nichts gefressen.«

Oh. Ein Mops, der nichts frisst – das ist wirklich ein ganz übles Zeichen. Ein ganz sehr übles, weil gekochte Hühnermägen so ziemlich das leckerste für Earl sind. Gleich nach Pommes.

»Keine Sorge, Arne kommt bestimmt bald.«

»Ja, sag ich doch, wir warten.«

»Nein, ich meine ... nach Hause. Es ist ja schon halb acht gleich.«

»Tanja?«

»Ja?«

»Du hast ihn gar nicht erreicht.«

»Ähm. Ja.« Ich kann meine Jungs nicht anschwindeln. Konnte ich noch nie.

»Weißt du, wo er ist?«

»Eben nicht.« Ich schalte den Herd aus und jage das abgemessene Wasser einhändig durch das Gerät, welches es – Wunderwerk der Technik – binnen Sekunden von brutal heiß auf Trinktemperatur kühlt.

»Nein.«

»Oh.« Chris sagt ›Oh‹ wie wenn er meint: ›Ganz schlecht.‹

»Das ist jetzt nicht so gut«, sagt er.

»Ich weiß. Aber Chris?«

»Ja?«

»Alles wird gut. Wird es doch immer.« Er seufzt und legt auf, nachdem er mich gebeten hat, Arne egal um welche Uhrzeit sofort und umgehend und auf der Stelle rüberzuschicken, sobald der auch nur einen Fuß ins Treppenhaus setzt. Ich verspreche es, fülle das Milchpulver ins Fläschchen, schnappe mir eine Tüte Essigchips und mache es mir mit Zita auf der Couch bequem.

»Na, Mädelsabend?«, frage ich. Zita saugt sich an der Flasche fest und sieht mich an. Mir wird es ganz mutterwarm ums Herz. Ein Gefühl, von dem ich mir nicht mal vorstellen konnte, dass so was existiert, ehe ich meine Zipfeline das erste Mal im Arm hielt. Jetzt kenne ich es zwar, bin aber immer noch erstaunt von diesem Flash, wenn es durch meine Adern rauscht. Trotzdem ist das nicht abendfüllend, und so zappe ich mich durch das magere Angebot im Fernsehen. Mitten unter der Woche habe ich die Wahl zwischen einer politischen Satiresendung, einer Dokumentation über ein chilenisches Künstlerdorf, einem angestaubten Western oder quietschbunten Dokus über zu dicke oder zu dünne, zu reiche oder zu arme Menschen am Rande des Wahnsinns und der Gesellschaft. Schließlich bleibe ich bei einem Shoppingkanal hängen und sehe zwei überdrehten und völlig überschminkten Blondinen dabei zu, wie sie einen imaginären Orgasmus nach dem anderen bekommen, weil der feilgebotene Föhn mit integrierter Bürste aus jedem Wischmopp eine glattgebürstete Schönheit macht. Zita hat noch keine Haare, und so ist es nur verständlich, dass sie nach der dritten Wiederholung der Verkaufsschleife einschlummert. Ich komme ein bisschen weiter, nicke aber auch irgendwann weg. Mein Magen knurrt, die Chips habe ich nicht angerührt, ich war einfach zu faul, die Tüte aufzureißen. Seit der Geburt passieren mir solche Sachen. Ich träume von einem saftigen Steak. Von Fritten. Und von Lockenwicklern.

Und davon, dass mich jemand in den Zeh kneift.

»Arne!« Ich schrecke hoch. Der Schlaf verklebt meine Augen, und es dauert einen Moment, bis ich klar sehe. »Was machst du hier?«

»Isch wohn hier, jawoll, wohn isch hier.« Der Vater meiner Tochter beugt sich zu mir herunter und will mir einen Kuss geben. Statt meines Mundes trifft er das Sofakissen.

»Du riechst wie eine ganze Brauerei«, stelle ich fest und setze mich auf. Zita, die neben mir liegt, schmatzt leise im Schlaf.

»War nur ein büsschen Bier, nich viel war das nich.« Er

rülpst mich an und zur Bierfahne gesellt sich der Geruch von Zwiebeln.

»Wo warst du denn?«, frage ich.

»Arbeidn.« Arne lässt sich in den Sessel plumpsen. Was ich für eine ganz gute Idee halte, denn ganz so standfest scheint er im Moment nicht zu sein.

»Arbeiten. So, so.« Ich weiß, dass ich wie eine alte Hausfrau klinge. Eine alte, eifersüchtige, frustrierte Hausfrau. Aber das ist mir im Augenblick völlig egal.

»Jawoll, Frau General.« Arne salutiert ungelenk und lehnt den Kopf zurück. Rülpst noch einmal und sackt in sich zusammen.

»Du kannst doch jetzt nicht einschlafen!«, rufe ich. Er reagiert nicht. Ich stehe auf und versuche dabei, Zita nicht zu wecken. Immerhin klappt das. Eine Sekunde lang überlege ich, ob ich Arne ins Bett bringen soll. Im Sessel wird er einen starren Hals bekommen und Kreuzschmerzen. Aber eigentlich, sage ich mir, hat er das verdient. Und einen Brummschädel dazu. Mir knirschenden Zähnen schleiche ich aus dem Wohnzimmer. Die beleuchtete Küchenuhr zeigt fünf Uhr dreißig an. Zu früh, um aufzustehen, eigentlich. Aber definitiv zu spät für einen verantwortungsvollen Vater und angehenden Doktor der Veterinärmedizin. Ich spüle meinen Unmut mit einem Glas Orangensaft hinunter. Dann stelle ich ein Glas Wasser und einen Doppelpack lösliches Aspirin auf den Küchentisch, schleiche zurück ins Wohnzimmer, nehme mein Baby vorsichtig hoch und verkrieche mich mit Zita im Schlafzimmer. Wenn ich Glück habe, gönnt sie mir noch eine Stunde Schlaf.

Aus der einen erhofften Stunde werden ganze drei. Als das morgendliche Hungernörgeln mich weckt, ist es bereits fast neun Uhr. So lange hat meine Maus noch nie am Stück gepennt, und ich beschließe, dass das ein guter Tag werden muss. Jeder Tag, an dem Zita länger als drei Stunden am Stück schlummert, ist ein guter Tag. Ich wickele und füttere meine Tochter, ziehe ihr zur Feier des Tages einen nagelneuen Strampler an und braue einen extra starken Kaffee. Dann werfe ich zum ersten Mal an diesem Morgen einen Blick ins Wohnzimmer. Arne ist vom Sessel gerutscht und liegt neben der Krabbeldecke auf dem Boden. Sein Mund ist offen, und er macht Geräusche wie Earl, wenn der Mops von einem Napf voller Pastete träumt. Mit Zita auf dem Arm nähere ich mich meinem Liebsten und stupse ihm mit dem rechten großen Zeh in den Bauch.

»Hä?« Wach klingt anders. Immerhin hört das Schnarchen auf. Ich stupse erneut, dieses Mal ein wenig fester.

»Was'n los?«

Ein letzter sanfter Tritt meinerseits, dann macht Arne die Augen auf.

»Guten Morgen, die ›Arbeit‹ ruft«, sage ich süffisant und lege Zita auf die Krabbeldecke. Die ist sofort begeistert und versucht, die grüne Stoffkugel zu erwischen. Wie immer bislang ohne Erfolg.

»Boah.« Arne reibt sich mit den Händen über das Gesicht, und ich höre die Bartstoppeln an seinen Handinnenflächen kratzen. Er hebt den Kopf und grunzt. Für seinen Zustand sieht er leider extrem gut aus, und ich muss mich beherrschen, um meine schlechte Laune nicht zu verlieren.

Eigentlich könnte ich ihn küssen, aber das werde ich nicht tun, und der Mief, der ihn umwabert, macht mir die Entscheidung leicht. Ich bleibe also die eingeschnappte frustrierte Hausfrau.

»Anstrengender Job gestern?«, will ich wissen und stupse noch mal mit dem Zeh.

»Treffen mit Kommilitonen«, bringt Arne hervor und rappelt sich mühsam, sehr mühsam, auf.

»Aha.« Ich wusste gar nicht, dass in der Unibibliothek Bier ausgeschenkt wird.

»Mein Kopf. Aua.«

Wenn er meint, dass ich ihn tröste, hat er sich geschnitten. Da kann er mich noch so lieb ansehen.

»Aspirin steht in der Küche«, blaffe ich und mache auf dem Fuße kehrt. »Und übrigens. Studenten Anfang zwanzig dürfen von mir aus saufen, bis sie umfallen. Du bist dafür aber entschieden zu alt.« Den letzten Satz sage ich nicht laut, sondern denke ihn nur. Aber ich nehme an, Arne kann meinem Schnauben entnehmen, was ich ihm mitteilen will.

Als ich kurz darauf bei den Jungs klopfe und eintrete, werde ich von Earl und Mudel begeistert empfangen. »So was sollte Arne mal machen«, seufze ich und beuge mich zu den Hunden hinunter, die mich zur Begrüßung abschlecken, als hätten wir uns ein halbes Jahr lang nicht gesehen.

»Wir sind in der Küche!«, ruft Rolf.

»Komm rein!«, setzt Chris nach.

Die beiden sind frisch gewaschen, der Vorhang der Dusche, welche in einer Ecke der Küche installiert ist, ist noch feucht. Es riecht nach einer Mischung aus Mangoseife und frisch gebrühtem Kaffee. Ohne zu fragen, angelt Rolf einen dritten Becher aus dem Regal und gießt ihn für mich voll.

»Was ist los, Prinzessin?« Die Jungs kennen mich so genau, dass sie vermutlich sogar durch geschlossene Türen sehen können, wenn mir eine Laus über die Leber gelaufen ist.

»Arne«, sage ich und trinke erst einmal einen großen Schluck Kaffee. »Der ist heute im Morgengrauen stockbesoffen nach Hause gekommen.«

»Ach herrjeh«, macht Chris. Rolf schüttelt den Kopf.

»Ich meine, von mir aus kann er ja mal um die Häuser ziehen. Hab ich echt kein Problem damit. Wenn ich es vorher weiß«, erkläre ich.

»Ich weiß«, sagen meine Jungs gleichzeitig, und ich muss lächeln. Keine Ahnung, wie die beiden das anstellen, aber in ihrer Gegenwart fühlt sich ein Problem immer nur noch halb so groß an.

»Ich verstehe ihn nicht«, sage ich. »Erst schmeißt er den Job hin, dann benimmt er sich wie ein junger Student. Was kommt denn noch?« Meine Jungs sehen mich besorgt an, und ich fahre fort, laut nachzudenken. »Klar, jetzt ist er Vater, Verantwortung und so, und für ihn kam das ja alles auch überraschend. Ich meine, welcher Mann kommt schon gerne aus dem bolivianischen Urwald zurück und muss direkt vom Flughafen in den Kreißsaal? Aber andererseits ist Zita jetzt sechs Monate alt, und da kann man sich schon mal daran gewöhnen, nun eine Familie zu haben.« Ich hole kurz Luft und sage dann ganz, ganz leise. »Und man kann die Mutter seines Kindes auch mal wieder als Frau sehen.«

»Oh.« Rolf legt mir den Arm um die Schulter.

»Ach Tanja.« Chris nimmt meine Hand. »Das tut mir leid. Aber weißt du, viele Männer haben ein Problem mit Sex nach der Geburt.«

»Ja, wenn sie sehen, wie das Baby rausflutscht und so ...«, ergänzt Rolf. Wider Willen muss ich lachen. »Ihr beide wart die Einzigen, die Zita haben flutschen sehen.« Die beiden grinsen. Ja, sie sind perfekte Ersatzpapis für meine Tochter. Mein ehemaliges WG-Zimmer zum Beispiel, das ein rundes Fenster mit buntem Glas im Tiffanystil schmückt, wurde in der Woche nach Zitas Geburt in ein echtes Babyparadies verwandelt. Rosa Wände, rosa Gardinen und darin das halbe Lager des besten Babyausstatters in Stuttgart. Samt weißem Stubenwagen und handgeflochtener Wickelkommode.

Unter dem Tisch stupst Earl mich an.

»Wie geht's dir denn heute?«, frage ich und beuge mich zu dem Mops runter. Seine Antwort ist ein Hecheln, die von Rolf ein Seufzen.

»Er hat dann doch noch gefressen gestern.«

»Das ist gut!«, freue ich mich.

»Ja, aber nur, weil ich mit ihm eine Dose Gänseleber geteilt habe«, lacht Chris. »Das Brot für mich, die Pastete für Earl.«

»Das war eine ganz simple Ausrede dafür, die letzte Dose aufzumachen«, neckt ihn sein Mann.

»Und das Bein?«, frage ich.

»Sollte der Herr Doktor sich mal ansehen, wenn er ausgenüchtert ist«, meint Rolf. »Nach dem Aufstehen ist Earl nicht ganz rund gelaufen. Mittlerweile geht's wieder.«

Wie auf ein geheimes Stichwort hin klopft es an der Wohnungstür. Arne, frisch rasiert und deutlich besser riechend als bis eben, kommt mit Zita auf dem Arm herein. Wir drei schauen uns an und nicken unmerklich. Nein, wir werden ihn nicht auf gestern Abend ansprechen. Und auch auf sonst nichts. Außer auf den Mops.

Rolf nimmt Zita und schaukelt sie auf dem Schoß. Die kleine Prinzessin genießt und blubbert vor sich hin, während wir Arne im Schnelldurchlauf erzählen, was Vogler mit dem Mops angestellt hat.

»Hm«, macht mein Doktor, als wir fertig sind und verschwindet zu Earl und Mudel unter den Tisch. Ich kann nicht sehen, was er da untersucht, aber ich nehme an, für Earl fühlt es sich wie ein Spiel an. Arne ist unter anderem deswegen ein so verdammt guter Tierarzt, weil Hunde, Katzen oder sonstiges Getier bei ihm immer das Gefühl haben, er wolle nur mit ihnen schmusen. Und wenn doch mal eine Spritze sein muss, lenkt er Bello und Mieze so geschickt ab, dass die das quasi im Vorbeiflug vergessen. Das ist ein bisschen wie ein guter Kinderarzt, bei dem die kleinen Patienten denken, sie wären in einem großen Spielzimmer und nicht in einer Arztpraxis. Ich hoffe, dass meine Tochter auch so einen Arzt erwischt, bislang wird sie noch von der Ambulanz in der Klinik betreut.

»Also gebrochen ist definitiv nichts«, gibt Arne seine Diagnose bekannt, nachdem er wieder aufgetaucht ist. »Man müsste mal ins Röntgen. Arthrose vielleicht. Ohne Diagnostik kann ich weiter nichts sagen. Womöglich hat er sich auch nur das Bein gestaucht.« Ich kann förmlich hören, wie es hinter Arnes Stirn rattert und er sämtliche möglichen Ursachen aus den Schubladen seines Veterinärgedächtnisses zieht. »Es sei denn … vielleicht Patella …«

»Oh mein Gott«, ruft Rolf und reißt die Augen auf.

»Krebs?« Chris kreischt beinahe.

Arne kann die beiden sofort beruhigen. »Auf gar keinen Fall. Möpse, kleine Hunde generell, haben gerne mal Probleme mit der Kniescheibe, so für Laien ausgedrückt. Das ist nichts Dramatisches und kann im Bedarfsfall physiotherapeutisch oder operativ behandelt werden.«

»Amputation?« Chris wird bleich. Er denkt immer gleich an das Allerschlimmste.

»Natürlich nicht.« Arne kann sein leichtes Grinsen nicht verbergen. »Mein Vorschlag: beobachtet den Hund die nächsten Tage, und wenn es sich nicht bessert, sollte ein Kollege ihn sich ansehen. Bis dahin könnte man mit Schmerzmitteln arbeiten. Wobei ich das nicht tun würde, so lange er läuft und frisst, der Leber wegen.«

Meine Jungs stoßen erleichtert die Luft aus.

»Der kommt durch«, sagt Arne mit fester Stimme und hievt sich den Mops auf den Schoß. »Der ist ein zäher Bursche.«

Nachdem Rolf und Chris in den Laubenpieper gefahren und Arne sich ohne ein Wort der Erklärung oder Entschuldigung hinter seinen Papieren verkrochen hat, räume ich die WG-Küche auf. Nach der Zita-Fütterung schnappe ich mir die drei Kleinen und mache mich auf den Weg zum Killesbergpark. Mit dem Bully ist das zwar ein ganz schönes Gekurve den Berg hinauf, dafür haben die Hunde hier oben nahe der Stuttgarter Messe jede Menge Platz zum Toben, und ich kann Zita ohne Stapfeln, die berüchtigten Stuttgarter Treppen, im Kinderwagen chauffieren. Außerdem serviert die Milchbar dort fantastischen Kuchen. Earl und ich lieben Käsekuchen, Mudel ist da eher der Hund für Biskuitteig.

Außer mir sind nur ein paar Mütter unterwegs, die mehr oder weniger schicke Wägen vor sich herschieben. Die Frauen sind alle mindestens zu zweit, meistens aber im halben Dutzend hier. Ich nehme an, sie alle sind in der Geburtsvorbereitung oder der Rückbildungsgymnastik zu besten Freundinnen geworden, die dasselbe Schicksal teilen: schlaflose Nächte, Schwangerschaftsstreifen und verkotzte Blusen. Und die alle nur ein Thema haben: welches Baby krabbelt zuerst, bei wem bricht der erste Zahn durch und welcher Säugling hat das Zeug zum künftigen Bundespräsidenten? Nicht meine Welt – absolut nicht. Ich habe mich schon in der Schule vor den Mädchengesprächen auf dem Klo gegruselt, wo es um Jungs, Pickelcreme und Slipeinlagen ging. Mit Frauen konnte ich noch nie so gut, und da ich meine Jungs habe, fehlt mir so etwas wie eine beste Freundin auch nicht. Rolf und Chris sind Gold – ach was! Diamanten! – wert, da muss ich mir das Gejammer der Zwangshausfrauen nicht anhören. Unser Trio zieht es wie immer zur großen Wiese in der Nähe des Streichelzoos. Hier sind Hunde willkommen, und ein deftiges Gespräch über die besten Kacktüten oder das leckerste Futter ist mir allemal lieber als Windelgeplauder.

Alle Bänke sind heute unbesetzt außer einer. Auf ihr sitzen Frieda und Lude. Als Frieda mich sieht, winkt sie begeistert und rutscht ein Stück zur Seite. Rauhaardackel

Lude hüpft von der Bank und sprintet sofort zu Earl und Mudel. Während die drei Hunde über den Rasen tollen, nehme ich seufzend neben Frieda Platz und registriere wieder einmal, wie gut sie riecht.

»Na, Süße?« Sie beugt sich zum Kinderwagen, in dem Zita schlummert.

»Na, Frieda?«, frage ich. Ich kenne sie noch nicht allzu lange, aber ich mag sie. Sehr sogar. Vielleicht wegen ihrer Lebensgeschichte, die ich zwar nur in kleinen Teilen kenne, die aber genauso krumm ist, wie meine vermutlich wird, wenn Arne und ich nicht bald sesshaft und verheiratet werden. Frieda stammt ursprünglich aus Reutlingen und hieß ihr halbes Leben lang Dolores.

»Kein Freier bucht eine Frieda«, hatte sie mir lachend erklärt. Weil es mit der Friseurlehre nicht so recht klappen wollte und weil Frieda gerne gute und teure Klamotten mochte, verdiente sie ihr Geld im Rotlichtmilieu. Einmal hat sie mir Fotos gezeigt, die so gar nichts mit der immer noch gut aussehenden, aber deutlich ergrauten Mittsiebzigerin zu tun hatten, die ich kenne. In ihrem früheren Leben war ›Dolores‹ eine vollbusige Schwarzhaarige mit vollen roten Lippen und spitz gefeilten Nägeln.

»Ich hab immer ohne Zuhälter gearbeitet«, hat sie mir stolz verraten. »Der einzige Lude, der in mein Bett darf, ist der Dackel.« Als sie daraufhin in ein schepperndes Gelächter ausbrach, habe ich mich auf der Stelle in Friede verliebt. Zwar denke ich nicht im Traum daran, meinen Körper zu verkaufen, aber ich möchte eines Tages auch so frei und wild und zufrieden auf einer Parkbank sitzen und Bekanntschaften mit jungen Müttern schließen. Oder Tauben füttern und meine

Tage damit verbringen, das Leben an mir vorbeiziehen zu lasen. Und ich möchte dann genau so mutig sein wie Frieda, die sich einen feuchten Kehricht um Mode schert. Sie trägt wallende Kleider oder weite Pluderhosen in allen Farben des Regenbogens, die sie in einem Internetshop für Indienfans bestellt. Die sehen nicht nur toll aus, sondern sind auch super bequem, wie sie mir erklärt hat. »Weißt du, Tanja, ich habe mein halbes Leben in zwickenden Tangas und unbequemen BHs verbracht, jetzt dürfen meine Brüste die große Freiheit spüren.«

»Ach ja.« Bei Frieda brauche ich nichts zu sagen, wenn ich nicht will. Wir verstehen uns auch ohne Konversation ganz gut und haben schon so manchen Nachmittag beinahe schweigend im Park verbracht, besonders nach Zitas Geburt, als ich mich so schlapp wie ein ausgelaugter Waschlappen und so aufgedunsen wie ein Knödel gefühlt hatte.

»Gut.« Frieda tätschelt meine Hand. Dann sehen wir gemeinsam den Hunden beim Spielen zu. Mops jagt Dackel, Dackel jagt Mudel, Mops überholt Dackel, Dackel saust hinter Mops her, Mudel kläfft begeistert. Irgendwann nicke ich ein und werde von einem Jaulen aus meinem Schlummer gerissen. Lude und Mudel stehen wie zwei begossene Pudel mitten auf der Wiese und starren den Mops an, der sich offenbar gerade überschlagen hat.

»Was ist passiert?«, rufe ich und springe auf.

»Ich hab es nicht genau gesehen«, schnauft Frieda hinter mir. Als wir die Hunde erreichen, will Lude sofort an Friedas Busen. Mudel wedelt unschlüssig mit dem Schwanz. Earl schaut mich bedeppert an. Dann kommt er einen Schritt auf mich zu. Noch einen.

»Du hinkst ja!«, rufe ich. Das ist gar nicht gut. Ich schnappe mir den Mops und nehme wieder neben Frieda Platz, die ihren Lude hingebungsvoll hinter den Ohren krault. Mudel lässt sich hechelnd zu meinen Füßen auf dem Kies nieder. Ich betaste Earls Vorderpfote. Zu spüren ist nichts.

»Hat er das öfter?«, will Frieda wissen. Ich berichte ihr von gestern. Sie nickt und meint dann: »Schwimmen. Der Hund sollte mal schwimmen gehen.«

»Wie?«

»Naja, das habe ich mit Ludes Vorgänger Freier auch immer gemacht. Der hatte eine Hüftgelenksdysplasie. Wir sind immer an den Baggersee gefahren.«

»Keine schlechte Idee«, stimme ich ihr zu. »Schwimmen ist ja bestens für die Gelenke.«

»Eben. Ich erinnere mich nur leider nicht mehr so genau, wo der hübsche kleine See war. Irgendwo bei Tübingen, glaube ich, das ist gut und gerne dreißig Jahre her.«

»Ach, wir werden schon eine Pfütze für den guten Earl finden.« Die Idee finde ich formidabel und beschließe, den Jungs gleich heute Abend davon zu erzählen. Zuvor aber ist Zita dran, die sich mit Hungergebrüll aus dem Kinderwagen meldet. Ich setze den Mops auf den Boden. Er macht zwei hinkende Schritte, dann läuft er wieder rund. Während die Hunde ihr Spiel wieder aufnehmen, gebe ich Zita das Fläschchen und schweige gemeinsam mit Frieda die Stuttgarter Sonne an.

Als ich am frühen Abend nach Hause komme, ist es in der Wohnung totenstill. Und finster. Alle Läden sind geschlossen. Die Hunde finden trotzdem den Weg zu ihren Kissen in unserem Flur, wo sie irgendwann heute Nacht oder morgen früh von Rolf und Chris abgeholt werden. Wenn die beiden im Laubenpieper sind, wohnen Earl und Mudel bei uns. Im Gegenzug übernachtet Zita dann und wann bei den Jungs, was mir eine zwar immer noch sexfreie, aber immerhin ruhige Nacht mit Arne beschert. Ich stelle die Babyschale ab und rufe leise: »Hallo?«

Die Antwort kommt von Leonard Cohen aus dem Wohnzimmer. Leise Musik dringt durch die geschlossene Tür, die ich vorsichtig öffne.

»Oh!« Der Raum ist von einem Dutzend Kerzen erleuchtet, die auf dem kleinen Esstisch und der Kommode flackern. Auf dem Tisch steht eine große rote Rose in einer leeren Sprudelflasche. Der Tisch ist für zwei gedeckt.

»Ich dachte, das wäre heute ganz nett«, sagt Arne und tritt aus dem Schatten. Er ist frisch rasiert und riecht zum Anbeißen nach Moschus und Zeder.

»Schlechtes Gewissen?«, necke ich ihn und betrachte den Tisch, auf dem Sushi in allen Variationen und eine Flasche Weißwein stehen.

»Nein. Jahrestag.« Er klingt ein bisschen beleidigt, und mir schießt das Blut in die Wangen. Verdammte Hacke, stimmt: Wir sind heute drei Jahre zusammen!

»Weiß ich doch«, versuche ich überzeugt zu klingen und tue so, als ob ich nur einen kleinen Scherz gemacht hätte. Arne nimmt mich in die Arme und drückt mich fest an sich.

»Sorry wegen gestern«, flüstert er in mein Haar, und ich schmelze förmlich dahin, als ich seinen Atem an meinem Nacken spüre.

»Schon gut«, murmele ich gegen seine Brust. Als er mich küsst, so lange und ausgiebig wie seit Wochen nicht mehr, vergesse ich für einen Moment alles um mich herum. Oh, dieser Mann kann küssen wie keiner! Als Arne mich ein Stück wegschiebt, habe ich wackelige Knie. Und ein enorm schlechtes Gewissen, als mein Blick auf ein kleines, in rotes Papier eingeschlagenes Päckchen fällt.

Arne bugsiert mich zum Tisch, und gerade, als ich mich setzen will, piept mein Handy und meldet eine neue SMS.

»Sorry, nur ganz kurz«, sage ich und flitze in den Flur, wo mein Mobiltelefon in der Wickeltasche vibriert. Ich ziehe es heraus und atme ganz tief auf. Die Nachricht ist von Chris.

»Schieb es auf deine Stilldemenz, dass du nicht dran gedacht hast. Neben der Orchidee im Treppenhaus findest du deinen Rettungsanker, blau eingewickelt. Schönen Jahrestag!«

Meine Jungs! Unschlagbar! Ich liebe sie beide.

»Ich muss nur kurz mal aus Klo«, rufe ich Richtung Wohnzimmer und sause ins Treppenhaus. Tatsächlich, auf der Fensterbank, die dank Chris grünem Daumen wie ein halber Urwald aussieht, steckt hinter der Orchidee ein blau eingewickeltes Päckchen. Ich ziehe es hervor, verstecke es hinter meinem Rücken, vergewissere mich auf dem Rückweg, dass Zita noch immer schläft und gehe zurück ins Wohnzimmer. Arne hat mittlerweile die Sushiteilchen auf unsere Teller gepackt und die Gläser gefüllt. Er reicht mir meines, und wir stoßen an.

»Auf uns«, sagt Arne.

»Auf unsere kleine Familie«, sage ich. Dann nickt er

Richtung Geschenk, und ich überreiche ihm »mein« Geschenk.

»Du zuerst«, fordert er mich auf. Ich setze mich und wickele die weiße Schleife ab. Mir ist es immer ein bisschen peinlich, wenn ich Geschenke bekomme. Ich mag es viel lieber, anderen eine Freude zu machen. Auch wenn ich heute total versagt habe. Unter dem roten Papier kommt ein kleines Kästchen zum Vorschein.

»Na los!« Arne wirkt ein wenig hibbelig. Als ich das Kästchen aufklappe, bleibt mein Herz für einen Moment stehen. Dann holpert es los wie ein wild gewordener Feldhase.

»Du spinnst!«, rufe ich und starre auf das silberne Armband. Ich liebäugele schon so lange mit einem solchen Schmuckstück und habe mir schon unzählige Male die Nase an der Scheibe des Juweliers in der Königstraße plattgedrückt, der diesen Sammelschmuck verkauft. Leider liegen solche Pretiosen außerhalb meines Budgets.

»Klar spinne ich. Sonst würdest du mich nicht lieben«, lacht Arne, als ich das Schmuckstück mit zitternden Fingern aus der Schachtel nehme. Von Nahem ist es noch viel schöner als durch die Scheibe. Arne hat drei Sammelanhänger ausgewählt, und ich ahne, dass sein Geldbeutel mächtig gelitten hat.

»Das ist wunderschön.« Ich lasse die Anhänger durch meine Finger gleiten. Der erste ist ein winziger, mit rosa Steinchen verzierter Schnuller. Daneben klimpert ein moppeliger Mops mit blauen Steinaugen. Der dritte Anhänger ist ein rot glitzerndes Herz. Arne hilft mir dabei, das Armband umzulegen und küsst meine Hand. Ich könnte vor Wonne seufzen.

»Jetzt du.« Ich reiche ihm sein Geschenk und kann es selbst kaum erwarten zu erfahren, was drinnen ist. Arne reißt das Papier ab und dann die Augen auf. Ich beuge mich unauffällig vor und staune nicht schlecht, als ich die Erstausgabe von Brehms Tierleben erspähe. Die nämlich wollte Arne vor ein paar Monaten bei Ebay ersteigern, hat dann aber doch nicht den Zuschlag bekommen. Er blättert vorsichtig die ersten Seiten um. Dann steht er auf, legt das kostbare Buch auf die Kommode und sagt mit belegter Stimme: »Danke.« Mehr nicht. Aber damit ist alles gesagt. Ich nehme mir vor, den Jungs einen dicken, dicken Stein zurück in ihren Garten zu werfen. Ich verdrücke ein Tränchen. Wegen unserer drei Jahre. Wegen Arne. Wegen Zita. Wegen der Jungs und wegen Earl und Mudel. Und weil das Leben manchmal einfach so schön sein kann.

Dann machen wir uns über das herrlich frische Sushi her. Ich lege meinen rechten Fuß auf Arnes Schenkel und kraule ihn mit den Zehen. Der kleine Arne findet das offensichtlich fantastisch. Mir wird warm, und in meinem Bauch schwirren kleine Schmetterlinge, während ich abwechselnd mein Armband und dann Arne anschaue, dessen Augen im Schein der Kerzen zu glühen scheinen. Wir essen schweigend, schauen uns dann und wann in die Augen und haben gerade das letzte Teilchen miteinander geteilt, als Zita sich meldet.

»Ich gehe schon«, sagt Arne. Ich seufze. Wie schaffen andere Paare es, ein zweites oder gar drittes Kind zu zeugen? Wir sind entweder zu müde oder zu dritt im Bett. Meistens beides. Ich höre Arne in der Küche wurschteln, wo er Zitas Fläschchen zubereitet. Die Hunde stecken die Plattnasen durch die halb geöffnete Tür und watscheln dann herein. Earl nimmt majestätisch auf dem Sofa Platz, während Mudel sich unter dem Tisch verkriecht.

»Hund müsste man sein«, sage ich, als die beiden im Gleichtakt schnarchen und grunzen. Ich schnappe mir mein Handy und tippe eine Nachricht an Chris: »Lebensretter! Danke!« Dann kuschele ich mich neben Arne und Zita ins Bett. Nach ein paar Minuten fallen uns allen die Augen zu.

Gestatten,

Earl mal wieder. Aua. Aua. Aua. Meine Pfote tut weh. Aua. Mama. Maaamaaaa!

Ich bin selber schuld. Glaube ich. Der Limomann hat mich zwar erwischt mit seinem Schuh. Aber vielleicht hätte ich nicht ganz so schwungvoll vom Couchtisch springen sollen. Dabei musste ich da hoch. Chris hat dort zwei Butterkekse liegen lassen. Die mussten weg. Kann ich nicht liegen lassen, die werden ja sonst schlecht.

Ich jammere nicht. Ich bin ein Kerl. So wie Chris und Rolf. Wenn die Männerschnupfen haben, legen sie sich auch nur eine Woche ins Bett und leiden. Also darf ich ja wohl auch mal im Körbchen bleiben.

Letztes Jahr war mein Herrchen ganz schlimm krank. Mit Fieber und allem. Da war er drei ganze Tage lang nicht zu gebrauchen. Ich wollte ihn trösten und mich zu ihm ins Bett kuscheln. Aber ich hab das dann bald wieder gelassen, weil ich kein Auge zubekommen habe. Der hat geschnarcht wie ein ganzes Mopsrudel. Und musste die ganze Zeit husten und niesen. Außerdem war alles voll mit nassen Taschentüchern. Hundeelend war ihm. Mir auch. Weil ich nicht schlafen konnte.

Wenn mir schlecht ist, dann stülpe ich meinen Magen nach außen. Ein Schwung und meistens ist alles wieder gut. Chris fragt sich jedes Mal, warum ich auf den Teppich kotze und nicht auf die Fliesen. Ganz einfach: auf dem Teppich habe ich besseren Halt mit den Pfoten, wenn es mich würgt. Auf den Kacheln rutsche ich weg.

Übrigens finde ich den Lude prima. Der ist kleiner als ich. Und kleiner als Mudel. Den kann man also prima rumjagen.

Und er hat ein ziemlich weiches Frauchen. Tanja ist da nicht ganz so kuschelig, seit sie nicht mehr schwanger ist. Auf dem dicken Bauch liegen war große Klasse. Friedas Busen ist aber noch bequemer. Schade, dass ich den nicht mit nach Hause nehmen kann.

Drei

Der Mops ist kein Hund, sondern eine große Persönlichkeit. Zuerst kommt sein Ego um die Ecke – dann er. Er ist anhänglich, albern, erhaben, verspielt, verschmust, stolz, stur und majestätisch, alles in einer Person. Er hat keine Besitzer, er hat Personal. Und das voll im Griff.«
Seppi Ernie Wetzke

»Alterserscheinung?« Chris schüttelt den Kopf. »Earl ist doch noch ein junger Hüpfer!«

»Natürlich, aber bei Möpsen ist das ein bekanntes Problem. Sagt jedenfalls Doktor Hagen.« Chris krault Earl hinter den Ohren. Der Mops schmiegt sich in seinen Schoß und macht ein Gesicht, als wüsste er genau, dass die Rede von ihm ist.

»Seht es mal so, das ist alles noch gar kein Problem mit der richtigen Therapie.« Arne hat den Jungs die Diagnose seines Kollegen übersetzt. »Solch eine Gelenkschwäche kommt auch bei Menschen vor. Das ist eine kleine Abnutzung. Nicht wirklich schmerzhaft, aber man sollte es wegen der Folgeschäden behandeln.«

»Folgeschäden?« Chris klingt total besorgt.

»Durch eine permanente Fehlstellung kann es zu weiteren Problemen in der Schulter oder an der Bandscheibe kommen«, fährt Arne fort.

»Bandscheibe«, sagt Rolf tonlos und ich weiß, dass er an seinen eigenen Rücken denkt. Im ersten Berufsleben war er Postbote, aber das Wuchten der schweren Pakete hat seinem Kreuz auf Dauer zu sehr zugesetzt, sodass er mit Mitte dreißig das erste Mal einen völligen Stillstand wegen der Bandscheibe hatte. Er musste nicht operiert werden, war aber nach der Reha und sehr viel Sport nicht mehr wirklich in der Lage, seinen Job auszuüben. Was sich aber dank seiner Liebe zu Chris und dem Laubenpieper sowieso erübrigt hat.

»Nun wollen wir mal den Teufel nicht an die Wand malen«, melde ich mich zu Wort. »Die Prognose ist doch ganz gut.«

»Ich weiß nicht. Ich kenne einen Mops, der hat gelähmte Hinterläufe. Der muss im Kinderwagen gefahren werden.«

»Na der wäre ja immerhin im Haus«, knurrt Rolf.

»Stopp!« Arne hebt beschwichtigend die Hände. »So eine Patellaluxation ist ab-so-lut kein Beinbruch! Im Übrigen sprechen wir hier von PL 1 bis allerhöchstens zwei, also dem niedrigsten Grad der Beeinträchtigung. Mit einer entsprechenden Stärkung des Bänderapparates kann man sehr gut vermeiden, dass die Kniescheibe ... na, sagen wir mal ... in ihrem Scharnier wackelt, weswegen Earl ab und zu humpelt, bis sich das wieder eingeruckelt hat.«

»Hm.« Rolf seufzt und sieht seinen Mann an. Chris scheint ein klein wenig beruhigt.

»Und was machen wir jetzt?«, will er von Arne wissen.

»Darf ich einen Vorschlag machen?«, frage ich. Die drei Männer sehen mich an. »Also, ich habe eine Bekannte, von der Hundewiese. Die hatte einen Dackel mit Bandscheibe, und dem hat Schwimmen geholfen. Vielleicht wäre das für Earl auch eine Option?«

»Ganz bestimmt.« Arne stimmt mir zu. »Physiotherapie kann man machen, ist aber bei Tieren immens teuer. Ich würde Globuli gegen den Verschleiß empfehlen und ja klar, Wasser. Gute Idee!«

Ich bin ein bisschen stolz über das Lob.

»Und wo kann man mit Hunden schwimmen? Im Leuze ja wohl kaum.« Das Thermalbad ist bei den Stuttgartern beliebt wie die eigene Badewanne, aber für Tiere natürlich verboten.

»Na, in einem Baggersee. Da ist Friede mit ihrem Hund auch immer hin. Irgendwo bei Tübingen.«

»Wäre einen Versuch wert.«

»Und wenn Earl gar nicht schwimmen kann? Er war noch nie im Wasser«, gibt Chris zu bedenken. Arne grinst.

»Jeder Hund kann schwimmen. Die wissen das allerdings erst, wenn sie im Wasser sind.«

Wir beschließen, das Wochenende für einen Familienausflug mit Mops zu nutzen. Die Jungs sind im Laubenpieper eingespannt, wo samstags der Bär steppt, wenn sich zu den Schrebergärtnern Luftschnapper und Ausflügler gesellen. Mudel soll in der Kneipe bleiben, damit Arne und ich uns in Ruhe um den Mops kümmern können. Und um Zita, der ein Tag in der frischen Luft sicher auch guttun wird. Leider habe ich Frieda seit meinem Besuch im Park nicht mehr getroffen, sodass wir eben auf gut Glück in die Pampa fahren werden. Oder fast zumindest: im Internet habe ich bei Mister Google gefragt, wo man mit Hunden baden gehen kann. Die Ernüchterung war groß, scheinbar sind

Vierbeiner an deutschen Badeseen nicht willkommen. Und das, obwohl mein Tierarzt erklärt hat, dass Kinder sehr wohl ins Wasser pinkeln oder kacken, dass Hunde dazu aber anatomisch gar nicht in der Lage wären. Ich habe jedenfalls nur eine Handvoll Möglichkeiten entdeckt, von denen die allermeisten viel zu weit von Stuttgart entfernt sind.

Am Samstag brechen Arne und ich zwei Stunden später auf, als geplant. Seit Zitas Geburt sind feste Termine für uns eigentlich nicht machbar. Entweder hat sie Hunger. Oder die Windel voll. Oder beides. Und meistens reihert sie das halbe Fläschchen auf Mama oder Papa, sodass wir uns auch noch mal umziehen müssen. Zu zweit lassen sich all die kleinen Hindernisse meistens ganz gut beseitigen, aber Arne war heute Morgen ein Totalausfall. Ich habe keine Ahnung, wann er gestern von seiner Lerngruppe nach Hause gekommen ist. Irgendwann im Morgengrauen bin ich von seinem Schnarchen aufgewacht und musste erst mal das Fenster aufreißen, um nicht in seiner Bierfahne zu ersticken. Ich war kurz davor, ihm nach dem Aufwachen eine Szene zu machen und die beleidigte, frustrierte, eifersüchtige Hausfrau zu mimen. Aber erstens hat mein Armband in der aufgehenden Sonne geglitzert und zweitens wollte ich uns diesen Tag nicht verderben. Auch Arne hat kein Wort über den gestrigen Abend verloren und sich wortlos zwei Aspirin aufgelöst.

Irgendwann sind wir doch alle im Bully. Ich stelle das Radio an, und während wir Stuttgart über die Weinsteige verlassen, begleitet uns Jerry Lee Lewis. Meine Laune hebt sich mit jedem Meter, den der Bully den Berg hinauf schnauft, und als wir die Bundesstraße erreicht haben, schlummern Mops und Baby auf dem Rücksitz, während Arne und ich im Takt zu den Rolling Stones mit den Köpfen wackeln. Wie immer werden wir von allen Autos und sogar vom einen oder anderen Lkw überholt, aber wer Bully fährt, der gewöhnt sich daran. Außerdem haben wir trotz des späten Aufbruchs den ganzen Tag vor uns. Im Kofferraum sind ein Picknickkorb mit ein paar Leckereien, daneben die Badematten und ein halbes Dutzend Handtücher. Zitas Wickeltasche. Der Kinderwagen. Eben alles, was man für einen kleinen Ausflug so braucht, wenn ein Baby an Bord ist. Die Nachbarn haben beim Beladen wahrscheinlich gedacht, dass wir ganze vier Wochen verreisen und werden sich wundern, wenn wir schon heute Abend wieder zurück sind.

Nach einer guten Stunde erreichen wir die Abfahrt, an der der Baggersee ausgeschrieben ist. Arne parkt den Bully unter einem Baum. Der Parkplatz ist schon gut besetzt mit Autos. Bei diesem herrlichen Wetter sind wir ganz bestimmt nicht die Einzigen, die einen Tag am Badesee verbringen wollen. Earl springt sofort begeistert aus der Schiebetür, und während wir Kinderwagen und Krempel ausladen, setzt er einen veritablen Haufen neben einen fast fabrikneuen Daimler.

»Guter Hund«, scherzt Arne. Zita schlummert weiter, als wir sie in den Kinderwagen packen. Dann bricht unsere Karawane auf. Wir folgen einem ausgetretenen Kiesweg, der gerade breit genug für den Wagen ist. Nach ein paar Minuten Fußmarsch lichten sich die Bäume und geben den Blick frei auf eine sauber gemähte Wiese, auf der zahlreiche Sonnenschirme die Claims der Besucher abstecken. Manche haben Strandmuscheln mitgebracht, andere klappbare Picknicktische. Es herrscht ein buntes Treiben. Kinder sausen nackt hin und her. Ich blicke zum Wasser. Dort planschten Erwachsene und Kinder, werfen Wasserbälle oder lassen sich auf Luftmatratzen treiben.

»Äh.« Arne zögert.

»Oh.« Ich bleibe stehen. Direkt vor mir passiert ein Senior den Weg. Sein graues Brusthaar zieht sich bis über seinen prallen Bierbauch, unter dem ein ausgeleiertes Stück Haut baumelt. Ihm folgt eine grauhaarige, von der Sonne gegerbte Frau, deren Brüste an leere Milchtüten erinnern.

»Die sind ja alle nackt«, flüstere ich Arne zu. »Davon stand nichts im Internet!«

Wir sehen dem Pärchen nach, das wie selbstverständlich zu seinem Sonnenschirm schlendert und es sich im Schatten bequem macht. Arne zuckt mit den Schultern. Wir sind beide nicht prüde oder verklemmt. Aber es gibt Dinge, die will man gar nicht sehen.

»Naja, wo wir schon mal hier sind ...« Arne macht Anstalten, die Wiese zu betreten. Täusche ich mich, oder hat er der drallen Blonden mit den aufgeblasenen Titten nachgeschaut?

Ich starre auf Arnes Rücken. Dralle Blonde hin oder her – ich habe ein Armband von Arne. Sie nicht! Leider aber habe ich immer noch einen schwabbeligen Bauch von der Geburt und alles andere als feste Brüste. Ich war schon vor der Schwangerschaft niemand, der sich gerne nackt gezeigt hat. Aber seit Zita in meinem Bauch gewohnt hat, fühle ich mich immer noch wie eine Wohnung, die renoviert werden müsste. Und zwar gründlich. Die Hebamme meinte zwar, dass es neun Monate dauert, bis man seinen Körper wieder erkennt – aber wie machen das dann die ganzen Promis in den Zeitschriften? Eben noch mit riesigem Ballon auf dem roten Teppich und zack, eine Seite weiter gertenschlank mit Neugeborenem auf dem Arm. So gut ist Photoshop doch nun auch nicht.

»Arne!«, rufe ich, aber der hört mich gar nicht, sondern lässt den Blick über das nackte Treiben schweifen und steuert dann einen Platz unter einer Eiche an. Während er zum Zeichen der Landnahme den Sonnenschirm in die Erde rammt, ruckele ich mit dem Kinderwagen hinterher und versuche dabei, so wenig fremde Geschlechtsteile wie möglich zu Gesicht zu bekommen. Was mir nicht gelingt. Ich staune, wie viele Versionen Mutter Natur von Penissen und Brüsten hervorbringen kann und beschließe, dass ich zwar kein Model, aber doch im direkten Vergleich einigermaßen ansehnlich bin. Allerdings zögere ich es so lange wie möglich heraus, aus meiner Jeans, dem Shirt und dem Bikini zu schlüpfen, den ich darunter trage. Als ich nackt bin, lege ich mich sofort auf dem Bauch auf die Badematte und stelle mir vor, dass ich nicht da bin. Arne hat offensichtlich weniger Probleme mit der Situation, denn er steht wie ein Adonis da, streckt den kleinen Arne in die Sonne und sieht sich um.

»Na komm, wir gehen schwimmen«, fordert er mich auf. »Deswegen sind wir hier.«

»Sollen wir nicht lieber warten, bis Zita wach ist?«, frage ich in die Matte hinein.

»Stimmt eigentlich«, gibt Arne zu, und ich atme auf. Hoffentlich schläft die Kleine den ganzen Mittag! Ein bisschen regt sich mein schlechtes Gewissen, denn eigentlich sind wir ja wegen des Mopses hier. Aber Earl scheint auch ohne Badewasser ganz zufrieden zu sein, und nachdem er die Umgebung beschnuppert hat, lässt er sich mit einem tiefen Seufzen neben mich ins Gras sinken. Arne will sich eben neben mich legen, als er direkt wieder aufspringt und begeistert ruft. »Freddy!«

Oh nein, bitte keine bekannten Gesichter. Ich kenne zwar keinen Freddy, aber nackt unter Fremden ist schon schlimm genug. Nicht auszudenken, so vor einem Kollegen meines Liebsten zu stehen! Ich linse unter dem Arm vor und sehe, wie mein nackter Arne einen nackten Körper umarmt. Einen eindeutig weiblichen Körper mit perfekten Brüsten, straffem Bauch, drallen Schenkeln und perfekt rasiertem Schamhaar. Mir wird schlecht.

»So was! Die Welt ist echt ein Dorf!«, lacht Freddy mit einer perlenden Stimme. »Was machst du denn hier?« Endlich lassen die beiden voneinander, und ich werfe einen prüfenden Blick auf den kleinen Arne. Der regt sich zum Glück nicht, und so beschließe ich, den Kopf zu heben. Aber nur so weit, dass meine Brüste auf der Matte bleiben. Earl kennt weniger Skrupel und saust zu den beiden, beschnuppert die nackten Zehen der Frau und freut sich.

»Ich bin mit dem Hund hier«, sagt Arne. »Der braucht eine Wassertherapie.«

»Ah ja?«

»Patellaluxation, Grad zwei.«

Ich sehe, wie Freddy wissend nickt.

»Das ist übrigens Tanja«, sagt Arne. »Und das ist Zita.« Er zeigt auf die Babyschale. Freddy beugt sich hinunter und sagt »Wie süß«, als würde sie in eine rohe Zwiebel beißen.

»Hallo«, nuschele ich.

»Hi!« Freddy hebt die Hand. »Ich bin Friederike. Eigentlich Rieke. Aber meine Freunde nennen mich Freddy.«

»Hallo, Rieke«, sage ich noch mal und setze mich auf, wobei ich das Handtuch wie zufällig über meine nackte Vorderseite ziehe. Mein Armband baumelt am Handgelenk.

»Willst du uns nicht richtig vorstellen?«, fordere ich Arne auf und weiß, dass ich wie eine eifersüchtige, frustrierte Hausfrau klinge.

»Freddy, das ist Tanja, meine … ja … die Mutter meiner Tochter. Tanja, das ist Freddy, eine Kollegin von der Uni. Doktorandin. Fachgebiet symbiotische … was noch mal?«

»Völlig egal«, lacht Freddy und wirft den Kopf nach hinten, wobei ihre perfekten Locken in der Sonne glänzen. »Heute ist lernfrei.«

»Stimmt«, sagt Arne und grinst. Ich weiß nicht, ob ich das richtig gesehen habe, aber ich glaube, er hat ihr zugezwinkert. In meinem Magen meldet sich ein Grollen, das aber nicht anschwellen kann, weil Zita Anstalten macht aufzuwachen. Sie knarzt und quäkt.

»Ich muss dann mal, bin da hinten beim Kiosk. Swantje und Maja sind auch da.«

»Cool.« Arne nickt wissend, und ich weiß in dem Moment, dass er alle drei kennt. Und ich befürchte, dass diese Swantje nebst Maja auch nicht viel schlechter aussehen als

Freddy. Die nun endlich davonstolziert. Arne setzt sich auf seine Matte, und während ich Zita das Fläschchen gebe, schweigen wir uns an.

»Dir gefällt das hier nicht«, stellt Arne schließlich fest, als Zita ihr Bäuerchen gemacht hat.

»Stimmt«, knurre ich. »Ich hab's nicht so mit Fleischbeschau.«

Arne lacht. »Ach Tanja, du musst dich nicht verstecken.«

»Pah. Schwabbelbauch. Hängetitten. Fetter Arsch. Alles ausgeleiert«, jammere ich.

»Na und? Du hast eben erst ein Kind zur Welt gebracht.« Arne streichelt mir über den Arm. So richtig gut fühlt sich das aber nicht an, denn erstens schweift sein Blick dabei über die nackten Menschen um uns herum, und zweitens sagt er nichts wie »Du bist die schönste Frau für mich«, oder »Du bist perfekt«, oder was wir Mädchen sonst gerne hören. Auch wenn wir wissen, dass es gelogen ist. Mir steigen die Tränen in die Augen, und ich blinzele sie fort.

»So, jetzt geht's aber ins Wasser.« Arne springt auf. Während ich Zita aus dem Strampler und der vollen Windel wickele, traben Earl und Arne zum Ufer. Von Humpeln ist zum Glück nichts zu sehen. Ich ziehe meiner Tochter eine Schwimmwindel an, dann folgen wir den beiden, und ich bin heilfroh, dass ich mir das Baby vor die Brüste und den Bauch halten kann. Leider ist sie noch nicht groß genug, um meine Scham zu bedecken, aber immerhin habe ich dort erst letzte Woche eine größere Rodung vorgenommen.

Als wir am Ufer ankommen, steht Arne bis zum Bauch im Wasser. Earl sieht ihm fassungslos dabei zu und hat alle vier Pfoten in den kiesigen Sand gestemmt.

»Wasserscheu?«, rufe ich Arne zu.

»Kein Hund ist wasserscheu. Der kennt das nur nicht.« Als Tierarzt muss er es ja wissen. Als Adoptivfrauchen von Earl sehe ich die Situation allerdings ein bisschen anders. Der Mops hat definitiv Angst. Jedes Mal, wenn eine winzige Welle ans Ufer schwappt oder ein Kind beim Rennen Wasser aufspritzen lässt, zuckt er zusammen. Ganz anders als der Labrador, der begeistert die Luftmatratze seines Herrchens umrundet. Oder der Golden Retriever, der auf der Jagd nach seinem von Frauchen geworfenen Ball mit einem kräftigen Satz im Wasser landet, dass es nur so spritzt.

»Na, Earl, wie wär's?«, fordere ich den Mops auf und setze mich neben ihn ins Gras. Auch wenn Zita klein ist – auf die Dauer ist sie schwer. Ich setze meine Tochter auf meinen Schoß. Sie sieht sich mit wachen Augen um, und man kann förmlich das Staunen sehen. Dann reckt sie die Arme Richtung Papa.

»Ich glaube, deine Tochter will nass werden!«, rufe ich Arne zu.

»Na dann!« Lachend kommt er auf uns zu, und das Bauchgrummeln verstummt zu einem leisen Surren, als er sich hinunterbeugt, mir einen Kuss auf die Wange haucht und Zita in seine starken Arme nimmt. »Dann wollen wir aus dir mal einen Frosch machen.« Ich kann nicht anders – ich muss auf Arnes Hintern starren. Der ist neben dem Grübchen an seiner Schulter mit das schönste Teil am ganzen Mann.

Earl sieht mich an und macht dabei ein Gesicht, das irgendwo zwischen leerem Futternapf und von Mudel besetztem Stammplatz liegt. Ich kraule den Mops aufmunternd hinter den Ohren.

»Das ist nur Wasser«, versichere ich ihm.

»Ich Baby, du Hund!«, ruft Arne mir zu, der mittlerweile bis zur Brust im Wasser steht und die vor Vergnügen glucksende Zita im angenehm warmen Wasser hin und her schaukelt.

»Okay, Earl, du hast es gehört.« Ich stehe auf und versuche, den Bauch einzuziehen. Keine Chance. Dort, wo irgendwann einmal Muskeln waren, wenn auch nicht viele, ist immer noch nichts. In diesem Moment könnte ich mich selbst dafür ohrfeigen, dass ich nie zur Rückbildungsgymnastik gegangen bin. Aber der Schweinehund und die Müdigkeit waren einfach zu groß. Eigentlich könnte ich heulen, aber als ein sanfter Wind über meinen nackten Körper streicht, bekomme ich Gänsehaut. Und zwar die von der angenehmen Sorte. Es fühlt sich gut an.

»Okay, wir gehen es langsam an«, schlage ich Earl vor. Ich mache einen Schritt auf die Wasserkante zu. Earl sieht mich fassungslos an. Mit den Händen schöpfe ich etwas Wasser und lasse es dem Mops auf die Plattschnauze träufeln. Erst zuckt er zusammen, dann streckt er vorsichtig die Zunge raus. Da er sich nicht schüttelt, gehe ich davon aus, den ersten Schritt Richtung Schwimmmops geschafft zu haben. Und richtig: der Hund macht einen, wenn auch winzigen Schritt auf mich zu.

»Noch mal?« Erneut schöpfe ich Wasser, dieses Mal allerdings bekommt er die kleine Ladung auf den Rücken. Earl knurrt erschrocken und macht einen Schritt zurück.

»Na komm schon, das kennst du von zu Hause«, muntere

ich ihn auf. Earl legt den Kopf schief, als würde er nachdenken. Ich mache einen Schritt ins Wasser, das nun meine Waden umspielt.

»Also ich schwöre dir, hier kannst du auch stehen.« Earl macht zwei winzige Schritte. Dann einen dritten. Bleibt stehen, als eine Miniwelle heranrollt. Und dann nimmt die Fellnase ihren ganzen Mut zusammen und wagt es, alle vier Pfoten ins Wasser zu stellen.

»Bravo, super, genial!«, lobe ich ihn überschwänglich und gehe dabei einen Schritt zurück. »Na komm!«

Earl wedelt vorsichtig mit dem Ringelschwanz. Plötzlich macht er einen, zwei, drei Sätze auf mich zu, taucht unter, kommt wieder hoch … und schwimmt! Als hätte er nie etwas anderes getan!

»Arne!«, rufe ich, bekomme aber keine Antwort. Meine zwei Lieblingsmenschen sind zu weit entfernt Richtung anderem Ufer unterwegs. Egal. Jetzt lasse ich mich ganz in den See gleiten und muss einen wohligen Seufzer unterdrücken, als das milde Wasser meine nackte Haut streichelt. So ist FKK angenehm, kichere ich in mich hinein und fordere Earl auf, mir zu folgen. Wir schwimmen nicht hinaus, da ich nicht weiß, wie weit Earls Kondition reicht. Stattdessen ziehen wir unsere Bahnen parallel zum Ufer. Immer wieder bekomme ich festen Grund unter die Füße und kann den Mops für eine Verschnaufpause auf den Arm nehmen, Was der aber gar nicht will – Earl hat eine neue Leidenschaft entdeckt und paddelt wie ein Weltmeister hin und her, wobei er die Plattnase stolz aus dem Wasser reckt. Trotzdem beschließe ich nach einer halben Stunde, dass es erst mal genug ist und verlasse mit dem sichtlich enttäuschten Hund das Wasser. Er schüttelt sich ausgiebig und stolziert dann hinter mir her zu unserem Lagerplatz unter der Eiche.

Wo niemand ist.

Na toll.

Ich wickele mich in mein Badetuch, das wird schließlich auch beim FKK-Strand zum Trocknen erlaubt sein, und sehe mich um. Earl lässt sich ausgepowert auf sein Handtuch sinken, schnauft zufrieden und macht die Kulleraugen zu. Augenblicke später schnarcht er leise.

Vom Kiosk her ertönt lautes Gelächter. Frauenlachen. Und ein männliches, das mir sehr bekannt vorkommt. Ich zurre das Handtuch fester um mich und marschiere ohne nachzudenken los. Das Bauchgrummeln beschleunigt meine Schritte und wird zum Donnerhall, als ich bei der kleinen Hütte ankomme, vor der ein paar Biergarnituren unter Sonnenschirmen stehen. Eine davon ist besetzt mit fünf nackten Menschen, wovon einer meine Tochter ist, die auf einem fremden Schoß sitzt. Vor Schreck bekomme ich Schluckauf und suche Deckung hinter einem Busch. Um nicht aufzufallen, tue ich so, als würde ich etwas auf dem Boden suchen, heimlich aber spähe ich durch die Äste.

»Steht dir gut, Swantje«, neckt Arne die Blondine, deren Brustwarze am linken Ohr meiner Kleinen zu kleben scheint. Dann hebt er eine Bierdose und prostet den Frauen zu. Vor ihm auf dem Tisch stehen weitere Dosen. Freddy greift sich eine, nimmt einen riesigen Schluck und grinst Arne an. Dann legt sie den Arm um seine Schulter und lacht scheppernd, nachdem sie etwas in sein Ohr geflüstert hat, das ich nicht verstehen kann.

Mir wird schlecht.

Ich springe auf, taumele rückwärts, bleibe mit der Ferse an einer Wurzel hängen und verliere das Gleichgewicht. Beim Aufschlagen denke ich noch, wie weich ich gelandet bin. Dann höre ich ein lautes »Heidanei!«, unter mir und versuche, mich aufzurappeln. Ich bin mitten auf einem Senior gelandet, der breiter als lang ist. Nur mein Handtuch trennt mich von einer Brustbehaarung, auf die jeder Gorilla neidisch wäre.

»Noo ned huudla«, scherzt der Mann, als ich mich aufrappele und ihm dabei meinen Ellbogen in den weichen Wanst ramme. »So a schees Mädle isch scho lang nemme uff mir gläga.«

Ich werde rot, Stufe eins. Und dann Stufe zwei, als ich auf den Begleiter des Mannes blicke. Der liegt auf dem Bauch, hat einen muskulösen Rücken, pechschwarze Haare und einen Hintern, der mit dem von Arne mithalten kann. Das Faszinierendste aber ist das Tattoo, das sich über seinen gesamten Rücken zieht und einen perfekten Hund undefinierbarer Rasse darstellt.

Stufe drei an Rot ist angesagt, als der Mann sich umdreht und mich aus knallgrünen Augen mustert. »Vater, jetzt mach keine Sprüche«, sagt er dann, und ich ziehe mein Handtuch so fest um mich, wie es nur irgendwie geht.

»Sorry, tut mir leid, ich ...«, stammele ich, komme aber nicht weiter, weil in diesem Moment das Ebenbild des Tattoohundes auftaucht und fröhlich schwänzelnd erst dem Adonis, dann seinem Vater über Bäuche, Hände und Gesichter leckt. Gibt es einen Zauberspruch, mit dem Tanja sich in einen Hund verwandeln kann? Vermutlich nicht.

»Mirabelle, lass das. Gut jetzt.« Der Schöne hat eine enorm vibrierende Stimme, und ich befürchte, er wird sehen, wie sich sämtliche Härchen an meinem Körper aufstellen. Mirabelle jedenfalls gehorcht und lässt sich neben Vater-Adonis nieder.

»Noch mal sorry«, sage ich und will gehen, als Earl auf mich zusprintet. Mirabelle springt sofort auf, und die beiden beschnuppern sich ausgiebig an Stellen, die sehr privat sind. Als klar ist, dass von keiner Seite Gefahr ausgeht, spielen sie eines der Hundespiele, das Menschen nie verstehen werden und jagen sich um den Busch, der mir bis eben als Deckung diente.

»Die beiden mögen sich.« Adonis steht auf und streckt mir die Hand hin. Ich schlage zögernd ein, denn ich ahne – sobald ich dieses Bild von Kerl einmal angefasst habe, geht eine verbotene Tür in meinem Inneren auf. Was dahinter ist, kann ich nur ahnen, aber es passt ganz bestimmt nicht zu einer fest liierten Mutter. Mein Instinkt ist stärker, und als unsere Finger sich berühren, ist er da: der berühmte Stromschlag.

»Ich bin Marcel«, sagt Marcel.

»Tanja«, stammele ich und verliere mich für den Bruchteil einer Sekunde in den grünen Augen meines Gegenüber. Earl rettet mich, indem er an meinem Bein hochspringt, ehe er die Buschrunde mit Mirabelle wieder aufnimmt. Die ist doppelt so groß wie er, sieht aus wie eine Mischung aus Collie und Schäferhund und hat, wie ich jetzt sehe, nur ein Auge. Dort, wo das rechte sein sollte, ist eine sauber vernähte Narbe.

»I be dr Horschd!«, ruft Horst von unten.

»Mein Vater«, erklärt Marcel fast entschuldigend. Gleich darauf verstehe ich, warum: Horst rappelt sich auf, streckt mir ebenfalls die Hand hin und sagt: »Die Bruchlandung uff maim Ranza koschded äbbes!«

»Oh … ich … äh … habe kein Geld dabei.«

»Machd nix, i zahl.« Schon stapft Horst Richtung Kiosk davon und bedeutet uns, ihm zu folgen. Ich schlucke trocken. Ich habe jetzt auf viel Lust, meinetwegen auch ein Bier mit dem dicken Schwaben. Aber ganz bestimmt nicht darauf, Arne und Freddy zu begegnen. Oder Zita. Die kann zwar nicht sprechen, aber ich möchte wenigstens für ein paar Minuten so tun, als wäre ich kein Muttertier. Ich schiele um den Busch, und mein Herz setzt erleichtert einen Schlag aus. Der Tisch mit den Studentinnen ist leer. Die vier machen sich gerade mit Zita auf den Weg ins Wasser.

»Ja, gerne!«, rufe ich und klinge dabei ein bisschen zu begeistert.

Zu dritt setzen wir uns unter einen Sonnenschirm, und ich drapiere mein Handtuch so, dass meine Brüste ein klitzekleines bisschen rausgucken. FKK hat auch Vorteile, so gesehen – man kauft nicht die Katze im Sack, die sich mit Push-ups und Miederhöschen in Form gebracht hat und direkt nach dem Ausziehen zu einer Amöbe zerfleddert. Wenn Marcel also nicht gleich Reißaus nimmt, dann steht es um mein Äußeres vielleicht doch nicht so übel.

Horst ordert zwei Bier für sich und seinen Sohn und eine Limo für mich. Es ist die Marke, die Rolf und Chris auch im Laubenpieper anbieten wollten.

»Proschd!«, sagt Horst. Dann sagt er nichts mehr, sondern starrt auf den See. Ich räuspere mich.

»Was ist denn mit Mirabelle passiert?«, will ich von Marcel wissen und tippe mir gegen das Auge.

»Das will ich gar nicht so genau wissen«, antwortet er und sieht mich dabei so direkt an, dass mir heiß wird und kalt und heiß und kalt. »Ich habe sie aus dem Tierheim. Angeblich hat sie als Straßenhund in Rumänien gelebt und bei einem Autounfall das Auge verloren.«

»Wie schrecklich!«, rufe ich. »Der arme Hund.«

»Ehrlich gesagt, glaube ich das nicht wirklich. Sie kam mit fünf Monaten zu mir. Was man nicht sofort sieht, ist, dass sie den Hinterlauf drei Mal gebrochen hatte. Deswegen wollte auch niemand sie nehmen, weil eine Amputation drohte.«

»Oh nein.«

»Tja, das haben wir mit viel Bewegung vermieden.« Marcel blickt ein bisschen traurig drein.

»Aber?«, hake ich nach.

»Sie ist jetzt fast sechs Jahre alt, und da macht die Hüfte wegen der Fehlstellung nicht mehr mit. Deswegen sind wir auch hier, schwimmen soll da ganz super sein.«

»Ond wenn i gwissd hätt, dass es hier so viele Naggige gibt, wär i scho früher mal komma!«, ruft Horst, und ich staune, dass er unser Gespräch mitbekommen hat.

»Wir sind zum ersten Mal hier, es gibt ja sonst keine andere Möglichkeit«, erklärt Marcel, und irgendetwas in meinem Herz macht HÜPF, weil er kein FKK-Fan ist.

»Ich auch! Ich meine, wegen Earl. Der hat auch. Und soll schwimmen. Zum ersten Mal. Sonst auch nicht.« Meine Güte, Tanja, du redest Müll. Marcel nickt trotzdem.

»Jedzd send dia Hundle em Wasser«, gibt Horst bekannt.

Und tatsächlich: Earl und Mirabelle therapieren sich spielend selber.

»Wenn ich geahnt hätte, dass es hier so nette Bekanntschaften gibt, wäre ich auch schon eher gekommen.« Marcel zwinkert mir zu. Ich schiele zum See, wo Zita von den Studentinnen bespaßt wird. Dann zwinkere ich zurück. Und ziehe das Handtuch wieder fester um mich.

Gestatten,

Earl, die Wasserratte.

Dass Tanja behauptet, ich hätte Angst vor dem Tümpel gehabt, ist eigentlich eine Frechheit. Ich bin ein Mops. Ich habe vor gar nichts Angst. Ich hatte nur keine Lust, mir das Fell nass zu machen. Mir reicht es schon, wenn Herrchen mal wieder nicht kapiert, dass es sehr sexy riecht, wenn ich mich in einem Kuhfladen gewälzt habe. Noch besser finde ich Schafskacke. Beides findet man leider in der Großstadt selten. Weswegen ich eben auf das Blumenbeet in der Laube ausweichen muss. Da habe ich manchmal Glück und ein Wildtier hat seine Duftnote hinterlassen.

Blöd nur, dass Rolf und Chris mich immer genau dann in die Wanne – oder eben unter die Dusche – stellen, wenn ich genau das richtige Mief-Level erreicht habe. Meine Plattnase liebt es, wenn ich nach großer weiter Welt und uriger Wildbahn rieche. Aber nein, dann kommen die gleich mit Wasser und Seife und Shampoo an. Das stinkt erbärmlich. Nach Blumen oder Chemie oder sonst was. Die Menschen wollen doch so klug sein. Wieso kommen die dann nicht auf die Idee, mal einen Badezusatz zu erfinden, der Hunden gefällt? Ich sehe es schon vor mir. Eine schöne Flasche in Knochenform. Vorne drauf ein Bild von mir. Und darüber steht dann »Eau de Rehscheiße« oder so.

Das Schwimmen war ganz okay. Ich wusste gar nicht, dass ich das kann. Gewundert hat es mich aber nicht. Ich bin schließlich ein Mops. Und Möpse können alles. Ich fand es sogar ziemlich lustig dort. All die nackigen Menschen. Schon erstaunlich, wie unterschiedlich die aussehen. Von mir aus müssten die ja nie Kleider anziehen. Ich kuschele am liebsten mit meinen Herrchen, wenn die nix anhaben. Das ist dann viel weicher und wärmer. Andererseits würden die vermutlich übelst frieren. Viel Fell ist ja an den Zweibeinern nicht dran und wenn, dann nur an Stellen, die sowieso nie zu sehen sind.

Vier

»Das sind keine Hundehaare. Das ist Mopsglitzer.«
Eva Nittler

»FKK?« Chris reißt die Augen auf, und ich kann sehen, wie hinter seiner Iris das Kopfkino anspringt.

»Ja, da waren auch ein paar nette Jungs«, schmachte ich und denke dabei an einen tätowierten Rücken und grüne Augen. Und daran, dass ich einen kleinen Zettel mit einer ganz bestimmten Telefonnummer habe, den ich ganz unten zwischen Ersatzmilchpulver und Spucktüchern in der Wickeltasche versteckt habe.

»Erzähl!«, fordert Rolf mich auf, und Chris boxt ihn in die Seite.

»Du bist verheiratet«, sagt er empört. Rolf drückt ihm einen Kuss auf die Wange.

»Ja, und zwar mit dem besten aller meiner Männer.«

»Du bist doof«, schäkert Chris und kneift seinen Mann in die Backe, ehe er ihm einen fetten Schmatz auf den Mund drückt.

»Leider ist das der einzige Tümpel im Umkreis von fast 70 Kilometern, an dem Hunde baden dürfen«, unterbreche ich das Geplänkel. »Also auf Dauer ist das keine Lösung.«

»Und wenn wir im Schrebergarten einen Pool aufstellen?«, schlägt Chris vor. »Man müsste nur die Erikarabatte ein wenig verlegen und die Rosen versetzen …« Vom

Nacktkino hat sein Kopf auf Gartenplaner umgeschaltet. Ich bin sicher, er plant bereits das neue Aussehen unserer Parzelle.

»Genial!« Rolf klatscht in die Hände.

»Aber die Dinger sind sauteuer«, gebe ich zu bedenken. »Ein aufblasbares Becken ist nach fünf Minuten wegen der Krallen hinüber, und diese richtigen Stahlpools kosten ein Vermögen. Da braucht man Pumpen und alles mögliche Gedöns. Und Platten für drunter und was weiß ich noch alles.«

»Woher weißt du das?« Chris sieht mich erstaunt an.

»Naja, ich hab mal ein bisschen geträumt und im Internet geschaut«, gebe ich zu und fühle mich ertappt.

»Internet! Na klar!« Rolf steht auf und kommt gleich darauf mit seinem Laptop zurück. »Ebay. Flohmarkt. Irgendwas. Das Ding muss ja nicht neu sein.«

Während er durch die Seiten surft, bereiten Chris und ich das Abendessen vor. Arne hat sich abgemeldet. Lerngruppe. Immerhin war er so fair, mir zu sagen, dass die Lerngruppe aus ihm, Freddy, Swantje und Maja besteht. Das habe ich nach dem Mittag am See auch so gewusst, aber dass er es zugibt, beruhigt mich ein klitzekleines bisschen. Andererseits wäre alles andere auch doof gewesen, und Arne ist vieles, aber ganz bestimmt nicht blöd. Ein bisschen war ich beruhigt, einerseits. Andererseits nagt da ein kleines Eichhörnchen in meinem Inneren, das kleine Nüsse zutage fördert, auf denen steht »Warum saufen die Bier?« oder »Gibt es keine Männer, mit denen man sich auf die Doktorarbeit vorbereiten kann?« Aber dann erinnert mich mein glitzerndes Armband daran, dass ich die Mutter von Arnes Kind bin. Dass ich es bin, mit der er sich eine Wohnung teilt. Und dass er zu mir, Tanja Böhme, zurückgekehrt ist, nachdem er sechs Monate lang in Bolivien geforscht hatte – mit einer schweizerischen Sexbombe an seiner Seite.

Während Chris die Paprika in exakt gleich große Würfel schneidet, als würde er nie etwas anderes tun, mühe ich mich mit den Tomaten ab. Da die in der Ratatouille sowieso zerfallen, ist es nicht so schlimm, dass das Ergebnis nicht perfekt ist. Zum Gemüse wird es Reis geben, der ist auch gesund für Mops und Mudel. Und als Krönung drei fette Rindersteaks, die Rolf kurz vor dem Servieren scharf anbraten wird.

Als der unwiderstehliche Knoblauchgeruch durch die Küche zieht, genehmigen wir uns eine kleine Pause und sehen Rolf dabei zu, wie er die Ergebnisse seiner Recherche sortiert. Das Muster dahinter kann ich nicht erkennen. Mal klickt er eine Seite weg, dann verschiebt er eine andere. Schließlich bittet er Chris, ihm das Telefon zu reichen.

»Das ist in Cannstatt. Schnäppchen, noch nicht mal ausgepackt«, erklärt er und wählt. Wir alle spitzen die Ohren, sogar die Hunde, als wüssten sie, dass am anderen Ende der Leitung die Chance auf einen großen Sommerspaß auf sie wartet. Selbst Zita hört auf zu Brabbeln. Nach nicht mal fünf Minuten ist alles klar. Rolf notiert sich die Adresse, legt auf und strahlt. »Nicht mal halb so teuer wie neu.«

»Und wo ist der Haken?« Chris schaut etwas skeptisch aus.

»Das ist ein Händler, der B-Ware aufkauft.«

»Also Schrott«, konstatiert Chris trocken.

»Quatsch. Da ist vielleicht ein kleiner Kratzer an der Verpackung.« Chris lässt sich seine gute Laune nicht verderben. »Wir können es morgen abholen.«

»Passt!«, freue ich mich. Montag ist Ruhetag im Laubenpieper, und so haben wir Zeit, das Schwimmbad im Garten zu installieren.

»Die Bodenplatten müssen wir im Baumarkt holen, die hat der Typ nicht auf Lager.« Rolf zuckt mit den Schultern.

»Und wie soll ich so schnell die Rosen versetzen? Um diese Jahreszeit?«, jammert Chris, dem sehr viel am Wohl seiner blühenden und grünenden Schützlinge liegt.

»Brauchst du gar nicht. Das Becken passt genau auf den Rasen.«

»Na dann.« Chris gibt sich geschlagen und tröstet sich anschließend mit einem saftigen Steak und einer Flasche Rotwein. Als er den Bodensatz erreicht hat und Zita bereits im Bettchen in meinem alten Zimmer schlummert, betritt Arne die Küche. Nicht ganz nüchtern, aber in deutlich besserem Zustand als sonst nach dem Lernen. Rolf gähnt demonstrativ und zwinkert mir zu.

»Zita bleibt heute hier.« Chris hat verstanden. »Und wir müssen jetzt ganz dringend schlafen, morgen steht viel an. Tanja wird es dir erzählen.« Er nimmt seinen Mann bei der Hand, und die beiden verschwinden im ehelichen Schlafgemach.

»Ich bin bettschwer«, sage ich zu Arne. Der mustert mich. Nimmt meine Hand und zieht mich hoch. Dann drückt er mich an sich und haucht mir einen Kuss auf den Scheitel.

»Dann sollten wir vielleicht nach Hause gehen«, flüstert er. Meine Antwort ist ein langer, intensiver Kuss.

Ich hatte fast vergessen, wie es sich anfühlt, nach einer durchgeschlafenen Nacht nackt an Arne geschmiegt aufzuwachen. In meinem Bauch flattern noch immer ein paar kleine Schmetterlinge, die sich an die vergangene Nacht erinnern. Ich grinse in mich hinein. Es stimmt also tatsächlich, dass der Sex nach einer Geburt anders ist – und zwar intensiver, tiefer. Ich kenne meinen Körper besser als vor dem Baby, und das hat scheinbar auch Arne gemerkt. Wir haben uns geliebt wie in unserer ersten Zeit. Nur eben anders. Vertrauter. Schöner. Ich liege in Arnes Arm, atme seinen warmen Nachtgeruch ein und lasse meine Hand sanft über seine Brust gleiten. Er brummt zufrieden. Leider dauern das langsame Aufwachen und das Kuscheln nicht lange, denn schon klopft es an der Tür.

»Ich geh schon«, stöhnt Arne und drückt mir einen Schmatzer auf den Mund. Kaum hat er die Tür geöffnet, stürmen Mops und Mudel herein und hüpfen zu mir ins Bett. Kurz danach taucht Rolf im Türrahmen auf, die frisch gebadete Zita auf dem Arm

»Voilà, die Prinzessin kehrt heim ins Königreich.« Er legt mir das Baby in den Arm. »Und wie ich sehe, hatten Madame eine königliche Nacht.« Er zwinkert mir zu, und ich werde ein bisschen rot.

»Chris und ich gehen dann mal alles besorgen. Wie wäre es, wenn du in zwei Stunden mit den Hunden nachkommst?«

»Ja, okay«, sage ich und versuche, Earl davon abzuhalten, zu mir unter die Decke zu krabbeln. Ohne Erfolg, der Mops verschwindet in den Laken und rollt sich neben mir zusammen. Mudel tut es ihm gleich, und ich bin versucht, auch noch mal die Augen zuzumachen, aber meine Tochter hat da andere Pläne. Ihr Gesicht läuft knallrot an, sie stöhnt und presst, und kurz darauf hat sich das frisch gebadete Prachtbaby in eine Stinkbombe verwandelt.

»Okay, Mutterpflicht«, seufze ich und starte in den Tag. Ein Blick aus dem Fenster verrät, dass immerhin das Wetter mitspielt, der Himmel ist stahlblau, und die Sonne streicht über Stuttgarts Dächer. Arne verzieht sich in sein Arbeitszimmer. Wahrscheinlich wird er demnächst zu einem blassen Wissenschaftler, scherze ich innerlich, als ich Hunde und Baby im Bully verstaue und den Wagen Richtung Schrebergartenkolonie lenke. Ausnahmsweise herrscht wenig Verkehr, was ich ebenfalls als gutes Zeichen werte. Und der Parkplatz in der Kolonie ist bis auf zwei Autos leer. Eines davon gehört den Jungs.

Als ich in unserer Parzelle ankomme, muss ich lachen. Das Bodenplattenpuzzle ist bereits fertig, und ein Quadrat aus braunen Kunstholzpaneelen bedeckt den größten Teil der Wiese. Darauf herrscht das absolute Chaos aus leeren Kartons, Plastikfolien, blauen Stahlteilen, und mitten drin stehen Chris und Rolf und sehen sehr, sehr ratlos aus.

»Ich hätte nicht gedacht, dass ein einzelner Pool so viele Teile hat«, murrt Chris. Mudel und Mops beschnuppern die Teile neugierig, beschließen dann aber, dass es mehr Sinn macht, sich im Beet hinter der Laube zu vergnügen. Zita schlummert im Kinderwagen, und ich rolle sie in den Schatten.

»Sieht nach … sagen wir mal, Arbeit aus.« Ich geselle mich zu den Jungs und begutachte die weiße Leiter, die den Einstieg in den Pool ermöglichen soll. Das ist aber auch schon das einzige Teil, das ich irgendwie zuordnen kann. Rolf wischt sich mit dem Ärmel den Schweiß von der Stirn.

»Ich schwöre, da war nichts«, sagt Chris, und so, wie er das sagt, ahne ich, dass er das schon ein paar Mal heute gesagt hat. »Ich habe drei Mal in allen Kartons nachgesehen.«

»Ja. Ja!« Rolf hat hörbar schlechte Laune.

»Was ist denn los?«, will ich wissen.

»Die Anleitung fehlt!«

»Oh.«

»Nix oh. Scheiße.« Chris stampft mit dem Fuß auf.

»Habt Ihr den Verkäufer angerufen?«, frage ich vorsichtig. Und bekomme als Antwort ein Knurren von Chris und von Rolf die Auskunft, dass der nicht ans Telefon gehe. Überhaupt habe der gute Mann zwei riesige Doppelgaragen voll mit Sachen, von denen er gar nicht wissen wolle, woher die stammten. Und im Übrigen solle ich ja nicht vorschlagen, nach dem Modell und der Anleitung im Internet zu suchen, denn das hätten die beiden auch schon probiert.

»Verdammter Hackmistkacksdreck.« Rolf flucht, und ich ziehe die Schultern ein.

»Na, dann müssen wir eben …«

»Genau. Wird schon nicht so schwer sein.« Chris strafft die Schultern und macht sich daran, irgendeine Ordnung in das Chaos zu bringen, indem er die Einzelteile auf dem Boden auslegt. Dann betrachtet er sein Werk und nimmt sich die erste gebogene Stange. Steckt sie in eine weitere und freut sich: »So wird das doch schon mal ein Ring.«

»Dein Wort in Gottes Handwerkerkiste«, unkt Rolf.

»Kann ich helfen?«, frage ich vorsichtig.

»Nein!«, bescheiden die beiden unisono. Ich atme auf. Basteln oder Heimwerken sind absolut nicht mein Ding. Erstens treffe ich keinen Nagel, zweitens langweilt es mich, Sachen zu bauen, und drittens meldet sich Zita. Hungergreinen. Ich verschwinde in der Laube, bereite das Fläschchen zu, und als ich nach einer guten halben Stunde wiederkomme, sieht das ganze schon ziemlich wie ein Pool aus. Rolf und Chris klatschen sich ab.

»Nur noch ein paar Feinarbeiten«, strahlt Chris mich an und drückt Rolf einen Kuss auf den Mund. »Dann kann's schon losgehen!«

Aus den paar Feinheiten werden ganz viele, aber nach drei Stunden sind die beiden mit ihrem Werk zufrieden.

»Sind nur drei Schrauben übrig«, freut sich Rolf und rüttelt an dem runden Bassin, dessen Wände ihm bis zur Hüfte reichen. Während Chris die Kartonnagen und Folien einsammelt und zum Container auf dem Parkplatz schleppt, holt Rolf den Gartenschlauch, dreht ihn volle Pulle auf und steht stolz wie ein Seemann vor dem Tagewerk.

»Mit Baden wird's heute nichts mehr«, tröstet er die Hunde, die ihn umschwänzeln. Earl hebt das Bein und setzt seine Marke neben die Leiter. Spätestens jetzt ist klar, wem der Pool gehört. »Ich schätze, das dauert drei, vier Stunden, bis das einigermaßen voll ist. Und dann ist es eiskalt.«

»Schade.« Insgeheim hatte ich mich schon auf eine Planschrunde mit Zita gefreut. Aber die ist auch so zufrieden und liegt auf einem Handtuch im Gras, von wo aus sie den Blättern im Baum über sich beim Blattsein zuguckt und dabei zufriedene Geräusche macht.

Als Chris zurückkommt, gönnen wir uns in den Liegestühlen einen starken Kaffee und Käsekuchen. Earl schlabbert sein Stück wie immer in fast einem Happs hinunter und sieht dann gierig dabei zu, wie Mudel seinen Kuchen genießt. Dann schnaubt er vorwurfsvoll, bis er von jedem von uns noch einen kleinen Bissen erbettelt hat.

Das Plätschern des einlaufenden Wassers macht mich schläfrig, und ich döse im Liegestuhl ein. Das zweifache Piepsen meines Handys weckt mich aus meinem Tagtraum, in dem es um einäugige Hunde, dicke Männer und tätowierte Rücken geht. Eine Whatsapp von Arne.

»Swantje feiert. Wird später. Kuss.«

Na toll. Was feiert Swantje? Wie spät wird es? Und wen oder was küsst er heute noch? Ich knalle mein Handy zurück in die Wickeltasche und blinzele zwei Wuttränen weg.

»Oha.« Chris sieht mich besorgt über den Rand seiner Sonnenbrille an.

»Ja genau. Oha.« Meine Laune schwankt zwischen blassgrauer Enttäuschung und knallroter Wut.

»Erzähl«, fordert Rolf mich mit väterlicher Stimme auf. Erst zögere ich, denn ich will keine frustrierte, eifersüchtige Hausfrau sein. Aber dann platzt es doch aus mir heraus, und ich berichte den Jungs von der Lerngruppe. Von Freddy. Von den vielen Abenden daheim. Vom einmaligen Sex und von der Distanz zwischen Arne und mir. Ich erzähle vom Tag am See, vom Schäkern der Frauen, von Arnes Strahlen. Den Teil mit Marcel und Mirabelle lasse ich allerdings weg. Als ich geendet habe, tätschelt Rolf meinen Arm. Chris schweigt und grübelt.

»Klingt komisch«, sagt er dann. Und ich muss ihm Recht

geben. Eins und eins gibt eben immer noch die Möglichkeit, dass da was faul ist.

»Das stinkt gewaltig«, räumt auch Rolf ein. »Anderseits ... nichts Genaues weiß man nicht.«

»Noch nicht.« Chris gibt sich kämpferisch. »Das ist doch eindeutig ein Fall für das Dreamteam.« Er grinst verschlagen, und ich muss wider Willen lachen. Als Trio haben wir schon meinen Ex Marc seiner gerechten Bestrafung in Form zerschnittener Designeranzüge und eines abgeschleppten Cabrios zugeführt. Haben verhindert, dass aus der beschaulichen Schrebergartenkolonie ein Grundstück für überteuerte Wohnungen wird. Und wir haben Zita zur Welt gebracht.

Rolf und Chris geben sich ein High Five. »Let's go!«, sagen sie zweistimmig, und ich ahne, dass die beiden etwas aushecken.

»Was habt ihr vor?«, frage ich vorsichtig.

»Keine Ahnung. Noch nicht«, meint Chris und grinst mich an. »Aber wo eine Freddy ist, da ist sicher auch eine Schwachstelle.«

»Amen«, meint Rolf, und ich kann förmlich hören, wie es hinter seiner Stirn zu rattern beginnt. Die Jungs werden Arne auf Herz, Nieren und Treue testen, da bin ich mir sehr, sehr sicher. Das finde ich zwar auf der einen Seite ein kleines bisschen kindisch – andererseits ist doch im Krieg und in der Liebe alles erlaubt? Wie zur Bestätigung hüpft in diesem Moment Earl auf meinen Schoß und drückt seine Plattnase auf meine Wangen.

»Okay, macht, was immer nötig ist«, gebe ich mich geschlagen. Chris springt auf und kommt mit einer Flasche eiskaltem Prosecco aus der Laube zurück. Wir begießen unseren Pakt und hören dann dem Gartenschlauch zu, dessen Spritzen mit steigendem Wasserpegel in ein sanftes Gurgeln übergeht.

Als wir nach Einbruch der Dunkelheit nach Hause kommen, ist der Pool im Garten gut gefüllt. Mit ein bisschen Glück scheint schon morgen früh die Sonne stark genug, um aus dem eiskalten Bassin einen angenehm temperierten Pool zu machen. Wir verabschieden uns im Flur, und ich gehe in die leere Wohnung. Dann mache ich es mir mit Zita auf der Couch bequem, und während sie ihr Abendfläschchen zutzelt, zappe ich ziellos durch die Programme. Irgendwann schläft sie auf meinem Arm ein, und ich bugsiere sie vorsichtig in ihr Bettchen. Ein paar Minuten lang sehe ich meiner Tochter beim Schlafen zu. Sie hat die winzigen Fäustchen neben dem Kopf geballt und die rosigen Lippen geschürzt. Wovon sie wohl träumt? Leise schleiche ich aus dem Zimmer, nehme die nasse Wäsche, die ich heute Morgen habe laufen lassen, aus der Maschine und hänge sie zum Trocknen im Flur auf. Hätte mir vor zwei Jahren jemand gesagt, dass ich eines Tages winzige Söckchen neben meine Unterhosen hängen werde, ich hätte ihn für bekloppt erklärt. Jetzt allerdings bin ich stolz wie eine Mutterkuh, als ich Arnes Lieblingsshirt neben meinen Slip und Zitas rosa Body hänge.

Dann stehe ich unschlüssig in der Küche, schenke mir den Rest Weißwein ein und gehe zurück ins Wohnzimmer. Der Fernseher läuft noch immer, aber ich habe keine Lust auf die größten Hits der 1980er. So was weckt Wehmut. Und das ist etwas, das ich heute Abend so gar nicht ertrage. Ich schalte ein paar Mal um. Und dann verschlucke ich mich am Wein und huste den Schluck quer über den Tisch: aus dem Bildschirm sehen mich knallgrüne Augen direkt an. Ich muss zwei Mal hinsehen, ob ich mir das nicht bloß einbilde. Aber tatsächlich – das ist Marcel. Und er wird vom Reutlinger Regionalfernsehen interviewt. Die Kamera schwenkt von seinem Gesicht zum Hintergrund. Er steht vor einer mit quietschbunten Luftballons bemalten ehemaligen Tennishalle. Schnitt. Marcel steht in der Halle und zeigt mit einer ausladenden Bewegung auf das, was er geschaffen hat. Schnitt. Es erscheint das größte Bällebad der Region.

Die Eröffnung des neuen Kinder-Indoor-Spielplatzes, wo es neben Rutschen und einem ganzen Kletterpark ein kleines Café für gestresste Mütter, nachgebaute Höhlen und Piratenschiffe sowie allerlei fahrbare Untersätze für Steppkes gibt, sind dem Sender leider nur zwei Minuten wert. Dann geht es um einen Unfall auf der Bundesstraße, bei dem eine ganze Ladung frischer Eier auf den Asphalt gekracht ist. Mein Herz fühlt sich ebenfalls ziemlich eierig an. Es klopft und rumpelt. Ich bleibe bis zum Ende der Nachrichten vor dem Bildschirm sitzen wie festgenagelt. Ziehe mir das Sportjournal mit Berichten über den Filderstädter Tenniscup der Senioren rein. Ertrage den Film über die Burg Hohenzollern. Und hoffe auf eine Wiederholung der Nachrichten. Bis Mitternacht wage ich es nicht, die Couch zu verlassen. Obwohl ich ganz, ganz dringend Pipi muss. Vergebens. Eine Minute nach der Geisterstunde flammt eine Dauerwerbesendung auf, die den universellsten Universalmixer des Universums anpreist. Etwas enttäuscht und mit zittrigen Knien gehe ich schließlich ins Bett.

Gestatten,

der Mops meldet: im Beet lag eine tote Maus. Naja, eine halbe, den Rest hat wohl eine Katze gefressen. Vermutlich das fette Viech von nebenan. Roch jedenfalls nach altem Kater. Mudel hat die Maus entdeckt. Er war einfach schneller. Gerochen habe aber ich sie zuerst. Weswegen ich sie ihm auch abgejagt habe. Ich bin hier immer noch der Chef.

Was ich übrigens dieser Katze mal sagen müsste, wenn ich sie mal treffen würde. Die kommt ungefragt in unseren Garten und kackt sich aus. Wenn die meint, ich würde das nicht merken, hat sie sich geirrt. Auch wenn ich keine lange Nase habe, ich rieche alles.

Zum Beispiel auch, dass das Plastikding stinkt. Keine Ahnung, wieso Herrchen so ein Monster mitten auf den Rasen stellt. Jetzt ist ziemlich wenig Platz zum Toben. Und das geht wieder, meinem Bein geht's bedeutend besser. Trotzdem nehme ich jederzeit gerne ein Stück Käsekuchen. Käsekuchen tröstet, auch wenn man gar nicht getröstet werden muss. Sozusagen auf Vorrat. Nur Mandarinen oder Rosinen müssen von mir aus keine drin sein. Die schmecken zwar lecker, aber: Davon muss ich Pupsen. Und dann darf ich nicht bei Herrchen im Bett schlafen.

Chris hat mal behauptet, ich würde innerlich verfaulen, so wie meine Winde riechen. Ich weiß gar nicht, was der hat. Soll er es doch so machen wie ich: sobald die Luft rückwärts raus ist, das Zimmer verlassen. Ich mach das meistens so und verziehe mich, bis sich der Gestank verzogen hat. Dann lasse ich mir gerne wieder den Bauch kraulen. Das hilft, wenn es zwickt. Da kommt dann ganz schnell der Rest Druckluft raus. Und es ist wieder Platz für Käsekuchen.

Fünf

> »Ziel im Leben ist es, einen Menschen zu finden,
> der dich genauso anguckt wie der Mops,
> wenn man die Leckerlidose öffnet.«
> *Anna Unglaube*

Als ich am folgenden Morgen aufwache, ist unser Schlafzimmer in ein diffuses graues Licht getaucht. Die rote Bettwäsche sieht verwaschen aus, die Tapete mit den eigentlich tiefblauen und grasgrünen Ornamenten an der Kopfseite des Bettes scheint auf einmal aus Pastellfarben gemalt zu sein. Ich gähne herzhaft und höre den Regentropfen zu, wie sie wie winzige Trommelfeuerchen gegen die Scheiben prasseln. Aus der Küche schwappt dudelnde Radiomusik ins Zimmer, unterlegt von Arnes Summen und dann und wann einem Glucksen meiner Tochter. Ich schiele auf den Wecker. Es ist kurz vor elf!

So lange habe ich gefühlt seit hundert Jahren nicht geschlafen. Und so gut auch nicht. Ich habe gar nicht mitbekommen, wie und wann und vor allem in welchem Zustand Arne nach Hause gekommen ist. Wie auch, in meinem Traum war ich ziemlich beschäftigt damit, bunte Rutschen zu erklimmen, den Mops im Bällebad zu fangen und immer wieder Ausschau zu halten nach tiefgrünen Augen. Ich gähne mein schlechtes Gewissen weg, strecke mich und schiele auf mein Handy. Eine SMS von Chris.

»Badetag fällt wegen krankem Wetter aus. Die Hunde sind bei uns. Knutsch und Bussi!«

Schade eigentlich, irgendwie. Ich hatte mich schon auf eine gemütliche Planschrunde gefreut. Und Earl würden die Runden im Wasser ganz bestimmt guttun, denn nach dem Ausflug an den See hat er tatsächlich zwei Tage komplett ohne Hinken gehabt. Ich schleiche mich in die Küche und bleibe im Türrahmen stehen. Arne sitzt mit dem Rücken zu mir am Tisch und hat Zita mit Kissen abgestützt, damit sie im Hochstuhl nicht zusammensackt. Ob das gut für ihre Wirbelsäule ist oder nicht, ist mir in diesem Moment herzlich egal, denn ich genieße das Bild. Vater und Tochter, die sich an das große Abenteuer des ersten Möhrenbreis wagen. Zita schürzt skeptisch die Lippen, während Arne den Plastiklöffel durch die Luft kreisen lässt und dazu brummende Flugzeuggeräusche macht. Auf dem rosa Lätzchen mit aufgesticktem Mops sind schon deutliche Spuren der Erstversuche zu sehen, und rund um Zitas Mund leuchtet der Möhrenbrei. Ein kleiner Spritzer ist mitten auf ihrer Stupsnase gelandet. Ich könnte sie knutschen!

Was ich dann auch mache, als ich mich zu den beiden an den Tisch setze.

»Scheint ihr zu schmecken«, strahlt Arne mich voller Vaterstolz an.

»Ist das nicht ein bisschen früh?«, gebe ich zu bedenken.

»Es ist fast elf!«

»Nein, ich meine mit dem Brei.« Irgendwo habe ich gelesen, dass Babys erst etwas Festes essen sollten, wenn sie alleine sitzen können. Oder war es, sobald der erste Zahn durchbricht? In meinem morgenmüden Hirn finde ich keine Antwort.

»Freddy meint, ihre Schwester habe mit vier Monaten das erste Schnitzel gegessen.«

»Aha.« Freddy. Schnitzel. Ich schlucke gegen den kleinen Wutkloß an. »War es spät gestern?«, frage ich mit absichtlich zuckersüßer Stimme. Arne ist viel zu sehr damit beschäftigt, wenigstens einen Bruchteil Möhrenbrei in Zita zu bugsieren und nicht alles auf dem Latz zu verteilen, um meinen Unterton zu bemerken.

»Geht so«, sagt er. Zita dreht den Kopf weg.

»Ich glaube, sie hat genug.«

»Jopp.« Arne schleckt den Löffel ab und verzieht das Gesicht. »Ein Hoch auf Pfeffer und Salz!«

Dann drückt er mir einen Kuss auf den Mund. Der Kloß zerbröselt.

»Ich mach die Maus mal sauber«, verkündet Arne und windet Zita vorsichtig aus dem Kissenberg. Als die beiden an mir vorbeigehen, kann ich die Windelfüllung überdeutlich riechen und beschließe, das Odeur mit einem kräftigen Schluck Kaffee wegzuspülen. Nach anderthalb Tassen kommt meine kleine Familie wieder und füllt den Raum mit wohligem Kuscheln. Zita ist auf Arnes Arm eingeschlafen.

»Ich nehme sie«, schlage ich vor.

»Nee, lass mal, ich pack sie ins Bett.« Arne zwinkert mir zu. Und packt erst seine Tochter und dann mich auf die entsprechende Schlafstätte. Mich allerdings, wie ich vermute, etwas weniger sanft als das Baby. Seine kleinen Bisse in meinen Hals jagen mir Gänsehaut über den ganzen Körper.

Ich beiße zurück, und schon bald rangeln wir wie junge Hunde. Nur mit deutlich mehr Spaß und sehr nackt. Schwer atmend lassen wir irgendwann voneinander ab und starren nebeneinander liegend auf die Decke. Der Stuck ist an einer Stelle seit Monaten abgeplatzt und hat aus dem Gipsengel einen einbeinigen dicken Jungen gemacht.

»Das sollte man mal machen«, sage ich lahm und kämpfe dagegen an, dass meine Augen zufallen.

»Sollte man«, sagt Arne und schwingt sich aus dem Bett.

»Jetzt?«

»Nein. Ich habe da gerade so einen Gedanken. Da muss ich mal kurz ...«, sagt er und ist verschwunden. Kurz darauf höre ich, wie die Tatstatur seines Computers klappert. Ich rolle mich auf die Seite und starre aus dem Fenster. Draußen ist es ein bisschen weniger grau, aber noch immer rinnt der Regen die Scheiben hinunter. Ich hätte gerne noch ein bisschen mit Arne geschmust. Meine Nase in die kleine Kuhle an seinem Hals gegraben. Seinen Duft und seine Wärme genossen. Aber so ist das wohl, wenn man mit einem Wissenschaftler zusammen ist. Die haben ZACK aus dem Nichts eine Idee und müssen die Welt retten. Ich tröste mich mit dem Gedanken, dass es Frau Grzimek wohl auch nicht besser erging, als ihr Mann die Serengeti auf Film bannte und damit seinen Ruhm begründete. Allerdings mag ich nicht wirklich das Schicksal dieser Frau teilen, die gegen die Witwe des eigenen Sohnes ausgetauscht wurde.

Um mich wenigstens optisch ein bisschen in die Tanja vor Zita zu verwandeln, verbringe ich eine ungestörte Stunde im Bad. Das Ergebnis ist nicht so berauschend, wie ich es mir vorgestellt habe. Aber ich habe wirklich alles benutzt, was meine Kosmetikvorräte hergeben. Spülung für die Haare. Peeling für den noch immer wabbeligen Bauch und meine Schenkel. Eine sauteure Bodylotion mit Vanilleduft. Hornhautraspel. Augenampulle. Roter Nagellack auf die Zehen. Und ein paar Spritzer Parfum hinter die Ohren. Eigentlich wäre mein Körper jetzt bereit für die nicht bequeme, dafür schöne schwarze Unterwäsche aus Seide und Spitze. Aber die ist mit einem Baby sehr unpraktisch, und als ich gerade in meine Jogginghose und das verwaschene Ringelshirt schlüpfe, meldet sich Fräulein Zita mit greinendem Protest und möchte aus dem Bettchen abgeholt werden.

Statt Brei bekommt sie ein Fläschchen, und um Arne bei seiner Arbeit nicht zu stören, lege ich mich neben meine Tochter auf den Boden und sehe ihr dabei zu, wie sie nach den Stoffkugeln angelt. Ab und zu kitzele ich sie am Bauch oder an den winzigen Füßchen und freue mich, wenn sie vor Vergnügen giggelt. Zita strampelt mit den Beinchen, rudert mit den Armen. Und macht ein erstauntes Geräusch, als sie plötzlich und wie aus dem Nichts aus eigener Kraft auf den Bauch rollt.

Ihr Kopf sinkt zwar sofort auf die Spielmatte, aber ich kann trotzdem sehen, dass sie stolz ist auf sich. Ein winziger ... ja nicht mal Schritt für die Menschheit, aber ein Meilenstein für meine Tochter.

»Arne!«, rufe ich »Komm schnell!«

»Nicht jetzt!«, ruft er zurück.

»Doch, doch!« Vor Freude bin ich ganz aus dem Häuschen. Ein murrender Arne erscheint mit zusammengekniffenen Augen in der Tür und bellt: »Was?« Seine Haare stehen an der Stirn nach oben, ein Handabdruck ist in seinem Gesicht zu sehen. Weiß der Kuckuck, wo er gedanklich in seiner Professorenpose war.

»Zita hat sich umgedreht!«, lache ich. »Sie wird erwachsen!«

Arne reibt sich über die Augen. »Na, bis zum Führerschein dauert's noch.« Sagt er und macht auf der Hacke kehrt. Mir schießen die Tränen in die Augen. Jetzt bloß nicht weinen, sage ich mir, drehe Zita zurück auf den Rücken und sporne sie an, sich noch mal zu drehen. Sie begreift nicht gleich, angelt nach der grünen Kugel.

»Na mach schon«, feuere ich sie an und will mir selbst beweisen, dass ich mir das eben nicht eingebildet habe. »Gib dir einen Ruck!«

Es ruckelt tatsächlich. In der Windel, wo der Möhrenbrei vom Vormittag mit lautem Getöse ankommt. Zita grinst erleichtert. Und dreht sich, als hätte sie nie etwas anderes getan, erneut auf den Bauch.

»Ich hab dich so lieb!«, flüstere ich ihr in den weichen Haarflaum. Und erlebe die dritte Premiere des Tages, als ich die Windel öffne und mir ein bislang unbekannter Gestank um die Nase weht.

Am frühen Nachmittag kommt Arne in die Küche, wo ich gerade dabei bin, zu bügeln. Was gar nicht so einfach ist bei den winzigen Klamotten meiner Tochter. Ich muss aufpassen, dass ich mir nicht die Finger verbrenne.

»Auch eins?«, will Arne wissen, als er sich ein Salamibrot schmiert. Ich schüttele den Kopf. Wie kann der Mann jetzt so tun, als sei heute ein ganz normaler Tag?

»Ich muss nachher in die Bibliothek«, gibt er bekannt und fingert eine Essiggurke aus dem Glas. Die verzehrt er an Ort und Stelle, wobei sein Blick irgendwo bei Fledermäusen im Urwald zu sein scheint. Das Salamibrot nimmt er mit und klappert noch ein bisschen auf dem PC. Ich habe eben die letzte Jeans zusammengelegt, als die Wohnungstür aufgeht.

»Ich bin dann mal weg!«, ruft Arne. Und ist dann mal weg.

»Na super, Frau Grzimek«, grummele ich und packe Bügelbrett und frische Wäsche weg. Der Regen hat aufgehört und macht einer schwachen Sonne Platz, die sich langsam durch die Wolken leckt. Ich habe zwei Alternativen: Staubsaugen oder Laubenpieper. Die Entscheidung fällt mir leicht. Ich kritzele einen Zettel für Arne, schnappe mir Baby und Wickeltasche und freue mich, dass der Bully schon beim ersten Versuch anspringt. Bei feuchtem Wetter möchte der alte Herr nicht immer, aber heute transportiert er mich ohne Murren zur Schrebergartenkolonie.

Kaum habe ich den Gastraum betreten, wuseln Earl und sein Sohn um meine Beine und kläffen begeistert. Ich streichele die beiden ausgiebig, lasse mir die Hände ablecken und sehe mit Sorge, dass der Mops nicht ganz rund läuft, was seiner Laune allerdings keinen Abbruch zu tun scheint, denn nachdem ich ausgiebig begrüßt wurde, ziehen sich die Hunde auf die beiden winzigen rot gepolsterten Sofas im Stil von Louis irgendwem zurück und genießen das Hund-Sein, indem sie jeder einen Kauknochen ansabbeln.

»Hey Prinzessin!«, freut sich Chris, der hinter dem Tresen Gläser spült, während Rolf die Tische neu eindeckt.

Nachmittags machen die beiden immer ein, zwei Stunden zu, um den Laden nach der Mittagszeit, in der viele Büromenschen herkommen und die leckeren Salate und Crêpes genießen, für den Abend wieder auf Vordermann zu bringen. Es sei denn, die Ausflügler belegen die Terrasse. Aber bei dem Wetter hat sich heute keiner aus seinem Loch gewagt.

»Du kommst wie gerufen«, stellt Rolf fest und faltet die letzte Serviette. Dann macht er mit der riesigen Maschine drei starke Kaffee.

»Kuchen ist leider alle«, zuckt er mit den Schultern.

»Macht gar nichts«, sage ich und denke dabei an meinen unflachen Bauch, den ich heute schon zur Genüge verflucht habe.

»Wir haben da ein bisschen recherchiert«, flüstert Chris verschwörerisch.

»Du kannst ruhig laut sprechen, wir sind hier nicht verwanzt.« Rolf grinst und ruckelt Zitas Wagen hin und her. Die Kleine schläft, seit ich um die erste Kurve gebogen bin. Kein Wunder bei all den Abenteuern heute! Aber ehe ich den Jungs von Zitas Durchbruch berichten kann, stecken wir drei die Köpfe zusammen. Und flüstern tatsächlich. Das Trio Subversiv!

»Rolf war gestern Abend noch fleißig«, erklärt Chris. »Und weil heute Mittag nicht so dolle viel los war, sind wir ziemlich weit gekommen.« Ich muss den beiden Recht geben, als ich mit immer größeren Augen und einem undefinierbaren Bauchgefühl irgendwo zwischen leichter Panik, Unglauben und Skepsis ihren Bericht zu hören bekomme, für den sich keine Detektei der Welt schämen müsste.

Demnach ist diese Friederike, die mit Nachnamen Wolf heißt (ausgerechnet! Fuchs und Wolf ... mein Bauch feuert eine kleine Bombe ab), tatsächlich Doktorandin der Veterinärmedizin. Allerdings auch fertig studierte Biologin.

»Die Frau ist zweiundvierzig«, berichtet Rolf.

»Was? So sieht die gar nicht aus!«

»Na, wie sollen denn Menschen über vierzig aussehen? Wie alte Datteln?« Rolf reckt empört das Kinn. Er selbst hat die magische Vierzig längst hinter sich gelassen.

»Quatsch, natürlich nicht!«, beruhige ich ihn. »Ist doch das beste Alter.«

»Das will ich meinen«, bekräftigt Chris und ermuntert seinen Mann, weiter zu berichten.

»Sie hat in Hamburg und Oslo studiert, ehe sie in Lüneburg auf Veterinärmedizin umgesattelt hat. Dazwischen war sie einmal kurz verheiratet, nicht mal zwei Jahre vom Standesamt bis zum Familiengericht. Kinder hat sie keine. Viel Familie wohl auch nicht. Sie ist seit einem knappen Dreivierteljahr in Stuttgart, wo sie in der Wilhelma als Aushilfskraft jobbt. Erst bei den Nashörnern, dann im Wildkatzenrevier.«

»Passt«, grummele ich. »Die Frau hat sicher Krallen.«

Chris kichert.

»Und die beiden anderen?«, will ich wissen.

»Marie Stendahl und Swantje Hohenschön kommen beide aus Frankfurt. Die sind an der Kunstakademie eingeschrieben. Sie teilen sich eine WG in der Augustenstraße. Viel mehr hab ich zu den beiden auch nicht. Ach doch, beide Jahrgang 1997.«

Ich rechne kurz. »Gerade mal zwanzig«, sage ich trocken.

»Was ist denn daran nun schon wieder falsch?«, fragt Rolf irritiert.

»Nichts, das ist es ja eben. Mit zwanzig ist alles noch richtig und vor allem alles am richtigen Platz, weil die Schwerkraft noch keine Zeit hatte«, knurre ich und werfe zwei Stück Zucker in meinen Kaffee. Was muss, das muss.

»Ach Prinzessin.« Chris legt mir den Arm um die Schultern. »Es gibt keine Tanja, die richtiger ist als du.«

»Danke, du bist lieb.« Wider Willen muss ich lächeln.

»So, das war also das, was das Internet hergegeben hat.« Chris klappt das kleine schwarze Notizbuch zu.

»Nicht ganz. Wir haben natürlich auch Freddys Adresse rausbekommen.«

»Wo?«, will ich wissen.

»Richard-Wagner-Straße.«

»Was?« Ich staune. Das ist mit Abstand eine der besten Gegenden der Landeshauptstadt. In derselben Straße sind neben dem Staatsministerium einige Botschaften in den herrlichen Villen untergebracht. Allerdings deutet die Hausnummer nicht auf ein feudales Anwesen, sondern auf eines der wenigen Mehrfamilienhäuser dort in, wie Makler fröhlich betonen, »exponierter Halbhöhenlage« hin. Egal, teuer ist das bestimmt trotzdem.

»War die mit einem Ölscheich verheiratet?«, unke ich.

»Nee. Der war Mechaniker.« Rolf schnappt sich die Tassen und braut drei weitere Kaffee. Chris grabbelt unter der Theke den Karton mit den winzigen Schokoladentäfelchen hervor, die stets zum Kaffee serviert werden. Genau das, was ich jetzt brauche. Viel Zucker. Viel Serotonin.

Wir wickeln schweigend zwei Dutzend süße Verführer aus und denken nach. Ich komme zu keinem Ergebnis, in meinem Kopf rauscht das Blut, und in meinem Bauch kratzt eine fiese kleine Maus. Die langsam Krallen bekommt und zu einer Katze mutiert. Ehe mir ganz schlecht wird, stehe ich auf und linse in den Kinderwagen. Zita lächelt im Schlaf. Irgendwie ein stolzes Lächeln. Vielleicht ahnt sie ja, dass sie heute einen Meilenstein in der Entwicklung gemacht hat. Vielleicht aber träumt sie einfach von mir. Wäre dann ja wenigstens ein Mensch, der mich in seine Träume lässt – denn bei ihrem Vater bin ich mir da nicht mehr so sicher.

»Wir denken mal weiter nach«, gibt Chris sich zuversichtlich. »Da fällt uns schon was ein.«

»Eben«, stimmt Rolf ihm zu. »Das Trio Subversiv hat sich noch nie aus der Ruhe bringen lassen.«

Ich muss grinsen. Dann schlägt Zita die Augen auf. Ein Rentnertrupp betritt die Gaststube. Draußen blinzelt die Sonne zwischen den Wolken vor. Der Alltag nimmt seinen Lauf. Und ich beschließe nach einem kurzen Check meiner Geldbörse, dass ich neue Unterwäsche brauche. Oder ein Shirt. Vielleicht beides. Irgendetwas für die Seele eben. Das es im Billigheimer gibt. Denn für die Läden, die meine Traumfummel im Angebot haben, reicht das Kindergeld absolut nicht. Schade, dass man als Mutter viel Zeit hat, um zu bummeln. Aber kein Geld, um auch was zu kaufen.

Ich lasse die Hunde im Laubenpieper, wo sie sicher den ganzen Abend das eine oder andere Leckerli von den Gästen schnorren werden und nehme die Bahn in die City.

Die Jungs werden den Bully schon nach Hause fahren. In unserer Straße ist es zwar auch ein Glückstreffer, einen Parkplatz zu finden, aber allemal einfacher als in der Innenstadt. Vom Hauptbahnhof aus schlendere ich die Königstraße hinauf. Und wundere mich wieder einmal, wie viele Menschen an einem ganz normalen Tag zur besten Arbeitszeit unterwegs sind. Die meisten haben prallvolle Einkaufstüten bei sich. Die allermeisten starren beim Gehen auf ihr Smartphone. Und der Großteil ist völlig gehetzt. Haben die alle keinen Job? Oder schwänzen die alle? Ich bugsiere den Kinderwagen zwischen den Leuten durch und bin schon auf Höhe des Schlossplatzes völlig genervt. Das hier ist ein Hindernislauf und kein netter Bummel. Die Stuttgarter Haupteinkaufsmeile ist mir heute zu voll. Zu laut. Zu hektisch. Aber ich habe eine Idee und biege zwei Mal links und dann rechts ab. Lande in einer kleinen Seitenstraße und freue mich, als ich die bunten Wimpel an einem der kleinen Läden entdecke. Was bedeutet, dass die »Zweite Chance« geöffnet hat. Ich parke den Wagen neben einem Blumenkübel, in dem ein altersschwacher Buchsbaum vor sich hin dörrt und nehme Zita auf den Arm. Als ich die fast schon antike Holztür aufstoße, empfängt uns ein fröhliches Bimmeln. Meine Laune hebt sich, als ich Frieda sehe, die eben bei einem schwer tätowierten Typen abkassiert. Sie winkt mir zu und hilft dem Kunden, die drei Töpfe seiner Wahl in einen Stoffbeutel zu stecken.

»Tschüs, bis dann mal und gutes Kochen!«, ruft meine Freundin ihm nach, als er, begleitet vom Bimmeln der Türglocke, den Laden verlässt.

»Na, meine Hübschen?«, strahlt Frieda und kommt hinter der Kasse hervor. Sofort nimmt sie mir Zita ab und herzt und knuddelt mein Baby, bis es vor Freude jauchzt. »Alles gut bei dir?«

Frieda kann ich nichts vormachen. Dazu hat sie viel zu viel Lebenserfahrung. Mehr, als ihr selbst lieb ist, wie sie mir mal verraten hat. Deswegen fühlen sich die Kunden in der »Zweiten Chance« bei ihr auch besonders wohl, nehme ich an. Sie hat immer für alle ein offenes Wort, die in den Gebrauchtwarenladen kommen. Wer hier einkauft, der ist entweder saumäßig geizig (die wenigsten) oder hat saumäßig wenig Geld (die meisten). Frieda arbeitet zwei Nachmittage die Woche hier und stockt mit dem kleinen Verdienst ihre mickrige Rente auf. »Rotlichterinnen sind nicht sozial versichert«, hat sie mir verraten. Heutzutage sei das auf dem Papier gesetzlich geregelt, aber zu ihrer Zeit lebten die Frauen von der Hand in den Mund. »Du denkst mit dreißig ganz bestimmt nicht an die Rente, wenn du zusehen musst, dass du ein Stück Brot verdienst.«

»Na, könnte besser sein«, gebe ich zu.

»Arne?« Frieda hat es sofort erfasst. Ich nicke.

»Willst du reden?«

Ich schüttele den Kopf. »Nein. Sonst heule ich nur. Ich muss einen Frustkauf tätigen.« Mein Grinsen ist schief, ich weiß. Frieda lacht.

»Na, dann sieh dich mal um. Ich kümmere mich um Zita.« Spricht's und verschwindet in der Abteilung für gebrauchtes Spielzeug, wo sie einen klimpernden Stoffball findet, der meine Tochter völlig fasziniert.

»Was kostet der?«, frage ich. Wenn ich mir was gönne, kann Zita auch was haben.

»Geschenkt«, lacht Frieda und setzt sich mit ihrer kleinen Freundin in einen Ohrensessel, der für 25 Euro zu kaufen wäre. Ich verschwinde derweil in den Tiefen des vollgestopften Ladens. Hier gibt es alles, was andere Leute nicht mehr brauchen. Oder was in den Wohnungen der verstorbenen Verwandtschaft übrig geblieben ist. Die werden von den Mitarbeitern des Vereins eingesammelt. Aus dem Verkauf finanzieren sich die Gehälter und die Miete, und was am Jahresende übrig bleibt, kommt der Tafel zugute, die davon wieder Essen kaufen kann. Wieder einmal staune ich, dass viele der Küchengeräte, Gläser oder Handtücher nagelneu und original verpackt sind. Eigentlich blöd, wenn man was Neues kauft, denke ich. Also solche Sachen. Schuhe oder eben Unterwäsche möchte ich schon neu haben, ich habe keine Lust, mir den Fußpilz oder andere fiese Keime mit anderen zu teilen. Aber ich habe hier schon so manches süße Teilchen für Zita zum Schnäppchenpreis gefunden. Ich wasche die Sachen, ehe ich sie meinem Baby anziehe und gut ist's. Die Winzlinge machen die Sachen ja nicht kaputt und wachsen schneller raus, als eine Motte ein Loch reinfressen könnte.

Während ich mich durch die vielen Blusen auf dem Kleiderständer wühle, hebt sich meine Laune ein bisschen. Ich finde zwar kein Teil, das mir gefällt, vergesse aber trotzdem die nagende Katzenmaus in meinem Bauch und den Gedanken daran, was Arne in diesem Moment tut. Also wirklich tut. An die Bibliothek mag meine Mauskatze nicht glauben. Auch wenn ich mir einrede, dass er in einem alten

Schinken blättert und sich über irgendwelche ausgestorbenen Tierarten schlau macht.

»Oh!«

»Du hast es also entdeckt!« Frieda hat meinen erfreuten Ausruf gehört.

»Ja, jajaja!« Das Regal mit Modeschmuck ist neu. Es blitzt und blinkt. Genau das, was ich heute brauche. Ich bin ja auch nur ein Mädchen, und ergo ziehen mich Ketten und Armbänder magnetisch an.

»War eine Ladenauflösung«, ruft Frieda. »Alles neu!«

»Boah.« Ich lasse den Blick über die Klunker gleiten und nehme ein Armband, das ziemlich echt aussieht. Der goldene Reif ist mit hellblauen Steinen besetzt und wiegt schwer. Der ursprüngliche Preis war heftig – aber jetzt soll es gerade mal drei Euro kosten. Ich überlege, ob ich den Reif jemals tragen werde und ziehe ihn seufzend wieder ab. Mit einem Baby auf dem Arm ist so ein Schmuckstück nicht gerade bequem, für mich nicht und für Zita bestimmt auch nicht. An einem Drehständer hängen lange silberne Ketten, an denen faustgroße Anhänger baumeln. Totenköpfe mit Glitzeraugen. Zebras mit blingblingenden Streifen. Katzen mit falschen Diamanten als Augen. Und ein silberner Mops. Mit grünen Glasaugen. Dasselbe Grün, das mir gestern Nacht vom Fernsehen aus den Schlaf geraubt hat. Meine Hände zittern, als ich die Kette vom Ständer fädele und mir um den Hals lege. Das Metall fühlt sich kühl in meinem Nacken an. Die Härchen stellen sich auf. Und breiten sich zur kompletten Gänsehaut aus, als ich mich im kleinen Spiegel betrachte. Meine Wangen sind rot. Der Mops schmiegt sich in die kleine Kuhle zwischen meinen Brüsten, als wollte er mit mir schmusen. Die Mauskatze ergreift die Flucht und zwinkert mir, ehe sie um die Ecke verschwindet, noch zu. »Die passt perfekt zum Armband«, piepst sie. Finde ich auch.

»Gekauft«, flüstere ich und mache das Preisschild ab. Die Kette behalte ich gleich an. Und weil sie keine zehn Euro kostet, bekommt Zita noch einen pinkfarbenen Samtstrampler mit aufgesticktem Krönchen. In den muss sie zwar erst reinwachsen, aber er wird ihr prima stehen.

Ich komme ziemlich aufgekratzt nach Hause. In eine leere Wohnung. Von Arne keine Spur. Wieder und wieder streichele ich den Silbermops. Der scheint es auch meiner Tochter angetan zu haben, denn beim Fläschchen geben greift sie immer wieder nach ihm. Beim Abschied hat Frieda mich ganz fest gedrückt und gesagt, dass ich sie auch außerhalb unserer Banktreffen anrufen kann. Dann hat sie mir einen Zettel mit ihrer Nummer gegeben, den ich in der Wickeltasche verstaut habe.

»Mädchen, alles wird gut«, hat sie mir noch mit auf den Weg gegeben, ehe eine ältere Dame ihre Aufmerksamkeit forderte, weil sie sich nicht zwischen einem hölzernen und einem gläsernen Kerzenständer entscheiden konnte. Als Zita schläft, rase ich ins Wohnzimmer und schalte die Glotze an. Der Regionalsender berichtet aus dem Stuttgarter Landtag. Von einem Volleyballturnier in Filderstadt. Ich ziehe mir sämtliche Beiträge rein und hoffe auf eine Wiederholung mit Marcel. Die kommt nicht. Nicht mal kurz vor Sendeschluss, als ich nur noch mit Mühe die Augen aufhalten kann. Auch von Arne kommt nichts. Weder eine kurze Nachricht noch er selbst. Schließlich gebe ich auf und krieche ins leere Bett. Den Silbermops hänge ich an den Bettpfosten. Kurz kratzt die Maus in meinem Bauch, dann schwappt der Schlaf über mir zusammen, und ich gleite in eine traumlose Schwärze.

Gestatten,

Earl, der Denker. Ich habe nicht umsonst so viele Falten auf der Stirn. Ich muss ganz schön viel Nachdenken über meine Menschen. Würden die das auch machen, wäre ihr Leben manchmal viel einfacher.

Von meiner Hundecouch aus habe ich ja den kompletten Überblick, was in der Gaststätte so los ist. Und sehe sofort, wenn jemandem was unter den Tisch fällt. Dann mache ich meinen Job und lecke alles auf. Was ich mir, im übertragenen Sinn, manches Mal auch für die Befindlichkeiten meiner Menschen wünsche. Die machen sich Sorgen um Dinge, die es nicht wert sind.

Frieda hat das schon einigermaßen kapiert, wie Lude mir mit stolz geschwellter Dackelbrust erklärt hat. Die rennt nicht mehr den ganzen Tag irgendwelchen Terminen oder Leuten hinterher. Sein Frauchen hat auch mal die Zeit, sich ausgiebig nur um ihn zu kümmern. Das fängt damit an, dass sie ihn stundenlang krault. Bürstet. Die Pfötchen einsalbt. Und dabei nicht alle paar Minuten auf die Uhr schielt. Vielleicht ist diese Zuwendung einer der Gründe, warum Lude für einen Dackel ziemlich ausgeglichen ist.

Das Geld für's Futter bekommt Frieda übrigens einfach so. Er weiß auch nicht, woher. Aber er will es rausfinden. Vielleicht kann ich meinen Menschen das dann auch schmackhaft machen. Wobei ich ja befürchte, dass das mal wieder so ein Zweibeinerding ist, das mächtig viele Haken hat.

Wie das viereckige Dings, auf dem Arne neuerdings rumhackt. Der kann ganze Tage damit verbringen, das Teil anzustarren. Dabei riecht das nach nichts, es ist ziemlich hart und das Einzige, was es in meinen Augen einigermaßen kann, ist, die Luft ein wenig erwärmt hinten wieder rauszublasen. Ohne Duft. Arne sollte viel mehr Gassi gehen. Ich würde ihn auch begleiten. Denn seine neue Freundin riecht unwiderstehlich nach allen möglichen Tieren. Die arbeitet wohl im Zoo.

Das ist ja so ein Traum, den ich heimlich habe. Mal eine Nacht allein in der Wilhelma und mich in den Hinterlassenschaften afrikanischer Tiere wälzen. Das wäre ein Parfum ganz nach meinem Gusto. Und wenn dann noch ein bisschen Futter übrig geblieben ist, würde ich natürlich den Boden blitzeblank leerschlabbern. Ehrensache.

Sechs

»Ein Mops bringt einen immer zum Lachen, auch wenn einem zum Heulen ist. Er ist der günstigste und erfolgreichste Therapeut der Welt.«
Seppi Ernie Wetzke

Mopsküsse sind feucht, laut und lustig. Kein Wunder, dass ich beim Aufwachen ziemlich gute Laune habe: welche Frau wird nicht gerne von einem Mann geweckt, der ihr begeistert auf den Bauch springt, Wangen und Hals ableckt und mit dem Schwanz wedelt? Eben. Dass dieser Mann klein, rund und fellig ist, macht die Sache nur noch besser. Denn wo Earl ist, sind die Jungs nicht weit.

»Guten Morgen, Prinzessin!« Rolf balanciert ein Holztablett zum Bett. »Kaffee, Croissants und Marmelade!« Ich scheuche den Mops von meinem Bauch und setze mich auf. Mit in den Rücken gestopftem Kissen und den Beinen unter der warmen Decke sitze ich einen Moment nur da und schaue die tiefrote Rose an, die in der kleinen Vase steckt. Beim Anblick des Croissants bekomme ich tatsächlich Hunger. Eigentlich könnte ich es mit Earl teilen, aber die Plattnase hatte schon Frühstück. Irgendwas mit Leber, dem Geruch aus dem Maul nach zu urteilen. Das ist einer der Nachteile, wenn man von einem tierischen Mann wachgeküsst wird. Die riechen ziemlich unmenschlich aus dem Mund. Obwohl ... echte Männer auch, manche sogar den ganzen Tag lang. Knoblauch und Bier plus ungeputzte Zähne. Brrrr.

Rolf dagegen strahlt und duftet wie ein Frühlingstag, als er sich auf die Bettkante setzt.

»Dein Mann pennt bei uns«, teilt er mir mit und rollt mit den Augen.

»Wie? Was?« Das Croissant krümelt ins Bett. Chris erscheint im Türrahmen, die schlafnölende Zita auf dem Arm. »Du solltest mal dein Gesicht sehen«, lacht er.

»Danke, ich weiß, wie ich morgens aussehe«, knurre ich. Auch ohne in den Spiegel zu sehen, ahne ich, dass meine Augen ziemlich verquollen sind und meine Haare machen, was sie wollen. Aber das ist jetzt wirklich mein allerkleinstes Problem.

»Was ist mit Arne?«

»Der schläft noch.« Ich kann förmlich sehen, wie Rolf sich innerlich windet. Chris ergreift quasi die Flucht, indem er die Küche ansteuert, um Zita das Morgenfläschchen zuzubereiten.

»Aha.«

»Und das macht er wahrscheinlich noch ziemlich lange.«

»So, so.« Ich fixiere Rolf mit zusammengekniffenen Augen. Was kein Kunststück ist um diese Uhrzeit. Aber es wirkt, und er berichtet. Stockend zuerst, aber immerhin. Die Jungs waren gerade auf dem Weg ins Bett, als sie im Treppenhaus ein lautes Poltern gehört haben. Das, so Rolf, klang, als sei eine Horde Elefanten unterwegs in unser Stockwerk. Es war aber nur Arne, der im Allradbetrieb die ausgetretenen Holzstufen heraufgekrabbelt kam. Aufrecht wäre nicht gegangen, Rolf schätzt den Pegel auf gefühlten zehn Promille. Die Jungs haben ihn regelrecht abgefangen, als er versucht hat, den mit einem Mal übergroßen Schlüssel in das verschwindend kleine Loch an unserer Wohnungstür zu bugsieren. Gesprochen habe er nicht, beteuert Rolf. Nicht mal gesungen. Nur gestöhnt.

»Spinnt der?«, rufe ich und drücke Rolf das Tablett in die Hand. Der Kaffee schwappt aus der Tasse. Ich schwinge mich aus dem Bett und will nach nebenan.

»Bleib hier!«, beschwört mich Rolf. »Das bringt jetzt nichts.«

»Der kann was erleben!« Und wie. Nur was? Kurz vor der Wohnungstür verlassen mich Lust und Wut. In umgekehrter Reihenfolge. Denn aus der Küche höre ich Zitas lustiges Geplapper. Und Chris, der ebenso lustig brabbelt. Ich habe zwar keine Ahnung, worüber die beiden in Babysprache diskutieren, aber es klingt allemal verlockender, als ein Anpfiff an einen betüdelten Kindsvater.

»Ach, was soll's«, sage ich zu mir selbst. Chris pflichtet mir bei.

»Der ist vor Mittag nicht ansprechbar, vermute ich. Und wenn, dann mit ganz dickem Brummschädel.« Den gönne ich Arne allerdings. Und dann gönnen wir vier uns erst einmal ein ausgiebiges Frühstück in unserer Küche. Ohne Schinken auf dem Toast, denn den schenken wir den Hunden.

Zwei Stunden später wuchte ich den Kinderwagen in den Schrebergarten. Anders als Arne hat uns nämlich die Sonne angelacht. Badewetter! Genau das Richtige, um mich vom Gedankenkarussell abzulenken, das sich immer wieder in Bewegung setzen will. Bin ich eine gute Mutter? Bin ich eine gute Freundin? Führen wir eine gute Beziehung? Sind wir gute Eltern? Sind wir überhaupt noch ein Liebespaar?

Der Weg zu unserer Parzelle mit der Nummer 42 – laut den Jungs ist diese Zahl übrigens die Antwort auf alles – ist rechts und links von akkurat gestutzten Hecken gesäumt. An der Höhe der Buchsbüsche kann man erkennen, welcher Schrebergärtner schon wie lange sein Grundstück gepachtet hat. Denn es scheint ein ungeschriebenes Gesetz zu sein, dass nach Auslaufen des Pachtvertrags die meisten Pflanzen rausgerissen und entweder auf dem Friedhof wieder eingegraben oder auf dem Kompost ausgesetzt werden. Normalerweise ist es kein Problem, den Kinderwagen über den Kiesweg zu schieben, aber heute ist es auf Höhe des Nachbargrundstückes feucht, und je weiter wir kommen, desto matschiger wird es. Earl macht das überhaupt nichts aus. Nachdem er ein paar erste hinkende Schritte gemacht hat, flitzt er jetzt den Weg entlang, dass der Matsch nur so auf sein beiges Fell spritzt.

»Macht nichts«, flötet Chris. »Der wird sowieso gleich gebadet.

Rolf hilft mir, den Wagen mit Zita drin das letzte Stück zu stemmen. Denn trotz des Kieses liegt hier mehr Erde. Matsch. Modder. Vor dem Gartentor bleiben die Hunde erwartungsvoll stehen und wedeln mit den Ringelschwänzen. Mudel versucht, seinen Vater abzudrängen, aber der ist und bleibt nun mal der Chef und darf als Erster fressen, als Erster ins Auto hüpfen und als Erster in den Garten sausen, sobald eines seiner Herrchen das Tor geöffnet hat.

Das tun die aber nicht. Sondern bleiben wie angewurzelt bis zu den Knöcheln im Brackwasser stehen.

»Ach du Scheiße«, sagt Chris tonlos. Rolf sagt gar nichts, sondern greift stumm nach der Hand seines Mannes. Ich schiele zwischen den beiden hindurch und rufe: »Oha.«

Der Garten steht komplett unter Wasser. Und zwar nur unser Garten. Das, was gestern noch ein blauer Folienpool war, liegt als geknickte Trümmerlandschaft wie ein gestrandeter Wal auf der Wiese. Die Einstiegstreppe ragt wie ein stummes Fanal in die Höhe.

»Ach. Du. Scheiße.« Chris bringt es noch mal auf den Punkt. Rolf schüttelt den Kopf so heftig, dass sich eine seiner sorgsam frisierten Strähnen löst. Er klappt den Mund auf und macht ein Geräusch wie eine Luftmatratze, die in ein Kakteenfeld geflogen ist.

Ich mache auch ein Geräusch. Erst ist es nur ein Kichern, und ich versuche wirklich wirklich wirklich nicht zu lachen. Aber aus dem Kichern wird ein Glucksen. Was ich noch als Schluckauf tarnen möchte, doch da bricht es aus mir heraus. Ich lache genauso wie ich lache, wenn ich auf Youtube Videos sehe, in denen solche Pools den Geist aufgeben. Meistens sitzen ja die Besitzer noch drin und werden von einer gechlorten Flutwelle über den Rasen gespült.

»Das ist nicht witzig«, zischt Chris mir zu. »Das ist … Scheiße! Das ist so lustig!« Er krümmt sich vor Lachen und schlägt Rolf auf die Schulter. Chris lacht, bis ihm die Tränen kommen, und als er endlich wieder einigermaßen Luft bekommt, habe ich Bauchschmerzen, Rolf lächelt wenigstens ein bisschen, und Zita hat blendende Laune im Kinderwagen. Nur die Hunde verstehen nicht, warum es nicht endlich hinter das Tor geht, wo doch eine feine Matschkuhle geradezu danach schreit, sich in ihr zu wälzen.

»Da hab ich wohl an der falschen Stelle gespart«, räumt Rolf ein und öffnet das Tor. Für den Mops und seinen Sohn gibt es kein Halten mehr, sie stürmen den matschigen Rasen und stecken die Plattnasen in die aufgeweichte Erde. Wir Zweibeiner haben es da nicht ganz so spaßig, sondern ziehen erst mal die Schuhe aus. Mit meiner Tochter auf dem Arm inspiziert Chris seine grünen Lieblinge. Einzig ein Rosenstock scheint geknickt zu sein. »Aber der hätte eh rausmüssen.«

»Tja, das dann zum Thema Badetag«, ziehe ich ein Fazit. Meine Jungs schauen mich ein bisschen bedröppelt an.

»Ist jetzt halt blöd für Earls Knie«, meint Rolf. Wobei der Hund im Moment nicht den Eindruck macht, als ob er Schmerzen hätte. Er tollt begeistert mit Mudel um die Büsche. Das Wasser versickert langsam, und ein Blick über die Hecke ins Nachbargrundstück zeigt, dass dort kein Schaden entstanden ist. Immerhin, das hätte gerade noch gefehlt.

»Du könntest noch so ein Teil kaufen«, schlage ich vor.

»Nie im Leben, nie wieder, absolut auf gar keinen Fall nicht«, protestiert Rolf. »So einen Mist kaufe ich nicht zwei Mal.«

»Naja, es soll ja Pools geben, die nicht umfallen«, gebe ich zu bedenken.

»Schnauze voll«, sagt mir Rolfs Blick, und ich weiß, dass die Diskussion beendet ist. Das ist wie mit den schwedischen Autos, die eigentlich einwandfrei funktionieren. Rolf wird sich trotzdem nie wieder ein Elchauto kaufen, selbst wenn es nur einen Euro kostet. Er hatte nämlich vor Jahren mal eins, und das war mehr in der Werkstatt als auf der Straße unterwegs.

»Dann Plan B«, sage ich und geselle mich zu Chris, der in der Hütte Kaffee gekocht und eine Packung Butterkekse aufgemacht hat. »Für heute Mittag und für das Schwimmen überhaupt.«

»Also wir bleiben heute hier sitzen«, beschließt Rolf und setzt sich neben seinen Mann. »Und dann räumen wir den Müll weg.« Er deutet mit dem Kinn auf die traurigen Überreste der blauen Plane.

»Die Plane können wir ja noch aufheben«, schlägt Chris vor. »Man könnte ...«

»Auf gar keinen Fall. Weg mit dem Zeugs.« Rolf will wohl unter keinen Umständen, auch nicht im Keller oder auf dem Dachboden, jemals wieder an seinen Fehlkauf erinnert werden.

»Aber wir könnten vielleicht einen Teich bauen?«, schlage ich ganz, ganz vorsichtig vor uns verstecke mich hinter meiner Tochter, indem ich so tue, als würde ich an ihrer Windel riechen. Ich rieche nichts. Immerhin.

»Stimmt, dazu wäre die Plane doch super«, meint Chris. Im Kopf entwirft er wahrscheinlich schon ein Seerosenparadies mitten in der Laubenkolonie.

»Vergesst es, Teiche sind nicht erlaubt. Steht in der Gartenordnung.« Rolf schüttelt den Kopf. Er ist der Einzige von uns, der sich jemals mit dem Machwerk des Vorstandes auseinandergesetzt hat. Für die meisten Pächter hier sind die gut zwanzig Seiten wie eine Bibel, in der beinahe noch geregelt ist, in welche Richtung Blätter gefälligst zu wachsen haben.

»Tja.« Mehr fällt mir erst mal nicht ein.

»Tja.« Auch Chris scheint ratlos.

»Gartenschlauch«, sagt Rolf trocken, als Mudel und Earl auf die Terrasse kommen. Ich kann die beiden Dreckbären gerade noch davon abhalten, in die Hütte zu sausen. Auf Bodenwischen habe ich jetzt nämlich absolut keine Lust. Das mag ich schon zu Hause nicht, und in der Laube ist es ohnehin so schummrig, dass man die meisten Wollmäuse gar nicht sieht. Außerdem kümmern sich meistens sowieso die Jungs um lästige Sachen wie Staubsaugen, Fenster putzen oder Waschbecken schrubben. Als wir noch in einer WG zusammengewohnt haben, hatte ich das sauberste Klo in meinem ganzen Leben. Ich stehe mit Wischmopp, Klobürste und Meister Proper nicht gerade auf gutem Fuß. Was man unserer Wohnung leider auch ansieht. Aber hey! Zita krabbelt noch nicht mal, und bis es so weit ist, wische ich eben mal schnell durch. Wenn Arne sich beim Pinkeln sowieso nicht hinsetzt, muss ich auch die Klobrille nicht täglich desinfizieren, und die paar Kalkflecken im Spülbecken sehen auch gar nicht so schlimm aus. Und außerdem gibt es wichtigere Dinge im Leben. Muss man vom Fußboden essen können? Wir haben schließlich Teller. Und die paar Mops- und Mudelhaare, pah, daran habe ich mich längst gewöhnt. Und ich habe gelesen, dass Kinder, die in einer sterilen Umgebung aufwachsen, allergieanfälliger sind. Also alles eigentlich okay.

Finde ich. Findet Arne aber gar nicht, weswegen wir uns schon das eine oder andere Mal in der Wolle hatten. Er sagt, ich sei den ganzen Tag zu Hause. Ich sage, er ja mittlerweile auch. Er sagt, schließlich sei ich eine Frau. Ich sage, schließlich könnten auch Männer einen Staubsauger bedienen, ohne dass ihnen auf der Stelle der Schniedel abfault. Meistens enden solche Diskussionen damit, dass ich ein bisschen übers Regal wische, und Arne so tut, als würde er ein Hemd bügeln. Am Ende sieht dann alles wieder gleich aus.

»Ich glaube, ich fahre nach Hause«, sage ich nach einer halben Stunde, die wir schweigend, aber immer wieder kichernd mit zwei wegen der Schlauchdusche beleidigten Hunden verbracht haben.

»Nein!«, rufen Chris und Rolf unisono.

»Ich muss mal sehen, was Arne macht«, sage ich und will aufstehen. Chris drückt mich in den Stuhl zurück.

»Du solltest ihn schlafen lassen.«

Sein Mann pflichtet ihm bei. »Ja, und es ist viel zu schönes Wetter, um in der Wohnung zu hocken.«

»Genau. Zita braucht Sonne.« Chris hat meine Tochter in den Schlummer gewiegt und legt sie jetzt in den Kinderwagen. »Du könntest dich hinlegen und lesen.«

»Bin ich viel zu müde dazu«, antworte ich und gähne. Hinlegen ja, lesen nein.

»Dann nur liegen?«, schlägt Rolf vor.

»Auch dazu bin ich zu müde.« Es ist kurios. Wenn ich übermüdet bin, vibriert mein ganzer Körper. Von innen raus. Da kribbelt alles, besonders die Beine. Still zu liegen, ist dann eher eine Qual. Ich muss also warten, bis ich ruhiger werde, um zu pennen.

»Bummeln? Schaufenster gucken?«, schlägt Chris vor. »Vielleicht findest du ja noch einen passenden Ring zu Armband und Kette.«

»Genau! Das ist es!« Ich werde keinen Schmuck kaufen. Aber ich werde mich mit einem Goldstück treffen. Falls sie Zeit hat. Immerhin habe ich je jetzt ihre Privatnummer. Irgendwo. Unten. In der Wickeltasche. Ich wühle mich durch ein halbes Kinderzimmer, ehe ich den kleinen Zettel finde. Er sieht schon ziemlich mitgenommen aus. Das bin ich auch, als ich das Papier auseinanderfalte. Denn aus der Notiz von Frieda fällt eine zweite. Mir mitten ins Herz. Marcel. Ja klar, ich habe seine Nummer. Schnell schaue ich zu Rolf und Chris, ich fühle mich ertappt. Aber die beiden kraulen sich gerade gegenseitig am Nacken und sind so mit sich selbst beschäftigt, dass sie mein sicherlich knallrotes Gesicht nicht sehen. Trotzdem stopfe ich den Zettel mit Marcels Nummer schnell zurück in die Tasche, ganz nach unten, lege zwei Windeln und den dicken Teddy darauf und wähle Friedas Nummer. Meine Hand zittert, ich brauche drei Versuche. Wer oder was nur hat mich vergessen lassen, dass Marcel nur einen Anruf weit weg wäre? Mein schlechtes Gewissen Arne gegenüber? Meine Mutterpflicht? Meine ständige Müdigkeit? Ich weiß es selbst nicht und bin froh, als Frieda drangeht. Sie freut sich und lädt mich prompt zu sich nach Hause ein.

Die Jungs bestehen darauf, dass Zita im Garten bleibt. »Frische Luft und so«, wie Rolf meint. Und dass ich auf gar keinen Fall vor Einbruch der Dunkelheit nach Hause kommen soll. »Viel Erholung und so«, wie Chris sagt. Mops und Mudel schauen mir zwar ein bisschen beleidigt hinterher, als ich ganz alleine den Weg in die City antrete, aber da ihre Herrchen quasi darauf bestehen, dass ich mich amüsiere, kann ich ja gar nicht anders, als mich mit der S-Bahn vom Killesberg ins Tal chauffieren zu lassen. Frieda wohnt in einer Querstraße beim Feuersee, in einem der hier üblichen Mietshäuser, die alle irgendwie gleich aussehen. Die Haustür hat schon bessere Zeiten gesehen. An der Fassade haben minder talentierte Sprayer Schmierereien hinterlassen. Auf den meisten Briefkästen pappt »Keine Werbung«. Ich drücke auf Friedas Klingel. Kurz darauf summt der Öffner, und ich betrete das schmucklose Treppenhaus.

»Dritter Stock!«, ruft meine Freundin. Im Treppenhaus riecht es nach Zwiebeln und einem Reinigungsmittel, das mich an ein Krankenhaus erinnert. Als ich im dritten Stock ankomme, ist die linke Tür nur angelehnt. Ich stoße sie auf und rufe ein vorsichtiges »Hallo?« in den schneeweiß gekachelten Flur. Sofort geht die Hundehupe los. Lude schießt auf seinen Stummelbeinchen um die Ecke, kommt ins Rutschen, fängt sich und begrüßt mich mit lautem Gebell und Schwanzwedeln. Der Dackel rastet fast aus, als ich mich zu ihm runterbeuge, und macht vor Freude eine Pipipfütze auf die Kacheln.

»Ach, Lude.« Frieda erscheint, bewaffnet mit einer Rolle Küchentücher. Routiniert wischt sie das kleine Malheur weg und begrüßt mich nebenbei, als würde ich sie jeden Tag besuchen.

»Ich nehme an, dass du deswegen keinen Teppich liegen hast?«, mutmaße ich.

»Genau. Wenn es klingelt, bellt er nicht. Aber sobald jemand in die Wohnung kommt ...« Sie zuckt mit den Schultern und verschwindet, um das Küchenkrepp zu entsorgen. »Geh schon mal rein!«, ruft sie mir aus der Küche zu, und ich folge Lude ins Wohnzimmer. Auch hier sind die Böden blank, aber das wunderschöne Parkett braucht keinen Teppich, um gemütlich zu wirken. Vom Parkett sehe ich eine Menge. Denn bis auf eine weiße Matte, um die Dutzende Kerzenständer in allen Farben, Formen und Materialien stehen, ist der Raum leer.

»Ziehst du um?«, frage ich, als Frieda mit einem Tablett ins Zimmer kommt.

»Nein, wieso?« Sie balanciert das Tablett mit einer antiken Teekanne und zwei verschiedenfarbigen Tassen zum Fenster und stellt es neben den Kerzen ab.

»Naja, weil ...«

Frieda lässt sich selbstverständlich auf die Matte sinken und klopft auf den Platz neben sich. Ich verkneife mir einen weiteren Kommentar, muss aber zugeben, dass die Matte sehr weich und gemütlich ist.

»Kamelhaar. Hab ich aus der Wüste«, sagt Frieda und schenkt Tee ein, dessen würziger Geruch sofort den ganzen Raum erfüllt. »Den Tee auch. Ist leider der letzte Rest.«

Ich schnuppere an meiner Tasse, in der es dampft. Kardamom, schätze ich, ein bisschen Minze. Und ein harziger Geruch, den ich nicht einordnen kann.

»Keine Angst, ist kein Hasch.« Frieda lacht und füllt sich fünf Löffel Zucker in ihre Tasse.

»Hast du keine Möbel?«, platze ich nun doch raus. Frieda schaut mich einen Moment lang irritiert an. Dann grinst sie.

»Doch. Stehen alle im Schlafzimmer.« Sie nimmt Lude auf den Schoß.

»Renovierst du gerade?« Das würde alles erklären.

»Nein. Ich brauche Platz zum Denken. Und irgendwie ist das gut so, wenn es leer ist. Mein Leben ist voll genug.«

Ich nicke, obwohl ich nichts verstehe. Dann nippe ich am immer noch heißen Tee, der noch intensiver schmeckt, als er riecht.

»Ich hab so viel Kram und Mist angehäuft in den letzten Jahren, also Sachen und Menschen und Erlebnisse. Da habe ich mich von dem getrennt, was geht.«

»Sachen und Menschen?«

»Genau. Und die Erinnerungen muss ich noch sortieren. Deswegen brauche ich Platz. Ruhe. Einfach Raum.«

»Verstehe«, sage ich und ahne, was Frieda meint. Schließlich hat sie eine Geschichte, die sieben Bücher füllen würde. Mindestens.

»Na, zum Putzen ist das jedenfalls perfekt«, scherze ich. Frieda lacht und reicht mir einen Teller mit Butterkeksen. Ich greife zu, und wir verdrücken die Hälfte des Gebäcks schweigend, wobei Lude uns beim Knabbern hilft.

»Schön, dass du da bist«, sagt Frieda schließlich, und wie sie mich dabei so ansieht weiß ich, dass sie das genau so meint.

»Finde ich auch«, gebe ich zu. Und meine das auch genauso. Gemeinsam schweigen wir noch ein bisschen und kraulen abwechselnd den Dackel, der es sich zwischen uns bequem gemacht hat. Es ist der perfekte Moment. Einer von denen, die es nur ganz manchmal gibt. Die man nicht planen kann. Und die man festhalten muss. Ich hoffe, auch Frieda bewahrt diesen Nachmittag in sich auf.

Leider verfliegen solche magischen Momente meistens schnell. Dieser hier, als Lude einen Hundepups macht. Wir stöhnen beide, schnappen nach Luft, wedeln mit den Händen und sehen uns an. Lude verzieht sich auf sein Kissen, das unter dem anderen Fenster nahe bei der Heizung liegt. Ich schlage die Hände vors Gesicht. Ich kann gar nichts dafür, die Tränen kommen einfach so. Sie kullern, und ich lasse es zu. Frieda sagt nichts, streichelt mir ab und zu über den Rücken und reicht mir hin und wieder ein Papiertaschentuch. Als ich mich ausgeheult habe – nach einer Stunde? Nach fünf Minuten? Ich habe das Zeitgefühl verloren in diesem leeren Raum – und nur noch schniefe, sagt meine neue Freundin:

»Rede.«

Und das tue ich. So lange, bis es draußen dunkel wird und Frieda die ersten Kerzen anzündet. Arne. Zita. Die Jungs. Der Haushalt. Der Frust. Die Sorge um Earl. Marcel. Ich lasse nichts aus, und Frieda lässt alles zu. Sie sagt kein Wort. Ich vermute, sie hatte Stammkunden, die auch deswegen zu ihr kamen, weil sie so gut zuhören kann. Aber ich bin kein Freier, auch wenn ich mich zwischendurch an ihren Busen werfen will.

»Ruf ihn an«, sagt Frieda, als ich endlich alles rausgekotzt habe.

»Arne?«

»Ganz bestimmt nicht. Den nimmst du dir zu Hause vor. Ich meine Marcel.«

»Ich trau mich aber nicht«, sage ich. Schon beim Gedanken, seine Nummer zu wählen, bekomme ich Herzrasen.

»Blödsinn, du bist kein Teenager.« Frieda nickt mir zu. »Ich gehe jetzt mal Ludes Abenddose öffnen. Wenn ich wiederkomme, hast du das erledigt.« Ihr Tonfall erinnert mich an eine Domina.

»Ich trau …«, setze ich an. Aber der Blick, den Frieda mir zuwirft, spricht Bände. Und darin steht, dass sie keine Widerrede duldet. Als sie in der Küche verschwunden ist, krame ich mein Telefon aus der Tasche. Weder ein Anruf noch eine Nachricht. Was erstens heißt, dass mit Zita alles gut ist. Und zweitens, dass Arne sich nicht bei mir gemeldet hat. Über die Gründe will ich gar nicht nachdenken. Der kleine Zettel mit Marcels Nummer scheint in meiner Hand zu glühen. Ich überlege kurz, Frieda gegenüber zu behaupten, dass ich ihn nicht erreicht hätte, da ruft sie aus der Küche: »Und behaupte ja nicht, dass du ihn nicht erreicht hast!«

Als ich die Nummer eintippe, verschwimmt das Display vor meinen Augen. Es tutet. Einmal, Zweimal. Dann sagt er: »Ja?«

»Ich.«

»Hallo?«

»Ich bin's.«

»Wer ist ich?« Oh mein Gott. Diese Stimme! Mein Magen vibriert.

»Tanja«, krächze ich.

»Ja hey! Wie schön!« Das klingt aufrichtig begeistert, und ich entspanne mich ein kleines bisschen. Immerhin scheint er zu wissen, wer ich bin. Gutes Zeichen?

»Ich dachte schon, du hast mich vergessen.«

»Nein!«

»Du, ich bin gerade in einer Besprechung. Aber wie wäre es, wenn ich dich morgen anrufe? So gegen elf?«

»Ja!«

»Gut, dann … Pass auf dich auf.« Zack. Leitung tot.

War das jetzt ein gutes Zeichen? Oder sitzt er gerade bei seiner Liebsten und kann deswegen nicht reden? Ist die Besprechung blond?

»Du strahlst ja wie hundert Lichterketten«, lacht Frieda, als sie mit Lude auf dem Arm zurückkommt.

»Ja«, hauche ich. Drücke ihr einen Kuss auf die Wange und umarme sie ganz fest. »Danke!«

»Da nich für. Und komm wieder, ja?«

Das verspreche ich gerne und schwebe auf meiner ganz privaten Wolke nach Hause.

Wo ich schon im Flur unsanft lande. Arne schießt auf mich zu und brüllt sofort los. Mein Wölkchen verpufft und macht Unglauben Platz.

»Spinnst du jetzt total?«, keift Arne mich an, kaum dass ich die Tasche abgelegt habe. »Du hast sie wohl nicht mehr alle!«

Ich sehe ihn an. Sein Gesicht ist knallrot, die Haare stehen ihm vom Kopf ab, und rasiert hat er sich auch noch nicht. Seine Augen sind zwei kleine Schlitze, aus denen Wutpfeile zu fliegen scheinen.

»Das hätte ich nicht von dir gedacht!«, brüllt er weiter. Kleine Speicheltropfen landen in meinem Gesicht und wecken mich aus meiner Schreckstarre.

»Was ist denn los?«, will ich wissen. Eine Sekunde lang denke ich, dass er weiß, dass ich Marcel angerufen habe. Aber woher sollte er? Mein schlechtes Gewissen verabschiedet sich in dem Moment, als Arne mich am Arm packt.

»Au, das tut weh!«

»Mitkommen«, herrscht er mich an und zerrt mich ins

Büro. »So. Und jetzt du.« Er lässt mich los und breitet die Arme aus.

»Du hast aufgeräumt«, stelle ich erfreut fest. Die Papierstapel auf dem Boden sind verschwunden, alle Bücher sorgsam in die Regale geräumt. Warum allerdings die Buchrücken alle Richtung Wand zeigen, ist mir ein Rätsel. Vielleicht wegen der Optik? Auf den ersten Blick sieht es so weiß in weiß auch ganz gut aus. Allerdings dürfte es schwierig sein, das gesuchte Buch auf Anhieb zu finden.

»Ich?« Arne tippt sich an die Stirn. »Du tickst nicht ganz sauber.«

»Ja, wer denn dann?« Langsam werde ich sauer. Wie behandelt der mich denn?

»Du.«

»Ich? Ich war doch gar nicht da!« Wie du heute Nacht, will ich hinzufügen, lasse das aber.

Arne seufzt. Lässt die Arme sinken und sieht mich schweigend an. Dann zuckt er resigniert mit den Schultern.

»Meine ganze Arbeit ...« Er spricht nicht zu Ende, sondern rauft sich die Haare. Will er gelobt werden? Applaus fürs Reinemachen? Eine Entschuldigung, weil ich mich mit den Jungs und Frieda amüsiert habe? Aber das weiß er ja nicht, und außerdem war ich schließlich heute Nacht zu Hause. Wo mein Liebster sich rumgetrieben hat, das weiß ich immer noch nicht. Arne seufzt. Ehe ich etwas erwidern kann, spricht er mit tonloser Stimme weiter.

»Du musst keine perfekte Hausfrau sein, Tanja. Lass es in Zukunft. Ich brauche keine Putzfrau. Ich brauche eine Frau.« Er macht auf der Hacke kehrt. Kurz darauf knallt die Wohnungstür zu, und ich bin allein.

Ich schäle mich aus meiner Jacke und zögere, sie wie üblich über den nächstbesten Stuhl zu werfen. Die Wohnung ist blitzblank. Nicht nur im Büro, wo die markierten Stapel geordnet scheinen. Arne hat sogar die ganzen Merkzettel aus den Büchern rausgezogen, die er sich für die Recherchen markiert hatte.

»Der muss ja ein mächtig schlechtes Gewissen haben«, sage ich zu mir selbst. Und finde meine Vermutung in den anderen Zimmern bestätigt: das Bett ist frisch bezogen, die Gardinen im Wohnzimmer noch feucht vom Waschen. Er hat es offensichtlich nicht mehr geschafft, die Buntwäsche aus der Maschine zu nehmen, dafür ist die Wanne blitzblank, und die verschiedenen Tuben und Fläschchen auf der Ablage unter dem Spiegel stehen wie kleine Soldaten in Reih und Glied. Arne hat sogar die Mülleimer geleert und Zitas unzählige winzige Söckchen zusammengelegt. Ich hasse solche Sockenpuzzles, einer fehlt immer, und außerdem macht es wenig Sinn, die winzigen Strümpfe ineinander zu verknoten. Es kommt durchaus vor, dass meine Tochter mit zwei unterschiedlich gemusterten Socken durch den Tag getragen wird.

In der Küche erwartet mich die größte Überraschung. Der Herd glänzt, als käme er frisch aus dem Möbelhaus. Ich kann mich förmlich in der Platte des Ceranfelds spiegeln. Ebenso wie in dem Topf, in dem wir seit Zitas Umstieg auf Flaschenkost die zu heißen Buddeln abkühlen. Der Kalkrand ist verschwunden, und der Tiegel sieht aus, als hätten wir ihn eben neu gekauft. Die Edelstahlspüle glänzt mit dem Herd um die Wette, der Dunstabzug wurde vom Fettfilm befreit, und die Flaschen, die wir seit Monaten nicht zum Container getragen haben, scheinen sich in Luft aufgelöst zu haben. Auf dem blank gewienerten Tisch steht eine Schale mit Äpfeln, die fleckigen Topflappen wurden gegen frisch gewaschene ausgetauscht.

Ich staune. Streiche versonnen mit der Hand über das Holz des Tisches. Wie lange ist das her, als ich hier mitten im Chaos Vater und Tochter dabei beobachtet habe, wie sie den ersten Möhrenbrei in Zitas Leben zelebriert haben? Mir kommt es vor, als seien seitdem Wochen vergangen. Wochen, in denen ich alt geworden bin. Müde. Überdrüssig. Ratlos. Mutlos. Ich seufze. Und weiß, was ich tun muss: nebenan klingeln.

Das mache ich auch, nachdem ich die frische Wäsche aus der Maschine genommen und im Wohnzimmer über den Ständer gehängt habe. Jetzt sieht der Raum nicht mehr so schön aus wie eben noch, aber was muss, das muss.

»Was machst du denn hier?« Chris klang auch schon begeisterter, wenn er mich gesehen hat.

»Ich brauche Alkohol«, gebe ich zu und drängele mich an ihm vorbei in die Wohnung. Earl und Mudel begrüßen mich mit fröhlichem Bellen, aber ich habe für die Plattnasen nur ein kurzes Streicheln übrig und steuere direkt den Kühlschrank an. Rolf sitzt mit der schlafenden Zita im Arm am Küchentisch. Ihr Gesicht ist in der unteren Hälfte komplett orange verschmiert. Es gab offensichtlich Möhre.

»Was machst du denn hier?«, fragt nun auch er. Und sieht genauso entgeistert aus wie sein Mann, der im Türrahmen lehnt. Die beiden werfen sich einen vielsagenden Blick zu. Ich schnappe mir die halb volle Flasche Blubberbrause aus dem Kühlschrank und trinke den ersten Schluck direkt aus der Flasche, ehe ich den Rest in ein großes Wasserglas kippe.

»Saufen.« Der Prosecco kitzelt in meiner Kehle, und ich muss husten. Wieder werfen meine Jungs sich einen Blick zu. Earl stupst mit seiner Plattnase gegen mein Schienbein. Mudel scheint den Kopf zu schütteln und verzieht sich dann in sein Bettchen, das aussieht wie ein kleines Fischerbot aus Polsterstoff. Ich lasse mich auf den Stuhl plumpsen und wuchte den Mops auf meinen Schoß. Immerhin ein Kerl, der keine Fragen stellt und der nicht völlig austickt.

Chris räuspert sich. Rolf nickt und erhebt sich in Zeitlupe, als wäre Zita ein rohes Ei. Er schleicht förmlich aus der Küche. Während ich das Glas leere, schiebt Chris mir gegenüber unsichtbare Krümel auf dem Tisch zusammen und sieht dabei sehr beschäftigt aus. Rolf lässt sich immens viel Zeit, um meine Tochter ins Bettchen zu bringen. Ich sage nichts, sondern versuche, normal zu atmen. Ich ahne, dass hier was im Busch ist. Und ich weiß, dass ich das bald herausfinde. Es kann zwar ein, zwei Flaschen Prosecco lang dauern, aber irgendwann werden meine Jungs schon plaudern.

»Habt Ihr alles aufgeräumt?«, beginne ich ein möglichst belangloses Gespräch. Chris steigt darauf ein und berichtet von den Abbrucharbeiten am Pool. Er lässt fast keine Schraube und keine Stahlstange aus.

»Und bei Frieda so?«, erkundigt er sich schließlich. Ich erzähle ein bisschen von der Idee, das Seelenleben mittels Wohnungsentrümpelung in Ordnung zu bringen. Alles andere lasse ich weg. Ich habe ohnehin das Gefühl, dass Chris mit seinen Gedanken ganz woanders ist. Er rutscht nervös auf dem Stuhl hin und her. Nach über zwanzig Minuten endlich kommt Rolf zurück, öffnet eine weitere Flasche und gießt drei schicke Gläser voll. Wir prosten uns zu.

»Auf unsere Prinzessin.« Rolf lächelt mich schief an. Ich schaue ihm direkt in die Augen, und er senkt den Blick.

»Hier ist doch was faul«, platzt es aus mir heraus. Beide Jungs ziehen den Kopf ein. Chris räuspert sich und sieht zu seinem Mann. Der seufzt.

»Okay. Ja. Nein.« Rolf haspelt? Kein gutes Zeichen, sonst ist mein ehemaliger Lieblingspostbote die Ruhe selbst.

»Raus mit der Sprache«, fordere ich die beiden auf.

»Du solltest gar nicht hier sein«, beginnt Rolf. Chris nickt zustimmend.

»Eben.«

»Und wo sollte ich sein, meine Herren?«

»Im Bett. Mit Arne.«

»Wie bitte?« Also ich hab ja auf vieles Lust, aber ganz bestimmt nicht auf ein Schäferstündchen mit einem Mann, der erstens die Nacht sonst wo verbracht und mich zweitens angeschrien hat. »Ganz bestimmt nicht.« Ich schüttele den Kopf.

»Aber ... ist es nicht ... schön bei euch?« Chris guckt ein bisschen ratlos aus der Wäsche.

An normalen Tagen würde ich jetzt sagen: »Nicht so schön wie bei euch.« Heute aber sage ich: »Klinisch rein. Und deswegen ist da was nicht sauber.«

»Hä?« Chris hat es nicht so mit kryptischen Aussagen, also werde ich deutlicher.

»Arne hat die ganze Wohnung gewienert. Und wenn ich die ganze Wohnung sage, dann meine ich die ganze Wohnung. Wahrscheinlich könnte man da jetzt eine OP am offenen Herzen durchführen, so steril ist das.«

»Das ist ja fantastisch!«, freut sich Chris.

Rolf schüttelt den Kopf. »Nicht Arne.«

»Was, nicht Arne?«

»Arne hat nicht geputzt. Der hat bis fünf gepennt und war danach in unserem Auftrag einkaufen.«

»Und wer hat dann gewaschen und gewischt?« Jetzt verstehe ich gar nichts mehr.

»Malgorzata«, sagt Chris. Klingt wie ein Fluch. Ist aber ein polnischer Name.

»Wer? Jungs, raus mit der Sprache!«

»Naja, wir haben ein Putzunternehmen beauftragt«, gibt Rolf endlich zu.

»Ihr habt was?«

»Wir wollten dich überraschen«, erklärt Rolf und Chris fügt hinzu: »Und entlasten.«

»Aha.« Ich sollte jetzt dankbar sein. Bin ich aber nicht. Die Idee ist echt süß, hat aber eine Beziehungskrise ausgelöst. Das heißt, die Krise schwelt schon länger. Wahrscheinlich hat Malgorzata nur dafür gesorgt, dass der Vulkan explodiert.

»Malgorzata wurde uns empfohlen.« Rolf füllt die Gläser nach. »Hat sie denn nicht gut geputzt?«

»Doch. Leider.« Ich erzähle den Jungs, dass sämtliche Lehrbücher von den Merkzetteln befreit und mit dem Rücken nach hinten ins Regal gestellt wurden. »Arne fand das nicht witzig, er denkt nämlich, dass ich das war«, füge ich hinzu.

Rolf schaut zu Chris. Chris zu mir. Ich zu Earl. Der grunzt. Und meine Jungs kichern.

»Das ist nicht komisch«, will ich die beiden anfauchen. Breche dann aber wie meine Jungs in schallendes Gelächter aus. Das dauert noch anderthalb Flaschen Prosecco. Dann beschließe ich, mich zu Zita in mein altes Zimmer zu legen. Sollte mein Doktorand nach Hause kommen, dann darf er gerne merken, wie das so ist in einem leeren Bett, ganz allein. Mit dem Gedanken an unsere frühlingsfrische Bettwäsche schlafe ich schließlich ein.

Gestatten,
Earl of beleidigte Leberwurst. Ich lasse mich scheiden. Der Tierschutz muss informiert werden. Die Mopspolizei. Umgehend und auf der Stelle!

Herrchen hat meinen Sohn und mich mit dem Schlauch abgespritzt. Mit dem Schlauch! Mit eiskaltem Wasser! Das muss man sich mal vorstellen! Ich bin entsetzt. Pikiert. Beleidigt. Für immer. Und ewig. Und zurück.

Naja. Bis zum nächsten Käsekuchen. Von mir aus. Ich habe auch gar keine Zeit, mich weiter aufzuregen. Ich muss Tanja trösten. Die heult und schluchzt, dass es nicht zum Anhören ist. Und das alles wegen Arne. Oder weil die Wohnung sauber ist. Verstehe ich auch nicht so genau, ist aber wahrscheinlich auch egal. Seit sie geworfen hat, ist sie sowieso ein bisschen komisch. Hormone, sagen die Zweibeiner. Was auch immer das jetzt wieder sein soll.

Als Tanja läufig war, war sie viel entspannter. Das muss ich den Menschenfrauen lassen. Die sind ziemlich gut drauf, wenn sie einen Wurf planen. Hündinnen sind da ja eher penetrant bis nervig. Wobei die selbstverständlich viel besser riechen als Menschen. Hach. Ich erinnere mich noch gut an jenen Nachmittag auf dem Spielplatz, als ich Mudels Mutter kennenlernte. Wir waren im Sandkasten. Püppi und ich. Ganz allein. Nicht lang, aber lang genug, um sie glücklich zu machen. Sie wollte es so sehr, und ich konnte ihr nicht widerstehen. Obwohl sie komplett lockig war. Und ich eigentlich eher auf glattes Fell stehe.

Mein Sohn hat die Locken seiner Mutter geerbt. Aber zum Glück meinen prächtigen Körperbau und die weltbeste Plattnase. Nach meiner, versteht sich. Und zum Glück hat Mudel meinen Charakter mitbekommen. Er ist genau so entspannt wie ein echter Mops. Pudel sind da ja eher von der nervösen Rasse. Und so was könnte ich an meiner Seite nicht ertragen. Zumal ich ja mit meinen Menschen alle Pfoten voll zu tun habe.

Sieben

**»Als ich eine Hand brauchte,
bekam ich ein großes Mopsherz.«**
Nancy Beuschel

Kuscheln ist toll. Kuscheln am Morgen noch toller. Und Kuscheln mit Baby und Mops nicht zu übertreffen. Die Sache hat nur einen kleinen Haken: Zita und Earl wollen schon um kurz nach sechs schmusen. Das heißt, der Hund war schon die ganze Nacht in meinem Bett, aber als Zita im Morgengrauen kräht, krabbelt er vom Fußende nach oben. Jetzt liege ich auf dem Rücken, habe im rechten Arm meine Tochter, und im linken schnarcht der Mops. Zita erzählt mir in ihrer ganz eigenen Sprache etwas. Ich verstehe kein Wort, trotzdem verstehe ich sie. Komisch, was man alles kann, wenn man Mutter ist.

Vielleicht bald eine allein erziehende Mama, knurre ich innerlich und frage mich, ob Arne bei uns übernachtet hat oder ob ihn sein spätes Studentenleben erneut von Frau und Kind fern gehalten hat. Zita greift nach meinen Haaren und gluckst vor Vergnügen, als sie eine Strähne erwischt. Sie sieht mich stolz an, und ich bin ein bisschen neidisch auf meine Tochter, deren Leben noch ganz einfach ist. Aus der Küche höre ich die üblichen Morgengeräusche. Rolf pfeift fröhlich vor sich hin. Ist mir schon seit jeher ein Rätsel, woher dieser Mann am frühen Morgen seine gute Laune nimmt.

Eine halbe Stunde später, als ich kurz davor war, wieder einzunicken, streckt Chris den Kopf in mein Zimmer. »Frühstück wäre bereit.« Earl springt sofort auf, und saust davon. Chris nimmt mir Zita ab und schnuppert am Kind.

»Igitt«, stellt er fest. »Du miefst.« Die Antwort ist ein Glucksen, das zum Lachen wird, als Chris sich daranmacht, das morgenmüffelnde Baby aus dem Strampler zu schälen. Ich starre auf seinen Rücken.

»Danke«, sage ich. »Auch für die Idee mit der Putzfrau.«

»Nicht mehr böse?«, fragt er, ohne den Blick von Zita zu nehmen. In den vergangenen Monaten haben wir alle gelernt, schnell und ohne Brechreiz Windeln zu wechseln.

»War ich nie«, gebe ich zu. »Nicht auf euch.«

»Prinzessin, das mit Arne renkt sich wieder ein.« Rolf erscheint. »Und jetzt komm, Kaffee wird kalt.«

Ich bin mir nicht sicher, ob sich mein Beziehungsleben wieder einrenkt oder ob ich demnächst den Status auf Facebook ändern muss. »Es ist kompliziert« wäre im Augenblick schon mal angemessen.

Als ich am Küchentisch sitze, beantwortet Rolf ungefragt meine unausgesprochene Frage. »Nein, soweit ich weiß war Arne heute Nacht nicht zu Hause.«

Mir wird ein bisschen übel. Meine Hände zittern, und in meinem Magen meldet sich ein gallig saures Gefühl. Das ich vergeblich mit einem Schluck Kaffee wegspülen will.

»Okay«, sage ich lahm. Chris und meine frisch gepuderte Tochter gesellen sich zu uns. Zita nuckelt so heftig an ihrem Fläschchen, dass man meinen könnte, sie habe seit vier Wochen nichts gegessen. Rolf und Chris lassen sich die ofenwarmen Brötchen schmecken. Ich zupfe lustlos an einer Scheibe Toast herum. Den Schinken schenke ich den Hunden, die sich begeistert die Schnauzen lecken.

»Und, was habt ihr heute vor?«, frage ich in die Stille hinein.

»Das Übliche«, antwortet Rolf mit vollem Mund. »Laubenpieper.« Ja klar. Die Jungs haben einen Job. Mein Tag liegt wie ein weißes Blatt Papier vor mir. Leer. Ich seufze. Und muss unwillkürlich lächeln, als ich daran denke, dass doch etwas auf meiner Agenda steht. Elf Uhr. Ein Anruf. Meine Laune wird besser, aber nicht gut genug, um wirklich etwas zu essen.

»Du solltest heute gegen sieben ins Lokal kommen«, sagt Chris kryptisch und verschwindet in der Dusche, die in der Ecke der Küche steht. Anfangs fand ich das völlig abartig, mich neben dem Herd zu waschen. Aber mittlerweile kenne ich es nicht mehr anders, und die Jungs haben mit Raumtrennern und Regalen schon kurz nach unserem Einzug und noch zu seligen WG-Zeiten dafür gesorgt, dass der Duschbereich gut vom Kochbereich abgetrennt ist. Das Wasser plätschert, und kurz darauf wabert der würzige Geruch eines herben Duschgels durch die Dampfschwaden.

»Braucht ihr meine Hilfe?«, frage ich Rolf. Ab und zu helfe ich noch im Laubenpieper aus, wenn sich eine Gesellschaft angekündigt hat. Rolf nickt und beginnt, den Tisch abzuräumen.

»Ich mach das schon«, halte ich ihn davon ab. »Hab ja sonst nichts vor.« Rolf haucht mir einen Kuss auf die Stirn und strahlt, als sein Mann nur mit einem Handtuch um die Hüften aus der Brause steigt.

Nachdem die beiden sich auf den Weg Richtung Restaurant gemacht haben, schnappe ich mir Zita und die Hunde und gehe über den Flur in unsere Wohnung. Mops und Mudel stürmen sofort ins Wohnzimmer und hüpfen auf die Couch, wo sie so lange an den Kissen zerren und ruckeln, bis aus der akkuraten Ordnung wieder ein gemütlicher Hundeplatz geworden ist. Meine erste Amtshandlung, nachdem ich Zita auf der Spieldecke geparkt habe besteht darin, mein Handy ans Ladegerät zu hängen. Ich habe zwar noch 42 Prozent, aber um elf Uhr will ich auf hundert sein. Mein Puls nähert sich dieser Marke allein beim Gedanken an das bevorstehende Telefonat. Ich muss mich irgendwie ablenken und beschließe, die Wartezeit mit meiner Tochter zu verbringen. Im Haushalt ist ja dank der Putzfee nichts zu tun, rein gar nichts. Also: Kuscheln, spielen, schmusen. Zita lässt mich im Stich, denn sie ist eingeschlafen. Ich decke das Baby zu und quetsche mich zwischen Earl und Mudel aufs Sofa. Der Mops quittiert die Störung mit einem Grunzen, rollt sich zusammen und schläft weiter. Nur sein Sohn lässt sich ein bisschen kraulen, ehe auch er wieder ins Reich der tierischen Träume abdriftet.

Ich mache den Fernseher an. Zappe mich bis zum Regionalsender. Dort läuft eine Dauerwerbesendung, und ein paar Minuten lang schaue ich einem überdrehten Koch dabei zu, wie er mit einem Wundergerät Gurken. Möhren und Kartoffeln zerhackstückt. Kurz überlege ich, meinen Jungs so ein Teil zu bestellen, lasse es dann aber. Ich schalte die Glotze wieder aus und schleiche in die Küche, wo das Handy mittlerweile auf 80 Prozent ist. Warten ist nicht meine Stärke. Definitiv nicht. Leider gibt der Kühlschrank nichts her, was meine Nerven beruhigen könnte, und auch im Schrank ist nur noch ein einziger labbriger Schokokeks übrig. Der schmeckt fad und alt. Und außerdem verschlucke ich mich, als mein Handy vibriert und piept. Eine sms von Arne.

»Können wir uns heute Abend treffen?«

Was? Seit wann müssen wir uns treffen? Der Mann wohnt hier. Mit mir. Und seiner Tochter. Was soll das? Ich schicke drei Fragezeichen zurück. Die Antwort kommt wenige Sekunden später: »Um acht im Vitos?«

Oha. Das Vitos. Sehr lecker, sehr italienisch, sehr teuer. Was nur zwei Dinge bedeuten kann. Entweder will Arne mir einen Heiratsantrag machen. Oder unsere Beziehung beenden. Möglichkeit drei (dass er sich entschuldigen will) schließe ich aus. Ich kenne ihn lange genug, Arne ist da der Typ für Blumensträuße und Blicke, nicht für Pizza und Prosecco. Mir wird ein bisschen übel, als ich die Antwort tippe: »Ja.«

Und dann warte ich. Warten ist doof. Wer hat das Warten nur erfunden? Bestimmt ein sadistischer Gott welcher Religion auch immer. Wartezimmer, Warteschlangen, Wartestellen. Es wäre Zeit genug für philosophische Gedanken, aber ich bin innerlich so unter Strom, dass ich keinen klaren Gedanken fassen kann. Ich sitze in der Küche, starre mein Mobiltelefon an und versuche, telepathisch die Zeit vorzudrehen. Zwischendurch zapfe ich einen Kaffee, finde noch einen Joghurt (seit drei Tagen abgelaufen, aber das macht ja nichts), sehe nach meinen schlummernden Schätzen und gehe dreimal aufs Klo. Mit dem Telefon. Als ich gerade zum vierten Mal die Örtlichkeit aufsuchen will, klingelt es an der Tür.

Earl kläfft los.
Mudel kläfft los.
Zita brüllt.
Mein Handy klingelt. Marcel!

Der muss aber warten, so, Wartegötter wissen auch, dass brüllende Babys immer und immer Vorrang haben. Ich renne ins Wohnzimmer, schnappe mir Zita, sause zurück in den Flur und reiße den Hörer der Sprechanlage vom Halter. Natürlich steht niemand vor der Tür, wahrscheinlich wollte der Postbote rein. Und natürlich hat Zita akuten Hunger. Und, klar, hat Marcel längst aufgelegt. Ich könnte jetzt das tun, was meine Tochter macht. Heulen. Und mir wünschen, dass meine Probleme so einfach zu lösen sind wie ihre. Frische Windel, frisches Fläschchen. Aber vielleicht hat das Universum ja ein Einsehen – als ich mit den Hunden und Zita im Arm auf dem Sofa kuschele und ihr beim Nuckeln zusehe, meldet mein Telefon eine Nachricht. »Hab dich leider nicht erreicht. Wie wär's um zwei am Chinesischen Garten? Mirabelle und ich haben heute Mittag frei! LG Marcel.«

LG! Er schickt mir liebe Grüße! Und will mich treffen! Heute. Nachher. Gleich. Was ein Problem ist, denn wie soll ich es in so kurzer Zeit schaffen, mich aus dem Hausfrauenmodus in einen begehrenswerten Vamp zu schminken? Das schaffe ich schon mit viel, viel Zeit nicht. Muss aber vielleicht auch gar nicht sein, denn am Baggersee hat Marcel mich ja schon so gesehen wie ich bin. Sehr nackt und sehr ungeschminkt. Und er will sich trotzdem mit mir treffen! Ich beschließe also, in einem Mix aus Schlabberlook und ein bisschen Glamour auf den Lippen das

Haus zu verlassen. Was wie jedes Mal ein Balanceakt ist, bis ich durchs Treppenhaus bin. Zwei Hunde, ein Baby, Wickeltasche und nur zwei Hände. Mudel ist ein bisschen beleidigt, dass ich ihn nicht wie seinen Vater die Stufen heruntertrage. Ich besänftige ihn mit einem Leckerli, als wir unten sind. Earl bekommt auch eins. Zita den Schnuller. Zum Glück ist der Kinderwagen nicht zusammengeklappt, sodass ich ohne weitere Akrobatik starten kann. Ins Schwitzen komme ich nämlich genug, als ich den Wagen von der Bushaltestelle bis zum Chinesischen Garten den Berg hinauf wuchte. Ich werde mal ein Modell mit Elektromotor erfinden. Was bei Fahrrädern geht, muss doch bei Buggys auch möglich sein!

Zum Glück ist von Marcel noch nichts zu sehen, und so kann ich in Ruhe hecheln und mir den Schweiß abwischen. Und mich im Garten umsehen. Da außer uns sonst niemand da ist, lasse ich die Hunde von der Leine. Mops und Mudel beginnen sofort mit der Erkundung des Terrains und schnuppern sich durch die Wege. Ich setze mich in den Schatten des Chinesischen Pavillons. Zita schlummert. Als ich das letzte Mal hier war, war meine Tochter noch eine Eizelle. Arne und ich waren frisch verliebt und auf die Hochzeitsfeier von Jörg und Jan eingeladen, Freunden von meinen Jungs.

Der Garten ist wirklich eine Wucht, denke ich. Da fühlt man sich mitten im Schwabenland nach China versetzt. Die Hochzeit fand im Frühling statt. Die Kirschbäume haben rosa und weiß geblüht, entlang der Wege, rund um den Teich in der Mitte und am kleinen Wasserfall standen Hunderte Kerzen. Im Pavillon war das Buffet aufgebaut, und wir haben bis tief in die Nacht hinein gefeiert, getrunken, getanzt und gelacht. Ich seufze. Es kommt mir vor, als sei das Ewigkeiten her.

»Ich hoffe, du wartest nicht schon ewig.« Marcels Stimme reißt mich aus meinem Tagtraum. Mirabelle stupst mich ans Knie und beschnuppert dann ganz vorsichtig den Kinderwagen.

»Nein!«, rufe ich und springe auf. Wir stehen uns direkt gegenüber und schauen uns an. Marcel macht einen winzigen Schritt auf mich zu und gibt mir zur Begrüßung ein Küsschen auf beide Wangen.

»Schön«, sage ich.

»Ja«, sagt er.

»Der Garten sowieso«, stammele ich. »Ich bin hier mal ... war hier ... also ...« Tanja! Halt den Mund! Zum Glück haben Earl und Mudel mitbekommen, dass wir nicht mehr die Einzigen hier sind und sausen auf ihren kurzen Beinchen heran. Mudel hat ein bisschen Mühe, der viel größeren Mirabelle zur Begrüßung am Hinterteil zu riechen. Earl fordert die Hündin sofort zum Spielen auf, und keine Sekunde später tobt ein Fellknäuel durch den Garten.

»Das ist hier sicher nicht erlaubt«, sage ich.

»Ist doch egal, solange die Hunde Spaß haben.« Marcel nickt mir zu, und wir setzen uns. Zwischen uns würde zwar leider noch mindestens ein Band der Herr der Ringe-Trilogie passen. Aber es fühlt sich gut an. Sehr sogar.

»Wie geht's dem Knie?«, will Marcel wissen. Einen Moment lang hoffe ich, dass er seine Hand auf mein Knie legt. Aber dann fügt er hinzu: »Earl scheint ja recht fit zu sein.«

»Ist er auch meistens. Nur manchmal humpelt er. Schlimmer werden sollte das jedenfalls nicht, sonst ...« Ich spreche nicht weiter. Ich kenne die Optionen, und die sind für den Mops alle nicht prickelnd.

»Mirabelle hat zur Zeit auch Starprobleme«, erklärt Marcel. »Der Hüftbruch scheint immer mal wieder zu mucken. Dem Tierarzt fällt aber außer Schmerzmitteln nichts ein.«

Ich nicke stumm.

»Die hab ich ihr auch gegeben. Vom ersten Präparat hat sie einen Tag lang gekotzt. Vom zweiten einen Tag lang geschlafen.«

»Müssen tolle Drogen sein«, scherze ich. Marcel lacht. Wird dann aber gleich wieder ernst.

»Sie tut mir echt leid. Hunde können ja nicht sagen, wenn ihnen was wehtut. Den Röntgenbildern nach ... Also wenn sie ein Mensch wäre, wäre sie längst in Reha und am Jammern.«

»Danach sieht's jetzt aber nicht aus.« Ich zeige auf die Stelle zwischen zwei Bambusbüschen, die den Hunden als Versteckplatz dienen. Mirabelle jagt Earl, Earl jagt Mudel, Mudel jagt Mirabelle. Die drei haben Spaß.

Wir sehen ihnen schweigend zu. Ich schiele immer wieder nach rechts. Marcel sieht auch von der Seite traumhaft aus. Und im echten Leben viel besser als im Fernsehen. Fünf Kilo dünner auch, bemerke ich. Die Kamera macht also wohl doch dick.

»Ich hab dich gesehen«, platzt es aus mir raus. Marcel wendet mir den Kopf zu.

»Wo?«

»Im Fernsehen. Du bist ja richtig berühmt.«

Er lacht. »Also berühmt geht anders, das war doch nur ein winziger Beitrag im Regionalfernsehen.«

»Na immerhin!«

»Ich hätte nicht gedacht, dass das überhaupt jemand anschaut.« Er kratzt sich am Kopf und jetzt muss ich lachen.

»Doch, Hausfrauen und Mütter, die keine Lust auf Teleshopping haben.«

Marcel sieht mich nachdenklich an. Mir wird ein bisschen schwummerig, als er sich vorbeugt. Ich kann seinen Atem auf meiner Haut spüren.

»Hat eine Frau wie du überhaupt Zeit zum Fernsehen?«

Viel zu viel, will ich sagen. Kann ich aber nicht, weil sich seine Lippen meinen nähern. Ich schließe die Augen. Spüre den Kuss wie ein leises Flattern auf meinem Mund. Leider bleibt es beim Flattern, denn noch bevor mir bewusst wird, was hier gerade passiert, meldet sich Zita greinend aus dem Kinderwagen. Marcel lehnt sich zurück und schließt die Augen.

»Tschuldigung«, haspele ich und springe auf. Was mit wackeligen Knien gar nicht so einfach ist. Ich liebe meine Tochter. Echt und von ganzem Herzen. Aber es gibt Momente, da könnte ich sie auf den Mond schießen. Jetzt ist so einer.

»Willst du eine Reiswaffel?«, frage ich Marcel, als Zita in meinem Arm liegt und an der Flasche zieht wie ein Kamel nach sieben Tagen in der Wüste. »Mehr kann ich leider nicht anbieten.«

Marcel lacht. »Danke, aber die Dinger sehen aus wie Bauschaum.« Er kramt in der Tasche seiner Jacke und fördert zwei etwas angeschlagene Schokoriegel zu Tage. »Ich steh mehr auf so was.«

Er bietet mir einen Riegel an. Es ist die beste Schokolade, die ich in meinem Leben gegessen habe – weil ich mir vorstellen kann, dass das, was mir eben auf der Zunge zergeht, schon ganz nah dran war an Marcel. Lange Zeit zum Träumen habe ich nicht, denn die Hunde bauen sich vor uns auf und starren uns an.

»Wie kannst du nur was essen, ohne mir was abzugeben?«, steht in fetten Lettern in Earls Blick.

»Bschoggolade darfsch du nich«, nuschele ich mit vollem Mund. Earl fiept beleidigt und legt den Kopf schief. Diesem Blick kann keiner widerstehen. Auch nicht Marcel, der aus der anderen Jackentasche drei getrocknete Kaninchenohren zaubert. Mit Fell dran. In Hundekreisen eine absolute Delikatesse. Mudel flippt schier aus, als Marcel ihm sein Ohr übereicht. Mirabelle bellt begeistert. Earl hebt die Augenbrauen und nimmt das Leckerli hoheitsvoll entgegen. Dann knabbern und schlabbern die drei los. Ein schönes Bild.

Als Zita satt ist, bittet mich Marcel, ob er sie mal halten darf. »Ich hab mit Babys aber keine Erfahrung«, gesteht er.

»Keine Bange, die sind stabiler, als sie aussehen.« Zita schmiegt sich an seine Schulter, und ich beneide sie ein bisschen darum. Marcel hält sie erst wie eine zerbrechliche Porzellanpuppe, wird dann aber mutiger, und nach wenigen Minuten scheint es, als habe er im Leben nie etwas anderes getan, als einem winzigen Mädchen auf den Rücken zu klopfen.

»Das macht man doch so, Bäuerchen?«, fragt er.

»Das machst du super«, lobe ich ihn. Und will eben die Warnung aussprechen, dass da nicht immer nur Luft aus dem Kind kommt, als Zita ein glucksendes Geräusch macht und Marcel das halbe eben getrunkene Fläschchen in die Halskuhle reihert. Ich werde rot.

»Oh«, sagt er und reißt die Augen auf. Der säuerliche Geruch von Babykotze passt so gar nicht zum Ambiente des Chinesischen Gartens. Und so gar nicht zur Romantik. Marcel reicht mir meine Tochter und steht auf.

»Ich geh mal«, sagt er. Mein Herz rutscht in den Stuttgarter Untergrund. Taucht aber wieder auf, als ich sehe, dass Marcel nur zum Teich geht, wo er Papiertaschentücher befeuchtet und versucht, das Malheur zu beseitigen.

»Babykotze ist zehn Mal angenehmer als die vom Hund«, sagt er lachend, als er mit halb nassem Shirt wieder kommt.

»Das ist mir echt peinlich«, gestehe ich.

»Das wäre nur peinlich, wenn du das gemacht hättest.« Marcel streckt die Hände aus und nimmt Zita wieder auf den Schoß. Sie strahlt ihn an, er strahlt zurück. Derweil haben sich die drei Hunde komplett spielend ineinander verwickelt. Aus dem Fellknäuel kommt plötzlich ein Fiepen. Dann humpelt Earl auf uns zu. Ich springe auf und nehme den Mops auf den Arm. Als ich sein Knie berühre, jammert er jämmerlich.

»Hast du dich verrenkt?« Ich tröste die Fellnase mit viel Streicheln. Earl sieht mich aus seinen Kulleraugen bemitleidenswert an. Ich befühle vorsichtig das Knie. Er zuckt nicht, und als ich ihn wieder absetze, humpelt er zwei Schritte und geht dann wieder ganz normal.

»Das wird auch nicht besser«, stellt Marcel trocken fest. Ich stimme ihm zu.

»Noch ist es tolerabel«, erkläre ich. »Auch ziemlich gut einzudämmen. Das Beste wäre Schwimmen. Aber wo?« Ich lasse die Frage in der Luft hängen. Marcel kneift die Augen zusammen und zuckt dann mit den Schultern.

»Ich habe keine Ahnung. Mirabelle sollte mit der Hüfte auch Aquatherapie haben. Aber das gibt's hier nirgendwo.«

»Man müsste das selber anbieten«, sinniere ich.

»Glaube ich langsam auch. Aber ich kann nur Bällebäder.« Marcel seufzt. »Ein Bällebad für Bello?«

»Bellobad? Genau! Das wär's!« Ich springe auf. »Kann man den nicht in so ein Bällebecken Wasser laufen lassen?«

Marcel sieht mich einen Moment lang schweigend an. Dann nickt er.

»Klar. Man muss die nur ein bisschen anders bauen. Dann ist das egal, ob man Plastikkugeln oder Wasser einfüllt. Man müsste mit Pumpen arbeiten, klar, und Heizung und die verschiedenen Wassertiefen an die jeweiligen Größen der Hunde anpassen.« Er ist voll in Fahrt, und ich bremse ihn.

»Stopp! Ich bin kein Geschäftspartner!« Ich muss lachen.

»Na, kann ja noch werden. Die Idee ist wirklich so schlecht nicht.« Marcel nickt. Aber ehe er zu einer weiteren Ausführung möglicher Pläne ansetzt, weise ich ihn darauf hin, dass ich kein Kapital habe. Erstens. Zweitens keine geeignete Halle. Und dass drittens Mirabelle soeben den Haufen des Jahres mitten vor das Tor zum Garten gesetzt hat.

Ich schaffe es gerade noch so eben, Zita bei den Jungs zu parken und mich einigermaßen aufzuhübschen, ehe ich kurz vor knapp im Vitos ankomme. Marcel und ich haben tatsächlich noch rumgesponnen. So ein Bellobad wäre die Lösung schlechthin. Zu einem Ergebnis sind wir aber nicht gekommen. Zuerst nämlich haben wir uns dann doch noch geküsst. Und dann ganz lange geschwiegen. So lange, bis ich wirklich, wirklich aufbrechen musste. Und deswegen komme ich zehn Minuten zu spät und völlig aus der Puste im Restaurant an.

Arne ist natürlich schon da. Zu spät kommende Frauen versetzen ihn nicht gerade in beste Laune, und so bleibt mir nichts anderes übrig, als mein schönstes Lächeln aufzusetzen, das schlechte Gewissen wegen Marcel in die allerhinterste Ecke meines Gehirns zu verbannen und mit erhobenem Kopf zu unserem Tisch zu schweben. Ich nicke Arne zu und lasse mich möglichst elegant auf den Stuhl gleiten. Immerhin steht er kurz auf, gehört sich auch so, wenn man in einem immens noblen Lokal diniert. Der Tisch ist perfekt eingedeckt mit ganz viel Besteck, vielen polierten Gläsern, einer Kerze und einem futuristisch anmutenden Blumenarrangement. Auf einem kleinen Beistelltisch steht Weißwein im Kühler. Ich will gar nicht wissen, was der Alkohol hier kostet, lasse mir von Arne das Glas füllen und trinke einen für das Ambiente viel zu großen Schluck.

»Der ist aber fein«, lobe ich seine Auswahl.

»Wurde mir empfohlen«, sagt Arne, was übrigens das Erste ist, was er zu mir sagt.

Schade eigentlich, dass er den Wein nicht selbst ausgesucht hat. Andererseits auch verständlich, er hat vom Rebensaft genau so wenig Ahnung wie ich und kann gerade mal zwischen Rot und Weiß, lecker und geht so unterscheiden.

Wir schweigen uns an. Arne starrt seine Serviette an, ich das Weinglas. Nach endlos langen Minuten kommt der Kellner an unseren Tisch. Sein schwarzer Anzug sitzt perfekt, die Fliege sieht ein bisschen albern aus, passt aber zum Lokal. Mit gekünsteltem italienischen Akzent sagt er:

»Darf ich reichen Sie die Speisekarrrte?« Er darf, und ich bin froh, dass ich mich hinter dem überdimensional großen Pappbuch verstecken kann. Meine Handtasche hat nämlich vibriert, und ich ahne, dass das eine Nachricht von Marcel war. Mein schlechtes Gewissen meldet sich mit voller Wucht. Ich habe einen anderen Mann geküsst. Tanja, verdammt, das macht man nicht! Andererseits, was weiß denn ich, was Arne mit dieser Freddy treibt? Die Recherchen der Jungs waren jedenfalls eindeutig zweideutig. Ich kehre mein schlechtes Gewissen unter den Tisch und vertiefe mich in die Karte. Alles klingt extrem lecker, ist aber auch exorbitant teuer. Ich kann und will mich nicht entscheiden. Also lege ich die Karte weg und bitte Arne, die Auswahl zu übernehmen. Was er auch tut, als der geschniegelte Ober wieder an unseren Tisch tritt. Arne wählt das Menü für fast 80 Euro. Pro Person. Dafür warten wir nun auf Zeugs mit Trüffeln, Kalbfleisch und andere Schweinereien.

»Ist das nicht ein bisschen übertrieben?«, flüstere ich Arne über den Tisch hinweg zu, als der Kellner sich katzbuckelnd entfernt.

»Wie?« Arne sieht so aus, als wäre er gedanklich gerade in ganz anderen Welten gewesen.

»Na, ich meine, das ist doch ganz schön teuer.«

Er wischt meinen Einwand mit einer Handbewegung fort.

»Hast du im Lotto gewonnen?«, kichere ich.

»Nein, aber das ist schon drin.« Arne gießt Wein nach. Schließlich muss die Flasche vor dem zweiten Gang gekippt sein, denn zur Hauptspeise hat er einen süffigen Barolo geordert. Ich trinke noch einen großen Schluck. Und dann noch einen. Arne sieht mich ein bisschen irritiert an, schüttet aber nach. Ich auch, in mich rein. Dann kommt die Vorspeise – eine Tomatensuppe, die verdammt lecker ist – und wir haben endlich etwas zu tun, das uns das Schweigen leichter macht. Ich suche nach einem unverfänglichen Gesprächsthema. Wetter, Zita, Hunde oder so. Aber mir fällt partout nichts ein. Und vielleicht, ganz vielleicht, redet Arne ja vor mir. Über das Wetter, Zita oder eine Hochzeit. Pustekuchen, da kommt nichts, wir essen schweigend. Ich bemühe mich, nicht zu kleckern, schaffe das sogar und belohne mich mit einem weiteren Schluck Wein. Langsam entspanne ich mich. Oder eben auch nicht, denn wenn ich an die vergangenen Wochen und vor allem an gestern denke, dann brodelt es in mir wie in einem Suppentopf. Als der Befrackte die Teller weggeräumt hat und Arne den Rest aus der Flasche gleichmäßig in unsere Gläser verteilt hat, platzt es aus mir raus: »Wo warst du letzte Nacht?« Im selben Moment bereue ich meine Frage. Aber gesagt ist gesagt.

»Bitte?«

»Du hast mich schon verstanden.« Oha. Ich habe ein bisschen Mühe, zu artikulieren. Der Wein ist nicht nur teuer, der hat auch jede Menge Umdrehungen. Egal. Er hilft beim Reden.

»Du warst nicht zu Hause. Ich würde gerne wissen, wo du warst.«

»Bei Freddy«, antwortet Arne und klingt dabei ein bisschen pikiert.

»Also doch!«, rufe ich und sorge damit dafür, dass die Dame am Nebentisch auf uns aufmerksam wird. Ich lächle ihr gekünstelt zu.

»Wieso also doch?« Arne schüttelt den Kopf. »Wir lernen zusammen.«

»Ja klar. Lernen. So heißt das heute.« Tanja! Stopp! Ich versuche, mich zu bremsen, aber irgendwas in mir drin nimmt gerade mächtig an Fahrt auf. Ehe ich allerdings weiterschimpfen kann, tritt der Kellner an den Tisch und köpft mit übertrieben großer Geste den Rotwein. Nachdem Arne probiert und das Gesöff für ordentlich befunden hat, gießt der Ober mein Glas voll. Und ich leere es in einem Zug. Der Frackmann schaut mich irritiert an, schenkt aber nach. Sein Kollege taucht mit zwei weiteren Tellern auf, und ich staune, was man aus einem simplen Huhn machen kann. So was habe ich bislang nur im Fernsehen gesehen.

»Guten appetito«, wünschen uns die Livrierten unisono. Ich schlucke meinen Ärger mit einem weiteren Schluck Wein runter und widme mich dem Geflügel. Eine Geschmacksexplosion, die jeden anderen an jedem anderen Tag direkt ins Paradies katapultieren würde. Bei mir allerdings sorgt der sorgsam gewürzte Vogel eher für die nötige Schärfe.

»Ich weiß ja nicht, warum wir uns heute Abend hier treffen«, nehme ich meinen Faden wieder auf und weiß genau, dass ich nun die allerletzte Chance für einen romantischen Antrag zerrede. Aber ich kann einfach nicht anders. »Aber ganz gut eigentlich, denn dann kannst du mir mal ein paar Fragen beantworten.«

»Tanja, bitte, nicht so laut«, zischt Arne. Mittlerweile sind auch andere Gäste auf uns aufmerksam geworden und schielen bewusst gelangweilt zu uns herüber. Ich kann förmlich sehen, wie aus ihren Ohren Rhabarberblätter werden.

»Wenn du nichts zu verbergen hast, dann kann das ja jeder hören!«, sage ich sehr, sehr laut. Arne wird rot.

»Tanja, ich wollte mir dir reden In Ruhe.« Die letzten Worte betont Arne.

»Dann rede.« Ich knurre ihn an.

Arne legt sein Besteck weg und sieht mich einen Moment lang intensiv an. Und da ist es endlich, endlich wieder – das Arnekribbeln. Wie lange habe ich das vermisst! Ich muss automatisch lächeln und will nach seiner Hand greifen, traue mich aber nicht, denn in dem Moment legt sich ein grauer Schleier über seine Augen.

Und dann redet Arne. Was er sagt, schmeckt mir gar nicht. Aber ich höre zu. Zum einen, weil ich nicht glauben kann, was er da sagt. Zum anderen, weil ich glauben muss, was er sagt. Arne findet mich seit Zitas Geburt zickig und träge. Nimmt sich selbst aber auch nicht aus und räumt ein, dass so ein Kind nun mal jede Partnerschaft auf den Kopf stelle. Und dass er sich schwertue, sich in der Vaterrolle zurechtzufinden. Die Jungs gehen ihm auf den Keks, weil sie sich immer mehr als Ersatzväter eimischen. Und beruflich muss und will er jetzt durchstarten, sonst sei der

Zug abgefahren. Und im Übrigen müsse er sich über sich selbst, die Welt und überhaupt so einiges erst einmal klarwerden. Sein Fazit nach einem zehnminütigen Dialog:

»So geht das nicht weiter.« Da kann ich ihm nur zustimmen.

»Und welche Rolle spielt Freddy bei der Sache?«, traue ich mich zu fragen. Tränen schießen mir in die Augen, und ich spüle sie mit einem großen Schluck Wein runter.

Arne sagt nichts. Und sagt damit irgendwie alles. Mir wird schlecht. Heiß. Kalt. Und dann fließen die Tränen doch. Die aufgetakelten Frauen um uns herum werfen pikiert die Köpfe herum, als ich laut aufschluchze.

»Was?«, rufe ich in die Runde und springe so schwungvoll auf, dass mein Stuhl nach hinten kippt und scheppernd auf den glänzenden Marmorfliesen zum Liegen kommt. »Noch nie eine Trennung erlebt?«

Ich versuche, meine Handtasche unter dem Stuhl hervorzuziehen. Es gelingt mir nicht gleich. Arne springt ebenfalls auf und will mir helfen, aber ich gebe ihm einen Stoß gegen die Brust. Er taumelt rückwärts und reißt den Weinkühler zu Boden. Blutrote Flüssigkeit mischt sich mit grünen Scherben.

»Das soll doch nur eine Auszeit sein«, sagt Arne matt. Aber ich höre ihn gar nicht mehr. Kaum habe ich den Riemen meiner Handtasche von den Stuhlbeinen befreit, stürme ich davon. Und es ist mir scheißegal, was die High Society im Vitos von mir denkt.

Gestatten,

Earl, der verliebte Mops. Mudel Mama Püppi war ja schon eine Wucht. Aber Mirabelle ist eine Erscheinung. Okay, sie ist gerade nicht läufig und ein bisschen sehr groß für mich, aber wo ein Trieb ist, da ist auch ein Weg. Der Tag im Chinesischen Garten jedenfalls war so ganz nach meinem Geschmack.

Mirabelle ist angeblich sterilisiert. Sagt sie. Ich weiß jetzt nicht, was ich davon halten soll. Weil ich nicht weiß, was das bedeutet. Vermutlich wieder irgendetwas Krudes aus der Welt der Zweibeiner. Vielleicht hat es auch damit zu tun, dass sie nur ein Auge hat. Aber ich sag's mal so: besser nur ein Auge als ein halbes Hirn. Und das hat Arne im Moment definitiv.

Der hat doch glatt meine Tanja samt meinem Baby sitzengelassen. So was macht man als Rüde nicht. Auch wenn man nur zwei Beine hat. Entweder steht man zu seinem Wurf oder man macht sich gleich nach dem Decken vom Acker. Ich hätte nichts dagegen, ihm mal so richtig gegen das Bein zu pinkeln. Im übertragenen Sinn jetzt. Als Mops käme mir so was in echt niemals in den Sinn. Schon allein weil ich weiß, dass meine Herrchen mich dann ziemlich unsanft nach draußen verfrachten. Ich erinnere mich noch mit Grausen an die Zeit, als es hieß: der Hund muss stubenrein werden. Rolf war damals noch mit einem anderen Männchen zusammen. An das ich mich nicht mehr wirklich erinnere, ich war ja noch ein Kind. Aber ich weiß noch, dass der absolut nicht verstanden hat, dass ein Welpe muss, wenn er muss. Und zwar sofort und auf der Stelle. Ganz egal, ob das nun vor dem Bett der Herrschaften, in der Küche oder auf dem angeblich teuren Teppich ist. Was muss, das muss raus.

Mittlerweile habe ich die Vorzüge des Open-Air-Pinkelns

zu schätzen gelernt. Erstens gibt es keinen Ärger seitens der Zweibeiner. Zweitens kann ich so alle möglichen Düfte der Hunde aus dem Viertel erschnuppern und überdecken. Und drittens ist es viel schicker, das Bein an einem Busch zu heben, als vor der Couch wie ein Baby in die Hocke zu gehen. Was im Übrigen die Hundedamenwelt auch nicht beeindruckt. Also, Jungs da draußen: Immer schön im Stehen pinkeln!

Acht

»Ein Mops bettelt nicht. Er starrt dich nur so lange beim Essen an, bis es dir nicht mehr schmeckt.«
Beatrix Majer

Die WG hält Krisensitzung. Wäre mein Leben ein Drehbuch, dann würde das über der nächsten Szene stehen. Das Setting: Zita pennt in meinem alten – vielleicht wieder neuen – Zimmer. Mops und Mudel schnarchen auf dem Sofa. Chris, Rolf und Tanja sitzen am Küchentisch. Dort stehen ein mit Herzchen bedruckter Papiertaschentuchspender, eine leere und eine halb volle Buddel Prosecco, die Kuckucksuhr an der Wand zeigt halb drei Uhr nachts. Tanja heult. Totale auf Chris, der zum wiederholten Mal fassungslos den Kopf schüttelt und das magische Wort wie Galle ausspuckt: »Beziehungspause.«

Er hat das Wort in den vergangenen vier Stunden in allen möglichen Tonlagen gesagt. Fassungslos. Traurig. Wütend. Einmal sogar kichernd. Es wird trotzdem nicht besser. Zumal sein Mann Rolf es direkt nach meinem tränenreichen Auftritt auf den Punkt gebracht hat: »Da kann er ja gleich Schluss machen.«

»Für eine Midlifekrise ist Arne zu jung.« Rolf ist sauer, versucht aber trotzdem, die Lage einigermaßen objektiv zu betrachten. »Das ist Teenagerkram.«

Ich schnäuze mich. Meine Nase brennt schon wie bei

einem Schnupfen. Bestimmt sehe ich auch aus, als hätte ich Grippe. Herzgrippe.

»Ich hab euch noch nicht alles erzählt«, sage ich vorsichtig. Meine Jungs starren mich an.

»Ich ... also ... ich meine ... ich habe ...«

»Bist du fremdgegangen?«, platzt es aus Chris raus. Vor Schreck schüttet er ein bisschen Prosecco neben sein Glas.

»Nein. Ja. Also nicht so richtig.«

»Jetzt wird's spannend!« Rolf beugt sich zu mir und sieht mir in die rot verheulten Augen. »Wie heißt er, wie ist er?«

Wider Willen muss ich ein ganz kleines bisschen kichern.

»Najaaaaaa«, beginne ich. »Also ihr erinnert euch doch, als wir Schwimmen waren?«

»Wie könnte ich das vergessen, dass du allein unter lauter nackten Kerlen warst!«, ruft Chris theatralisch.

»Ja also ... Da war Marcel, mit seiner Hündin.«

»Stopp, sprich nicht weiter.« Rolf gebietet mir mit einer Geste zu schweigen, springt auf, sprintet zum Kühlschrank und holt eine neue Flasche Blubberwasser. Als unsere Gläser gefüllt sind und ich mich noch einmal geschnäuzt habe, lege ich die große Beichte ab. Meine Jungs hören mir schweigend zu, und als ich geendet habe, ist zwei, drei Minuten lang nur das Schnarchen der Hunde aus dem Flur zu hören.

»Ich finde, da ist nichts dabei«, sagt Chris schließlich. »War ja nur ein Kuss.«

Ich schicke ihm einen dankbaren Blick.

»So einfach ist das nicht«, gibt Rolf zu bedenken. »Es gibt ja solche und solche Küsse.«

»Was meinst du?«, frage ich.

»Na Küsse unter Freunden, nur so. Küsse wegen Sex. Küsse mit Gefühl.«

»Das war, glaube ich, eher Letzteres«, gebe ich zu. »So ein bisschen kribbelig war es schon.«

»Oha. Dann haben wir ein Problem.« Rolf seufzt.

»Noch eins. Na dann Prost.« Chris kippt sein Glas in einem Zug runter. Ich tue es ihm nach und bekomme prompt Sodbrennen. Der Kuckuck an der Wand meldet sich zu Wort.

»Können wir das wie Scarlett O'Hara machen?«, frage ich lahm. Meine Jungs grinsen. Klar. Verschieben wir es auf morgen. Feierabend auf Tara.

Von Ausschlafen hält meine Tochter nicht so viel. Zwei Stunden später kräht der Kuckuck fünf Mal. Zita stimmt mit ein. Sie hat leider kein Türchen, hinter dem sie vollmechanisch wieder verschwindet, und so quäle ich mich in die Küche, das greinende Töchterlein auf dem Arm, und rühre ein Fläschchen an. Dann schubse ich die schnarchenden Hunde auf dem Sofa zur Seite, was Earl mit einem murrenden Schmatzen quittiert, während ich Mudel nur mit Mühe davon abhalten kann, mich begeistert von oben bis unten abzulecken. Für diese Uhrzeit habe ich noch keinen Spielmodus eingebaut. Ich mache es mir bequem, stütze Zita mit einem Kissen zusätzlich ab und lehne mich zurück. Während mein Mädchen gierig die Milch in sich hineinsaugt und dabei zufrieden gluckert, fallen mir immer wieder die Augen zu. In meinem Kopf ploppen Bilder auf. Arne, der Earl das Leben rettet, als der einen epileptischen

Anfall hat. Arne, der plötzlich mit seiner Exfreundin vor unserer WG-Tür stand. Arne, wie er nackt in der Dusche steht. Marcel. Grüne Augen. Arne, wie er sich am Flughafen für sechs Monate in den Dschungel verabschiedet. Arne, wie er mit seiner neu geborenen Tochter kuschelt und sie unbeholfen in den Armen hält. Ich traue mich nicht, die Augen zu öffnen, denn dann müsste ich den Tag beginnen.

Den ersten Tag alleine.

Für wie lange?

Zita nimmt auf meinen Wunsch keine Rücksicht. Nach der Betankung ist sie putzmunter, füllt die Windel und hält mich auf Trab. Ich wickele, ich kitzele, ich konzentriere mich auf mein Kind. Als Rolf und Chris kurz nach sieben völlig zerknittert in die Küche kommen, habe ich bereits die Spülmaschine ausgeräumt, den Tisch gedeckt und das Brot getoastet. Earl und Mudel machen sich gierig über ihr Frühstück – Trockenfutter gemischt mit Eigelb, gut fürs Fell – her.

»Muss das so früh sein?« Chris gähnt herzhaft und drückt mir ein Küsschen auf die Wange. Dann setzt er sich auf den Schoß seines Angetrauten, und die beiden gähnen gemeinsam.

»Fragt mich mal«, knurre ich. »Fräulein Tochter ist seit Stunden im Spielmodus.«

»Vielleicht schläft sie dann heute Abend früher«, versucht Rolf mich zu trösten. An allen anderen Tagen wäre das auch eine verlockende Vorstellung. Aber der Tag liegt schon wie eine einzige leere Brachlandschaft vor mir. Wie soll da erst der Abend werden? Meine Laune hebt sich auch nicht gerade, als die Jungs mir mitteilen, dass für heute Abend der Schützenverein und der Schachclub im Laubenpieper reserviert haben und sie ergo nicht vor Mitternacht zu Hause sind.

Als ich mich gegen neun in die Wohnung gegenüber traue, stelle ich zwei Sachen fest. Erstens: Eigelb bewirkt in Möpsen und deren Söhnen auch heute innerliche Turbulenzen, die sich mit Macht einen Weg bahnen. Die Hunde geben mehr Schwefelgas von sich als erträglich, und ich muss die Fenster aufreißen. Einen Moment lang sehe ich dem morgendlichen Treiben auf der Straße unten zu. Ein Linienbus rast vorbei, ein Golf muss haarscharf bremsen, als eine Truppe Schüler ohne zu gucken die Straße überquert. Der Alltagslärm vertreibt die Stille in der Wohnung.

Zweitens: Arne ist wirklich weg. Die Türen des Kleiderschranks im Schlafzimmer stehen offen. Ein Gutteil seiner Sachen fehlt, ebenso die große Reisetasche. Er hat sogar seinen Winterparka mitgenommen. Wie lange will er seine Auszeit ausdehnen? Im Arbeitszimmer klaffen Lücken im Regal, das Laptop ist ebenso verschwunden wie der Drucker. Im Badezimmer erinnert nur noch eine halb leere Flasche Duschgel daran, dass hier bis gestern ein Paar gewohnt hat.

»Okay, Tanja. Du hast zwei Möglichkeiten«, sage ich zu mir selbst. »Heulen oder Krönchen richten.«

Ich heule ein bisschen, während ich auf dem Klo sitze. Dann schnäuze ich mir mit Klopapier die wunde Nase und entscheide mich zwar nicht für Krönchen richten, aber doch dafür, das Beste aus der Lage zu machen. Was anderes bleibt mir ja gar nicht übrig. Punkt eins auf meiner Agenda:

ich schreibe Arne eine SMS: »Du blöder Armleuchter, Drückeberger, Pappnase!« Ich füge noch drei Teufelchen hinzu. Dann lösche ich die Nachricht. Das hat irgendwie gutgetan. Punkt zwei: noch eine Message. Dieses Mal an Marcel. Und diese wird nicht gelöscht: »Du hast mich auf eine Idee gebracht.« Diesen Text versehe ich mit einem strahlenden Smiley und drücke auf Senden. Die Antwort kommt binnen Sekunden: »Ja? Erzähl es mir persönlich. Ich melde mich.« Kein lustiges Gesicht, keine doofe Rose. Hach!

Nach der morgendlichen Hunderunde, bei der Earl einen Pups nach dem anderen von sich gibt, ehe ein wie ein Zombie riechender Haufen auf der Kackwiese landet, fallen die Hunde in einen komatösen Schlaf. Von dem sich meine Tochter nach einer Portion Brei anstecken lässt. Nachdem ich den Tisch so weit geputzt habe, dass nicht mehr allzu viel auf die Essenschlacht hindeutet, nehme ich mir Stifte und Papier von Arnes Schreibtisch, koche einen Pott Kaffee, krame die Notfallzigaretten aus der Schublade und stelle das Radio an. Auf schlechte Nachrichten oder schrille Werbespots habe ich keine Lust, also drehe ich so lange am Regler, bis ich einen Sender gefunden habe, der klassische Musik spielt. Bei Klassik ist es bei mir wie mit Wein. Ich kenne nur die Stars der Szene wie Mozart, Brahms und Kollegen. Und ich kann auch nur sagen, ob mir ein Stück gefällt oder nicht. Was gerade läuft, gefällt mir, und ich höre eine Weile dem Klavier aus dem Äther zu. Schließe die Augen und befehle meinem Gehirn, nichts zu denken. Mein persönlicher Trick, der meistens klappt: wenn ich nichts denken will, dann sprudeln die grauen Zellen nur so über vor Output. Der zwar meistens nicht zum Thema passt, aber irgendwann ist da ein klitzekleiner Fetzen, den ich brauchen kann. Ich sitze also. Höre Musik und greife zu, als der erste brauchbare Gedanke anklopft.

Ich habe keine Ahnung, wie lange ich in der Küche gesessen habe. Erst als Earl mich vorwurfsvoll unter dem Tisch stupst, tauche ich aus meiner Ideenschmiede wieder auf. Das Klavier ist verstummt und hat Geigen Platz gemacht. Und vor mir liegen sieben bemalte und beschriebene Blätter. Der Kaffee ist leer. Der Mops offensichtlich auch, denn er macht Geräusche zum Steinerweichen. Vermutlich steht er kurz vor dem Verhungern. Ich schütte Trockenfutter in den Napf. Ein Geräusch, das auch Mudel anlockt. Während die beiden gierig die kleinen Fleischbröckchen knabbern, sehe ich mir mein Werk noch einmal an. Streiche hier und dort etwas durch. Umkringele das Wichtigste. Und bin ganz schön stolz auf mich – welche Frau verfasst am Tag, an dem sie verlassen wird, schon einen Businessplan?

Mein Business ist dann aber erst mal weniger spektakulär als meine noch nicht ausgereifte Idee. Zita will gewickelt, gefüttert und gekuschelt werden. Die Hunde müssen Gassi, und ich habe Hunger. Während ich noch überlege, ob ich für mich und die Hunde an der Pommesbude am Eck Fritten und Wurst holen soll, meldet sich mein Handy. Marcel!

Ich wische über den Bildschirm und höre ein Rauschen. Dann ein Knacken.

»Hallo?«

Knack. Rauschen.

»Halloooo?«

»Ich bin ... München ... mich später ...«

Tuuuuut.

Ich seufze und weiß, dass ich heute eine doppelte Portion Mayo brauche.

Mit Mayo im Magen sieht die Welt gleich ein bisschen besser aus. Ich leider nicht, wie ich beim Blick in ein Schaufenster feststelle. Da hilft nur eins, ein Gang in den Drogeriemarkt. Von dort aus rufe ich Frieda an und bringe sie in einer Kurzversion auf den neuesten Stand. Sie ist vor allem daran interessiert, dass ich Marcel geknutscht habe und verspricht, in einer Stunde bei mir zu sein und ich shoppe, was der Geldbeutel hergibt. Erst Kosmetik, dann mache ich noch einen Schlenker zum Supermarkt. Mit zwei vollen Tüten und einem leeren Portemonnaie komme ich zu Hause an, füttere Zita, lege sie im Kinderzimmer schlafen und bereite alles vor. Als es klingelt, flippen Earl und Mudel völlig aus. Und ich muss mal wieder meine Tochter um ihren gesegneten Schlaf beneiden. Bei Zita bleibt alles still, selbst als Lude von den Gastgebern mit ausgiebigem Gebell willkommen geheißen wird.

»Für den Kreislauf«, lacht Frieda und streckt mir eine Flasche Prosecco entgegen. Dann nimmt sie mich ganz fest in den Arm. Ich könnte losheulen, einerseits. Andererseits fühle ich mich gleich viel besser.

»Ich weiß«, sagt sie in mein Haar. Dann drückt sie mir einen Schmatzer auf die Wange. »Aber jetzt ist hier männerfrei.« Das sagt sie so vehement, dass ich grinsen muss.

»Da dürften Lude und seine Kollegen aber enttäuscht sein«, gebe ich schmunzelnd zurück. Frieda lacht.

»Der ist kastriert!«

»Sollte man mit manchen Zweibeinern auch machen«, rutscht es mir raus. In dem Moment weiß ich, dass es eine verdammt gute Idee war, Frieda anzurufen. Sie lacht schallend, versorgt die Hunde mit Leckerlis und Spielzeug und kommt dann gut gelaunt in die Küche, die ich derweil in das reinste Chaos verwandelt habe. In ein organisiertes Chaos, wie ich finde. Frieda allerdings zieht die Augenbrauen hoch, als sie den Raum betritt.

»Was wird das denn?«, fragt sie erstaunt.

»Meine Überraschung«, erkläre ich und breite beide Arme aus. »Wellness für Zuhause!«

Frieda nimmt sich eine der Packungen vom Tisch. »Mangomaske mit Peelingeffekt«, liest sie laut vor.

»Hast du keine Lust?«, frage ich zögernd. Vielleicht war es doch keine so gute Idee, das ganze Beautyzubehör zu kaufen und eine Frau einzuladen, die ich so gut nun auch nicht kenne. Wer weiß, vielleicht lässt Frieda nur Wasser und Ökoseife an ihre Haut. Oder sie steht auf sauteure Cremes?

»Lust?« Frieda legt die Packung zurück und nimmt sich einen der drei Nagellacke in verschiedenen Beerentönen. »Das ist die schönste Idee seit Langem!«

Ich jubele und drücke Frieda an mich. Und dann tauchen wir ab ins Schönheitsuniversum. Dazu gehört erst einmal ein Fußbad, das wir in Zitas Badewanne erledigen. Während unsere Zehen einweichen, schminken wir uns ab. Frieda entscheidet sich für eine Maske aus Meersalz, die ich ihr aufpinsele. Ich nehme die Schokomaske. Wir kichern, als wir uns im Spiegel anschauen: sie ist schneeweiß, ich komplett braun im Gesicht. Es folgt ein Fußpeeling, dann eine dicke Schicht Creme auf die Füße. Während die unter den Socken wirkt, lackieren wir uns gegenseitig die Nägel.

»Das habe ich seit Jahren nicht mehr gemacht«, strahlt Frieda. »Ich hatte keinen Bock mehr.«

»Klar, war ja irgendwie Arbeitskleidung«, kichere ich und puste den Lack trocken. Ganz zum Schluss bekommen unsere Zehen noch dieselbe Färbung wie unsere Nägel. Dann waschen wir die Masken ab, tragen Pflegeserum auf und jede ein bisschen Lippenstift. Nach zwei Stunden fühle ich mich irgendwie fast wie neu.

»Und wann gehst du zum Friseur?« Frieda zwinkert mir zu.

»Wieso?« Ich finde meine Frisur gerade ziemlich praktisch. Schulterlang, sodass ich eben noch so einen Zopf machen kann, wen es babybedingt schnell gehen muss. Aber nicht so lang, dass ich ewig im Bad stehen müsste, wenn ich die Haare gewaschen habe.

»Weil Frauen sich üblicher Weise die Haare abschneiden lassen, wenn sie frisch getrennt sind.« Frieda linst in den Topf, wo die Suppe seit zwei Stunden vor sich hin köchelt.

»Ich bin nicht … bin ich getrennt?« Vorsichtig fasse ich mein Armband an. Meine Finger zittern dabei.

»Das weiß ich nicht. Aber ich schätze mal, da ist auf jeden Fall einiges an Veränderungen angesagt.« Frieda beginnt damit, die Schränke zu öffnen und wieder zu schließen, bis sie die Teller gefunden hat. Als ob sie schon hundert Mal bei mir gewesen wäre, macht sie sich daran, auf dem freien Platz auf dem Tisch alles fürs Essen herzurichten. Ich sehe derweil kurz nach Zita (die fest schlummert) und den Hunden (die zu dritt ganz fest auf dem Sofa schnarchen) und mache dann den Prosecco auf. Passt zwar nicht ganz zur Rindfleischsuppe, aber zum Tag allemal.

»Danke«, sagt Frieda, als sie sich den zweiten Teller Suppe schöpft. »Ich hab nicht so oft Gesellschaft beim Essen.« Sie klingt ein bisschen traurig.

»Das war nicht immer so«, sinniert sie weiter.

»Als du noch den ... äh ... Laden hattest?« Das Wort ‚Laden' untermale ich mit in die Luft gemalten Gänsefüßchen.

Meine Freundin lacht. »Ne, die Damen und ich haben selten gemeinsam gegessen. War ja immer irgendwie Kundschaft da. Ich rede von einem ganz anderen Leben.« Sie gießt sich das Glas voll. »Lange Geschichte.«

»Lange Geschichten sind immer die besten«, ermuntere ich sie zum Erzählen. »Wenn die Leute ›lange Geschichte‹ sagen, kommt meistens etwas, das man nicht glaubt. Weil es so außergewöhnlich ist.«

»Naja, außergewöhnlich nicht. Kurzfassung?«

Ich blicke auf die Uhr. Zita wird bald aufwachen und zerdrückte Möhren aus dem Eintopf wollen. »Kurzfassung«, beschließe ich.

»Ich bin Mutter.«

Mir klappt die Kinnlade runter. Frieda hat ein Kind?

»Du hast ein Kind?«

»Kind würde ich nicht sagen. Raimund ist längst erwachsen.«

»Moment. Stopp. Von ganz vorne bitte!«

Frieda seufzt. Ihr Blick richtet sich auf etwas oder jemanden, den oder das nur sie sehen kann. Aber sie lässt mich teilhaben. Nimmt mich mit auf eine Reise in ihre Vergangenheit. Irgendwann wacht Zita auf. Frieda redet weiter, während ich meine Tochter versorge. Wir schmusen mit dem Baby und den Hunden auf dem Sofa. Je mehr meine Freundin erzählt, desto unbedeutender kommen mir meine eigenen Probleme vor. Zita schläft wieder ein. Earl drängt sich ganz eng an Frieda. Lude und Mudel rollen sich Schnauze an Schnauze im Körbchen ein. Sie redet über eine Stunde lang. Und als sie fertig ist, schweigen wir. Es ist jene Art von Schweigen, die nicht still ist.

Frieda beginnt mit dem Ende der Geschichte. Kein Happy End. Sie hat längst keinen Kontakt mehr zu Raimund. Dabei waren Mutter und Sohn viele Jahre lang ein eingespieltes Team. »Er war der einzige Mann in meinem Leben, den ich wirklich lieben konnte«, sagte Frieda. Den Vater des Kindes jedenfalls liebte sie nicht. Wie auch, sie wusste ja nicht einmal, wer er war. Raimund war quasi ein Arbeitsunfall. Als Frieda bemerkte, dass wohl doch irgendwann einmal ein Kondom seine Aufgabe nicht erfüllt hatte, war sie bereits im fünften Monat. Von Anfang an aber war ihr klar: dieses Kind würde sie behalten. Sie hatte immer von einer Familie geträumt. Ganz klassisch. Vater, Mutter, zwei Kinder, ein kleines Häuschen in Reutlingen. Für Frieda war die Schwangerschaft so etwas wie ein Wink von oben, auch wenn sie an keinen Gott glaubte.

Sie biss die Zähne zusammen und dachte bei der Arbeit an das kleine Wunderwesen, das in ihrem Bauch wuchs. Bis zum siebten Monat sparte sie eisern jeden Pfennig. Dann packte sie den Koffer und verließ das Etablissement, in dem sie bis dahin ein Zimmer gemietet hatte. Nahm einen kleinen Kredit auf, bezog eine bescheidene Zweizimmer-

Wohnung in Heslach und brachte schließlich einen Jungen zur Welt.

»Fast noch ein Skandal Anfang der 1970er«, wie sie mir erklärt hatte. Zwar war es damals nicht üblich, dass Väter mit in den Kreißsaal kamen, einen Erzeuger mit amtlichem Ehesiegel musste man aber schon vorweisen im moralschwangeren Schwaben. Frieda erfand einen verunfallten Kindsvater. Verließ die Klinik und hatte danach die besten sechs Monate ihres Lebens. »Ich war eine ganz normale Frau, mit Kinderwagen, Spazierengehen, Gesprächen mit anderen Hausfrauen.«

Nur hatten die eben einen Mann an ihrer Seite, der das Geld ins Haus schaffte. Nach ziemlich genau sechs Monaten war Friedas Erspartes aufgebraucht, und die Bank mahnte die Rückzahlung an. Sie hatte gewusst, dass das passieren würde, aber keinen Gedanken daran verschwendet.

»Tagesmütter gab es damals nicht«, erzählte Frieda mir. »Eine Mutter hatte gefälligst drei Jahre oder länger nur für das Kind da zu sein.« Die Optionen zu der Zeit waren mau. Kinder wie Raimund landeten nur allzu oft im Heim. Oder wurden zur Adoption freigegeben. Frieda wäre aber nicht Frieda, wenn sie nicht für sich und ihre klitzekleine Familie gekämpft hätte. Die Figur war wieder einigermaßen ansehnlich, der Busen hatte nicht allzu sehr gelitten. Frieda entstaubte ihre Arbeitskleidung und machte sich mit Raimund auf den Arm daran, einen neuen Arbeitsplatz zu finden. Große Laufhäuser wie heute gab es damals nicht, die Bordelle waren meist in normalen Wohnungen. Mit ausreichend Zimmern und genügend Kolleginnen, damit der

Kleine versorgt wäre, wenn die Mutter Kundschaft hatte. Dachte Frieda sich so. Falsch gedacht.

»Einen Hund hätte ich mitnehmen können zur Arbeit. Ein Baby nicht.« Kindergeschrei war in der Branche ein No-Go. Schließlich kamen ja die meisten Kunden, um der häuslichen Krawallsirene zu entfliehen.

Am Ende der Adressliste war das Geld alle. Frieda beschloss, den Bankberater erneut zu bezirzen. Mit zwei großen Argumenten. Und mit Erfolg. Der gute Mann wurde einer ihrer ersten Kunden in ihrem eigenen Laden. Frieda bot erst einer Kollegin, dann zweien, schließlich einem halben Dutzend einen familiären Arbeitsplatz. Der Kredit war rasch abgestottert, Raimund wuchs. Der Junge hatte keine Ahnung, was seine Mutter und die Damen mit den Männern anstellten, wenn sie in den Zimmern verschwanden. »Ich hab ihm was von Massagen erzählt«, lachte Frieda. Und wurde gleich darauf wieder ernst. Raimund wurde so etwas wie das Maskottchen des Bordells. Ein lebendiges Kuscheltier für die Frauen, die sich mehr oder weniger nach echter Liebe sehnten. Aber aus dem knuffigen Kleinkind, das sich begeistert an die Busen der immer gut duftenden Frauen kuschelte und sich mit Kakao und Keksen verwöhnen ließ, wurde ein Junge. Der in die Schule musste.

»Da fingen dann die Probleme an«, erinnerte sich Frieda. Zum einen ist ein normaler Schultag nicht mit den Arbeitszeiten im Puff kompatibel. Sie schlief immer dann, wenn der Sohnemann Unterricht hatte. Und organisierte am frühen Abend, wenn sie zur Nachtschicht musste, einen Babysitter. Immerhin konnte sie Raimund nun erzählen, dass sie als Nachtschwester im Krankenhaus arbeiten würde. Diese Legende erwies sich auch bei den Elternabenden als äußerst praktisch. Bis die Mutter eines Klassenkameraden wissen wollte, in welcher Klinik genau. Frieda gab das Robert Bosch an. Die Kollegin wunderte sich, dass man sich noch nie begegnet war. Frieda ging nie wieder zu einem Elternabend.

»Naja, und dann kam es, wie es kommen musste, wenn das Testosteron steigt.« Frieda strich sich mit den Händen übers Gesicht. »Eines Tages kamen Raimund und seine Kumpel auf die glorreiche Idee, mal in den Puff zu gehen. Die Jungs waren grade mal sechzehn. Und haben sich ausgerechnet meinen Laden ausgesucht.«

Der Moment, an dem der eigene Sohn als potentieller Freier vor der Tür steht – ich mag mir gar nicht vorstellen, was in den beiden vorging. Raimund jedenfalls würgte, kotzte seiner Mutter vor die Füße und rannte davon. Zwei Wochen später, die Frieda wie Fegefeuer, Hölle und Folterkammer zugleich vorgekommen waren und in denen sie Himmel und eben jene Hölle in Bewegung gesetzt hatte (nebst einiger lichtscheuer Kontakte aus dem Kundenkreis), bekam sie über die Polizei die Nachricht, dass Raimund in Berlin beim Ladendiebstahl erwischt worden war. Den Rest regelten das Jugendamt und die Behörden.

»Er kam in eine nette Familie, immerhin das«, erzählte Frieda. »Gesehen habe ich ihn nie wieder. Und auf meine Briefe hat er nicht reagiert.«

An diesem Punkt der Geschichte reiche ich Frieda ein Taschentuch. Sie nimmt es nicht.

»Ich hab genug deswegen geheult.«

»Darf ich weinen?«, frage ich, als mir die erste Träne über die Wange rollt. Frieda lächelt und streicht mir über die Schulter. Es muss die Hölle sein, wenn das eigene Fleisch und Blut ... Ich mag gar nicht weiter denken. Frieda nestelt ihr Portemonnaie aus der schlichten braunen Ledertasche und zieht ein zerknicktes, verblasstes Foto heraus. Es zeigt einen schlanken Jungen, vielleicht fünfzehn Jahre alt, mit schmalem Gesicht und blondem Bartflaum über den Lippen. Irgendwie kommt er mir bekannt vor, aber ich kann ihn nicht einordnen. Aber wahrscheinlich sieht er aus wie alle, die das Pech hatten, in den Achtzigern zu pubertieren. Scheußliche Frisur, Schulterpolster, Röhrenjeans.

»Das tut mir so leid«, schniefe ich, als ich Frieda das Foto zurückgebe.

»Das muss es nicht. Ich hatte die beste Zeit meines Lebens. Dafür bin ich dankbar.«

Das verschlägt mir die Sprache. »Du bist echt stark.«

»Ich glaube nicht. Nicht stärker als jede andere. Ich musste ihn loslassen.«

»Vielleicht kommt er ja eines Tages zurück«, will ich Frieda Hoffnung machen.

»Vielleicht.« Sie seufzt. In diesem Moment meldet mein Handy direkt hintereinander den Eingang von drei SMS.

In der ersten wünscht Arne Zita und mir eine gute Nacht.

In der zweiten wünscht Marcel mir, Zita und den Hunden eine gute Nacht und verspricht, sich am nächsten Tag zu melden.

In der dritten geben die Jungs bekannt, dass es so spät wird im Laubenpieper, dass Earl und Mudel bei mir schlafen sollen. Die Nachricht endet mit drei küssenden Smileys.

»Ich geh mal langsam«, meint Frieda.

»Auf gar keinen Fall«, protestiere ich. »Ich hab sturmfrei. Du bleibst.«

Einen Moment lang sieht sie mich perplex an. Und dann umarmt sie mich wie man jemanden umarmt, wenn man ganz, ganz lange schon keinen echten Freund mehr hatte. Vielleicht ein halbes Leben lang.

Gestatten,

Earl, der schönste Mops der Welt. Jedenfalls muss ich mir keinen Joghurt auf die Schnauze schmieren wie Tanja und Frieda. Versteh einer die Frauen! Warum malen die sich die Krallen bunt an? Wozu soll es gut sein, seinen eigenen Geruch mit künstlichem Zeugs zu überdecken? Wenn ich Tanja einen Rat geben dürfte: wälz dich mal ausgiebig im Gras. Das entspannt total und sorgt für optimale Fellpflege.

Mein zweiter Rat wäre: zieh doch wieder bei uns ein. Schließlich hat Zita ja ein Körbchen hier, und für Tanja ist auch noch Platz. Ich fände das ganz praktisch, dann könnte ich jede Nacht mit ihr kuscheln. Sie schnarcht nämlich, anders als meine Herrchen, nicht.

Heute Nacht werde ich versuchen, zu Frieda ins Körbchen zu kriechen. Sie scheint sehr traurig zu sein. Von ganz innen heraus. Ich befürchte, dass ein bisschen Gesicht lecken und an den Fingern knabbern nicht reichen wird, um sie zu trösten. Frieda hat einen Welpen. Und der ist verschwunden.

Mudel ist ja nicht mein einziger Sohn. Püppi hat damals fünf Welpen geworfen. Zwei Jungs, drei Mädchen. Von den anderen habe ich allerdings nie wieder was gehört. Was mich jetzt nicht so traurig macht. Und auch, dass Püppi aus meinem Leben verschwunden ist, ist kein Drama. Es gibt so viele leckere Hündinnen da draußen!

Ich wäre allerdings auch geknickt, wenn Mudel plötzlich nicht mehr da wäre. Klar, manchmal ist es anstrengend, wenn man gerade schlafen will und mein Sohn meint, dass jetzt Spielzeit ist. Aber das gemeinsame Kuscheln und das gemeinsame Buddeln im Beet würden mir doch sehr fehlen.

Neun

»Mit der Schaffung des Mopses hat Gott seine Höchstleistung vollbracht.«
Maren Buchholz

Himmlisch! Ich habe himmlisch geschlafen! Frieda hatte angeboten, die Nacht mit Zita im Schlafzimmer zu verbringen und die kleine Maus bei Bedarf wieder in den Schlaf zu wiegen. Ich habe es mir mit den Hunden im Wohnzimmer bequem gemacht und stelle fest: Dackel schnarchen auch. Lude ist quasi im Herzen ein Mops, die drei haarigen Freunde haben die Nacht eng aneinander gekuschelt in einem Körbchen verbracht, das eigentlich für einen Hund gedacht ist. Bequem war das sicher nicht unbedingt, aber ganz bestimmt kuschelig.

Ich hatte nur das mit rotem Samt bezogene Sofakissen zum Kuscheln. Was auch okay ist, das schnarcht und pupst nicht. Außerdem habe ich geschlafen wie ein Stein. Und fühle mich jetzt trotz der zwei Flaschen Blubberbrause, die Frieda und ich zur Feier des Abends, des Lebens und einfach so gekippt haben, wie frisch geschlüpft. Körperlich. Wie es in meinem Herzen aussieht, daran mag ich gar nicht denken.

Als ich in die Küche komme, sitzt Frieda mit Zita auf dem Schoß am Tisch und blättert in meinen Notizen von gestern.

»Guten Morgen«, sage ich. Frieda schaut auf, Zita strahlt mich an. Ich drücke erst meinem Babytörtchen, dann Frieda einen Kuss auf die Wange. Zita streckt mir die Ärmchen entgegen. Ich übernehme, was Lude mächtig freut. Der Dackel nimmt sofort den freien Platz auf Friedas Schoß ein.

»Das ist spannend«, kommentiert diese meine Notizen.

»Findest du?« Während ich mir Kaffee eingieße, blättert sie weiter.

»Absolut. Aber so ganz ausgereift ist es noch nicht.«

»Ich weiß. Sind nur erste Ideen. Ich will ja ...« Weiter komme ich nicht, denn die Jungs klopfen und kommen herein. Frenetisch begrüßt von Mops und Mudel.

»Welch Freude, oh holde Weiblichkeit!« Rolf breitet die Arme aus und schwenkt theatralisch zwei Bäckertüten durch die Luft. »Erlaubt uns, oh edle Damen, euch ein paar Brötchen zu kredenzen?«

Frieda lacht schallend. »Es sei gestattet.«

Aus den simplen Brötchen wird ein fulminantes Frühstück mit Rühreiern, im Backofen knusprig gebratenem Bacon und vier verschiedenen Sorten Marmelade, die Rolf aus dem Ertrag des Schrebergartens eingekocht hat. Plus frisch gepresstem Orangensaft. Frieda isst mit großem Appetit, und man merkt ihr an, dass sie die Gesellschaft der Jungs genießt. Vielleicht, weil zumindest Chris im Alter von Raimund ist, ungefähr. Während wir es uns kulinarisch gut gehen lassen, schildere ich der versammelten Truppe meine Idee:

»Wenn es kein Hundeschwimmbad gibt, dann muss man eben eines bauen.« Chris sieht mich aus tellergroßen

Augen an. Rolf fällt die Klappe runter, und ein Krümel landet auf Earls Kopf, der es sich auf Herrchens Schoß bequem gemacht hat und darauf wartet, dass er Schinken abbekommt. Frieda nickt. Alle drei hören mir gebannt zu, als ich die Idee weiter ausführe. Selbst Zita legt den Kopf schief und vergisst, am Toastbrot zu knabbern.

Meine Überlegungen sind eigentlich ganz einfach. Marcel baut Bällebäder im großen Stil. Da wird er ja wohl auch in der Lage sein, die Dinger wasserdicht zu machen. Man bräuchte verschiedene Tiefen, denn ein Labrador könnte in Dackeltiefe nicht schwimmen. Ich hab rumgeträumt und stelle mir vier bis fünf längliche Becken vor, in denen die Hunde schwimmen können. Begleitet von Herrchen oder Frauchen. Vielleicht mit Gegenstromanlage. Und ein ganz großer Pool, in dem Mensch und Hund gemeinsam planschen. Dazu natürlich eine Ruhewiese. Oder Liegen. Oder beides. Man könnte einen Therapeuten ins Boot holen. Einen Hundefriseur. Am Kiosk Pommes und Hundefutter anbieten.

»Genial«, sagt Chris, als ich fertig bin. Rolf sagt gar nichts. Frieda klatscht in die Hände, was Zita zum Lachen bringt.

Rolf sieht mich schräg von der Seite an. Krault Earl und setzt den Mops auf den Boden. Wenn man ganz genau hinsieht, humpelt der ein kleines bisschen. »Hast du dir das wirklich genau überlegt?«, will Rolf dann von mir wissen. Und setzt dabei einen Blick auf, der winzige Nadeln zu enthalten scheint, die meinen Luftballon voll Freude zum Platzen bringen.

»Naja, ich bin ja erst ganz am Anfang«, gebe ich zu. Rolf wirft einen Blick auf die Uhr.

»Ein Stündchen haben wir noch. Vorausgesetzt, der Smutje bestätigt, dass im Laubenpieper alles an Bord ist.« Er schickt seinem Mann ein Küsschen quer über den Tisch.

»Bestätige. Einkauf gestern ausreichend. Nur Kopfsalat fehlt.« Chris schickt ein Küsschen zurück.

»Den können wir auch in der Parzelle pflücken«, beschließt Rolf. »Ist ja auch Bio.«

»Aber so was von, die ganzen Schnecken.« Chris schüttelt sich theatralisch.

»Fein, ist das Fleisch gleich dabei«, scherzt Frieda. Wir brechen in Gelächter aus. Zita giggelt mit, die Hunde bellen und verschwinden dann tobend und tollend im Wohnzimmer. Zita gähnt herzhaft, und wir parken sie auf der Kuscheldecke. Dann nimmt Rolf erneut meine Notizen zur Hand. Und verlangt nach einem leeren Blatt nebst Stift. Ich reiche ihm beides.

»Lasst uns mal Ideen sammeln, einfach so. Ohne Wertung, alles, was uns einfällt. Ruft es einfach in die Runde. Ich sammele, und danach sortieren wir.«

Drei Personen starren ihn an. Schließlich sagt Chris: »Wow.«

Rolf zuckt mit den Schultern. »Hab ich mal im Fernsehen gesehen. In großen Firmen machen die das alle so.«

»Ich bin doch keine Firma«, gebe ich zu bedenken. Rolf notiert das erste Wort. »Firma.«

»Na? Wer mag?«, fordert er uns auf. Mögen würde ich schon, aber alles, was mir eingefallen ist, steht ja schon schwarz auf weiß mit ein paar Kaffeeflecken in meinem Aufschrieb. Frieda schaut zur Decke. Chris kratzt sich am Kinn.

Ein paar Minuten lang herrscht absolutes Schweigen. Im Wohnzimmer rappelt es, wenigstens Mops, Mudel und Kumpel Lude sind aktiv. Ich kann zwar nicht durch die Wand sehen, weiß aber ziemlich genau, was gerade gerappelt hat – Zitas Spielbogen.

»Spielzeug!«, rufe ich. Rolf schreibt »Spielzeug« auf das noch ziemlich leere Blatt. Und dann kann ich förmlich spüren, wie die Rädchen in meinem Gehirn sich in Gang setzen. Frieda scheint es ähnlich zu gehen. Denn nachdem sie Badetücher, Hundeshampoo und Leckerli beigesteuert und von Chris mit Deko, Logo und Grünpflanzen unterstützt wurde, kommt Rolf kaum mehr nach mit Schreiben. So ganz doof scheinen die Leute in den Vorstandsetagen also nicht zu sein, die Methode funktioniert. Und tatsächlich ist das Blatt nach einer guten halben Stunde komplett beschrieben. Mit Sachen, die mir so nie eingefallen wären. Da stehen Begriffe wie Ambiente und Werbung, Musik, Schokolade und Eis, Garderobe für die Leinen, Ruheboxen oder Beleuchtung. Manches ist völlig daneben und wird gleich gestrichen. Wir müssen dabei lachen, denn keiner von uns kann sich erklären, warum uns Butter, Schuhspanner oder Rasierschaum eingefallen sind. Sinnvoller sind da schon Mülleimer, Kaffeemaschine, Finanzierung und Ort. Die beiden letzten Begriffe werden von Rolf mit einem Edding rot umkringelt.

»Daran arbeitest du«, sagt er zu mir und schiebt mir das Blatt zu. »Hausaufgabe.«

Ich muss grinsen und verabschiede meine Jungs mit einer ganz festen Umarmung, als sie sich auf den Weg in den Laubenpieper machen. Und mit zwei Küsschen für jeden. Das eine ist jeweils für ihre unglaublichen Ideen, das andere dafür, dass sie nicht nach Arne gefragt haben. Denn das hätte ich nicht ertragen.

Den Rest des Vormittags verbringen Frieda und ich ziemlich entspannt. Meine Jungs haben Earl und Mudel in den Laubenpieper mitgenommen. Und Lude gleich mit, dann muss Frieda ihn nicht in den Laden mitnehmen. Sie wird ihren kleinen Prinzen am Abend im Laubenpieper abholen. Nachdem die Küche aufgeräumt ist, machen meine Freundin und ich uns auf die Suche nach irgendetwas aus meinem Kleiderschrank, das ihr passt. Mein Töchterlein hat ihr nämlich den halben Brei auf die Bluse gekotzt. Der Rest blieb zum Glück im Kind, aber so kann Frieda nicht zur Schicht im Laden. Unter viel Gekicher entscheiden wir uns schließlich für das einzige Teil, das von ihrem Busen nicht gesprengt wird. Sie sieht umwerfend aus in dem knallroten Stretchoberteil, das bei mir eher peinlich wirkt.

»Schenk ich dir«, beschließe ich deswegen. Frieda schaut mich einen Moment lang an. Dann nimmt sie mich ganz fest in den Arm.

»Danke. Für alles«, sagt sie ganz leise. Und ich weiß, was sie meint. Freunde sind selten. Noch seltener wahrscheinlich, wenn man aus ihrer Branche kommt.

»Gleichfalls«, flüstere ich zurück. Ehe ich anfange zu heulen, mache ich mich von ihr los.

»Und weißt du was?«, frage ich sie. Frieda schüttelt mit dem Kopf.

»Ich komme mit in den Laden. Ich hab da neulich diese Kette mit Glitzermops gekauft. Die muss ich umtauschen.«

Frieda zwinkert mir zu und sagt auch nichts, als ich mein Armband auffummele, ganz kurz noch einmal über die Anhänger streichele und es dann in die kleine Holzschatulle auf der Kommode lege. Es fühlt sich komisch an, als ich den Deckel vorsichtig zuklappe. Ich hole tief Luft, und dann machen wir uns auf den Weg. Als wir am Hauptbahnhof auf die S-Bahn warten, klingelt mein Handy. Frieda schaukelt den Kinderwagen mit der nölenden Zita hin und her, während ich in meiner Handtasche nach dem Telefon krame. Natürlich finde ich es ewig nicht. Als ich schon denke, dass der Anrufer gleich wieder auflegt, taucht das Gerät zwischen zwei Windeln auf. Mein Herz macht einen kleinen Hopser, als ich auf das Display blicke: Marcel ruft an! Ich wische über das Glas und dann höre ich: »Ich kann dich sehen.«

»Hä?«

»Ich sehe dich.«

»Äh?« Trägt er mein Bild im Herzen?

»Dreh dich mal um.«

Ich drehe mich um und lasse meinen Blick über die Leute schweifen. Eine Omi mit Rollator. Ein Typ im Anzug, der wie wild auf sein Smartphone tippt. Und zwischen einer Werbetafel und einem abgeratzten Punk steht – Marcel!

»Oh.« Vor Schreck fällt mir beinahe das Handy runter.

»Was ist los?«, erkundigt sich Frieda.

»Ich ... äh ...« Marcel kommt auf mich zu. Ich presse mein Handy ans Ohr. Noch vier Meter. Zwei. Er steht vor mir. Legt den Kopf schief und lächelt.

»Ich lege jetzt auf«, sagt er, und ich höre es live und eine Millisekunde später aus dem Telefon.

»Okay«, sage ich. Lasse das Telefon in das Chaos meiner Tasche plumpsen und könnte vor Freude tanzen, als Marcel mich in den Arm nimmt und mir rechts und links und schließlich mittig Küsschen gibt. Der Augenblick könnte ewig dauern. Tut er aber nicht, weil in dem Moment die Bahn einfährt und wir vom Punk angerempelt werden. Wir lassen uns los. Ich muss mich räuspern. Dann besinne ich mich auf meine gute Kinderstube, die mir meine Tante Trude (bei der ich nach dem Unfalltod meiner Eltern aufgewachsen bin) beigebracht hat.

»Frieda, das ist Marcel. Marcel, das ist Frieda«, stelle ich die beiden einander vor.

»Das habe ich mir schon fast gedacht«, lacht Frieda, als Marcel ihr die Hand schüttelt. Marcel legt den Kopf schief. Kneift die Augen zusammen.

»Elfriede?«, fragt er vorsichtig. Friedas Augen werden so groß wie Teller.

»Bist du das?«, hakt Marcel nach.

»Ich glaub schon«, kommt es ganz leise von meiner Freundin zurück. »Aber wer sind ...«

Weiter kommt sie nicht, denn Marcel fällt ihr förmlich um den Hals und drückt sie ganz fest. Ich könnte glatt ein wenig neidisch werden. Frieda schickt mir über Marcels Schulter einen fragenden Blick. Ich kann nur mit den Schultern zucken.

»Wenn ich das meinem Vater erzähle!«, strahlt Marcel, als er Frieda wieder loslässt.

»Moment mal«, schalte ich mich ein. »Woher kennst du sie?«

»Das würde ich auch gerne wissen«, legt Frieda nach.

»Reutlingen. Der Horst!« Marcel nickt bekräftigend. Und dann schlägt Frieda sich an die Stirn.

»Leck mich doch am Fiadla!«, schwäbelt sie los. »I fress an Bäsa. Bisch du dr kloine Marsssl vom Horschd?«

»Genau der«, lacht der jetzt ja nun gar nicht mehr kleine Marcel. »Der Bruddl-Horscht.«

»Ich hab dich ja seit Jahren nicht mehr gesehen. Den Horst auch nicht. Wie geht's ihm denn?«

»Bruddelig wie immer«, lacht Marcel. Hinter uns fährt die Bahn ab. Frieda bekommt das offensichtlich gar nicht mit. Ich wage aber auch nicht, sie daran zu erinnern, dass sie demnächst den Laden aufschließen muss. Irgendwie finde ich das hier gerade auch sehr spannend.

Bis die nächste Bahn einfährt, haben sich die beiden auf den neuesten Stand gebracht. Wobei ich beiderseits das Gefühl habe, dass sie gewisse Details verschweigen. Frieda zum Beispiel erwähnt ihren ehemaligen Job mit keinem Wort, sondern spricht davon, dass sie als Dienstleisterin ihr Geld verdient habe. Und auch ihr Sohn fällt unter den Tisch. Horst, Marcels Vater, ist mittlerweile Rentner und scheint sich in allen möglichen Branchen herumgetrieben zu haben, nachdem er seine Schreinerei aus gesundheitlichen Gründen aufgeben musste. Der Zusammenbruch des kleinen Handwerksbetriebs war gleichzeitig das Ende seiner wohl gar nicht so glücklichen Ehe. Frieda tut jedenfalls ahnungslos, als Marcel von der Scheidung seiner Eltern berichtet. Und ich erfahre, woher die beiden sich kennen: vor gefühlten hundert Jahren waren Frieda und Horst Nachbarn. Besuchten gemeinsam die Grundschule. Trafen sich im Tanzkurs wieder. Und fanden zueinander, wie man als

Fünfzehnjährige eben so zueinander findet. Als Horst seine Lehre in Ammerbuch begann, endete mangels Mofa und passender Busverbindung die junge Liebe. Man traf sich noch gelegentlich zum Stadtteilfest. Den Rest erledigte der Lauf des Lebens.

»Ich will ja nicht pingelig erscheinen«, mische ich mich schließlich ein. »Aber Frieda muss zum Dienst.«

Die S-Bahn hinter uns spuckt schon die ersten Pendler aus. Frieda seufzt und bittet mich, ihr Marcels Nummer zu geben. Für Abschiedsküsschen ist es zu spät, sie erreicht mit Müh und Not den Waggon. Die Bahn fährt zischend ab. Einen Moment lang sehen wir den Wagen nach und schweigen.

»Das Leben ist ein Dorf«, sagt Marcel schließlich und lugt in den Kinderwagen. Zita ist eingeschlafen. Erst jetzt bemerke ich den kleinen Trolley, der neben ihm steht.

»Wie war München?«, erkundige ich mich.

»Frag nicht. Kunde unterirdisch, Leihwagen im Eimer. Deswegen musste ich den Zug nehmen.«

»Das ist doch toll!«, rutscht es mir raus. Marcel sieht mich fragend an.

»Naja, sonst wärst du ja jetzt nicht genau hier.«

»Stimmt auch wieder.« Jetzt lacht er und legt mir den Arm um die Schulter. »Wie wär's mit einem Kaffee?«

»Gerne!«, sage ich. Gemeinsam mit je einer Hand bugsieren wir den Kinderwagen durch den Bahnhof und zu den Laufbändern, die uns auf die Königstraße hinauffahren.

»Auf welche Idee habe ich dich eigentlich gebracht?«, erkundigt sich Marcel, als wir uns in den Strom der Leute einreihen. Ich frage mich jedes Mal, was die alle hier machen. Müssen die denn nicht arbeiten? Falls die alle arbeitslos sind ... wieso können die dann mit prall vollen Einkaufstüten hier lang laufen? Oder haben die alle Urlaub, sind krankgeschrieben?

»Lass uns doch erst mal hinsetzen«, schlage ich vor. Dann machen wir, was nur Auswärtige tun: wir setzen uns mitten auf den Schlossplatz in ein überteuertes Straßencafé, wo wir von einem schlecht gelaunten Kellner bedient werden. Als wir je einen Eiskaffee geordert haben, erzähle ich Marcel von meiner Idee. Der nickt ab und zu. Macht »Hm« und »Tja«. Als ich fertig bin und meinen Löffel in das weiche Vanilleeis tauche, das auf dem kalten Kaffee schwimmt, grinst er.

»Und?«, frage ich vorsichtig. Er ist schließlich der Fachmann. Und wenn er sagt, dass das völlig daneben ist, werde ich die Idee sofort einstampfen.

»Fehlt nur noch ein entscheidendes Detail.« Er schlürft aus dem Strohhalm und schaut mir über den Tisch hinweg in die Augen.

»Ja?«, frage ich bange.

»Ein guter Name.«

»Wie?« Ich verstehe nicht ganz. »Das ist ein Hundeschwimmbad.«

»Tja, also ich arbeite auch nicht für Kinderspielstätten. Damit macht sich schlecht Werbung.«

»Sondern?« Jetzt bin ich neugierig.

»Naja, meine Sachen stehen in Hallen, die heißen TramPoLiNo oder SpielOPolis oder so.«

»Oooookay. Aber da fällt mir jetzt auch nichts ein.«

»Muss es auch nicht. Ich hab schon eine Idee.«

»Lass hören!« Ich werde ganz kribbelig.

»Tadaaaaaa!« Marcel trommelt mit den Fingern einen Tusch auf den Tisch, was uns einen ungehaltenen Blick des Obers einbringt. »Das ... Trommelwirbel ... ddddrrrrrrrrtadaaaa ... Bellobad!«

Bellobad! Natürlich! Ich könnte ihn auf der Stelle knutschen. Was ich nicht mache. Denn erstens steht ein Tisch zwischen uns, und zweitens meldet sich Fräulein Zita mit Hungergreinen. Wir stoßen mit dem Rest Eiscafé an.

»Auf das Bälle ... äh ... Bellobad!«, lache ich. Und fühle mich in dem Moment leicht und frei und aufgeregt und irgendwie so wie noch nie in meinem Leben.

Leben heißt auch Alltag. Und in den wirft Marcels Terminkalender uns nach einer halben Stunde auch zurück. Er hat einen Kundentermin und ich anscheinend einen mit der Babywanne, denn meine kleine Maus riecht ziemlich streng nach Kacka und Babykotze. Ich fahre also nach Hause. Wir verabreden uns für den Abend im Laubenpieper.

Nach dem Mamaprogramm, bei dem Zita und ich viel Spaß haben und das halbe Bad unter Wasser setzen, ist meine Maus platt und schlummert auf der Couch. Ich nutze die Zeit für meine Hausaufgaben und erledige ein paar Anrufe. Die Zeit vergeht wie im Flug, und ich werde nur einmal von einer SMS von Arne unterbrochen, der wissen will, wie es uns geht. Ich antworte nicht.

Wie verabredet bin ich um halb acht mit Zita in der Gaststätte. Frieda und Lude sitzen bereits am Stammtisch, vor sich einen riesigen Berg Wurstsalat mit Käse.

»Ich mag gar keinen Käse«, gesteht Frieda, nachdem wir uns begrüßt haben. »Den bestelle ich nur für den Hund.« Ich kichere. Begrüße meine Jungs, die im Gastraum und hinter dem Tresen wirbeln und setze mich dann zu Frieda. Earl verlangt sofort, auf meinen Schoß zu sitzen, Mudel besetzt den Platz neben mir auf der Holzbank, die Rolf und Chris im Shabby Schick weiß gestrichen haben. Bequem ist das Teil nicht wirklich, sieht aber toll aus. Ich lasse den Blick schweifen und staune wieder einmal, was meine Lieblingsmänner aus dem einst kahlen Gastraum des Vereinsheims gemacht haben. Chris hatte völlig freie Hand. Und hat die auch genutzt. Als Hommage an die Schrebergärtner wurden die Wände in einem sanften Grün gestrichen. Die zum Teil schon recht verblichenen Fotos der schönsten Gärten, die jedes Jahr vom Vorstand gekürt werden, hat Chris ebenso wie die Porträts der Vorsitzenden in kleine Goldrahmen gefasst, die eine Wand fast komplett bedecken. An den anderen Wänden hängen Ölschinken, die überall anders als absoluter Kitsch gelten würden, hier aber irgendwie passen. Die einfachen Holztische und typischen Gasthausstühle, die hier noch vor zwei Jahren standen, haben die Jungs nach und nach durch Flohmarktkäufe ersetzt. Jetzt stehen Bistrotische neben alten Gartenstühlen, bequeme Sessel neben aufgemotzten Tischen aus der Gründerzeit. Die zum Erbarmen hässlichen Kupferlampen sind Geschichte, an ihrer Stelle hängen jetzt Kronleuchter. Es gibt eine »Hundebar« mit Näpfen für Wasser und Futter nebst Ruhekissen (die allerdings meistens von Mudel und Earl belegt sind) und eine Spielecke, die durch einen mit üppigen Rosen bestickten Paravent vom Rest der Gaststube abgetrennt ist. Hier parke ich Zitas Kinderwagen. Der Laubenpieper ist eine Mischung aus gemütlichem Café, Omas guter Stube und Vereinsheim der ganz anderen Art. Auf jedem Tisch steht ein anderes Blumenarrangement, Frieda und ich haben heute weiße Nelken vor uns.

Während Frieda den Käse von der Wurst trennt, begrüße ich die Jungs. Beide nehmen mich ganz fest in den Arm. Und ich fühle mich sofort fantastisch. Die beiden sind meine Familie, der Laubenpieper irgendwie mein Zuhause. Und die Pommes hier sind sowieso unvergleichlich gut. Nämlich selbst gemacht nach einem geheimen Geheimrezept. Rolf verspricht mir, dass innerhalb kürzester Zeit Pommes mit einem saftigen Steak für mich fertig sind. Ich bestelle ein Bier dazu und setze mich zu Frieda. Während sie abwechselnd sich (mit Wurst) und Lude (mit Käse) füttert, erzählt sie mir ein paar Erlebnisse von heute. Von der Seniorin, die jeden Tag kommt, nie etwas kauft, aber immer ein, zwei Euro ins Sparschwein neben der Kasse wirft, nachdem sie mit Frieda geplaudert hat. Von dem allein erziehenden Vater, der sich die Haare selbst schneidet, damit er ab und zu ein gebrauchtes Spielzeug für seine Tochter kaufen kann. Oder von der schwer kranken Frau, die immer mal wieder mit zwei Tüten kommt um Sachen zu spenden, damit die Angehörigen nach ihrem Tod weniger Arbeit mit dem Hausrat haben. Ich muss schlucken.

»Und geht es verdammt gut«, sage ich und meine das so. »Auch wenn manchmal was schiefläuft.«

»Stimmt.« Frieda bricht ein Stück Bauernbrot ab und tunkt es in die Salatsauce. »Und dir geht's gleich noch besser.« Sie zwinkert mir zu und nickt mit dem Kopf Richtung Tür.

Ich folge ihrem Blick. Marcel ist da, mit Mirabelle, die sich eng an ihn drückt. Die Hündin schaut mit ihrem einen Auge vorsichtig in die Runde. Als Earl sie erschnuppert, gibt es kein Halten mehr, und der Mops springt von der Bank, quietscht kurz, humpelt zu Mirabelle und begrüßt seine Freundin nach Hundeart.

»Hast du dir wehgetan?« Marcel beugt sich zu Earl und hebt ihn vorsichtig hoch. Der schlabbert begeistert dessen Gesicht ab. Es gibt Momente, da möchte ich ein Mops sein! Marcel betastet Earls Beinchen und setzt ihn wieder ab. Nach zwei unsicheren Schritten ist die Plattnase wieder ganz normal unterwegs. Marcel kommt zu uns. Mirabelle verkriecht sich sofort unter der Bank.

»Da bleibt die jetzt den ganzen Abend liegen«, sagt ihr Herrchen. Scheinbar ist der Platz da unten ansteckend, denn die drei Hundejungs quetschen sich zu ihr, verknubbeln sich ineinander und fühlen sich wohl. Frieda und ich bekommen beide ein Küsschen zur Begrüßung. Das heißt, ich bekomme drei. Zwei auf die Wange und eins auf den Mund. Marcel nimmt mein Gesicht zwischen seine Hände.

»Hallo«, haucht er. Ich schmelze, als Marcel sich wie selbstverständlich neben mich setzt und meine Hand in seine nimmt. Und fahre dann vor Schreck zusammen. Hinter Marcel taucht ein mir sehr bekanntes Gesicht auf. Arne!

»Das ging ja schnell«, sagt der tonlos.

Ich schlucke trocken. Mache den Mund auf. Wieder zu. Und spüre, wie tausend bewaffnete Giftameisen durch meine Blutbahnen rennen. Denn der Vater meiner Tochter ist nicht allein. Freddy begleitet ihn.

»Gleichfalls«, knurre ich und recke das Kinn vor. Frieda ist so fasziniert von der Situation, dass sie mitten in der Luft aufgehört hat, die Gabel zum Mund zu führen. Ein Stück Schwarzwurst fällt zurück auf den Teller.

»Wer ist das?«, fragen Arne und Marcel gleichzeitig.

»Das … das ist … Zitas Vater«, erkläre ich Marcel. »Und das … das ist … Marcel.« Letzterer scheint noch immer tiefenentspannt und streckt Arne seine freie Hand über den Tisch hinweg hin. Der ist so perplex, dass er einschlägt.

»Freut mich«, strahlt Marcel und schüttelt auch Freddys Hand. Die legt nun ihrerseits die Hand auf Arnes Schulter.

»Wir wollten nur zwei Bier bestellen«, erklärt sie ein bisschen zu scharf für meinen Geschmack. »Wir sitzen draußen.«

»Aha«, mache ich.

»Schönen Abend«, knurrt Arne.

»Gleichfalls«, motze ich zurück.

Als die beiden bei Chris, der professionell freundlich bleibt, bestellt und sich mit zwei Flaschen Bier nach draußen verzogen haben, sieht Marcel mich fragend an.

»Seid Ihr nicht so gut aufeinander zu sprachen?«

»Könnte man so sagen«, mischt sich Frieda ein, die nun doch weiter essen kann.

»Lass uns über etwas anderes reden«, schlage ich vor. Chris schickt mir einen sehr, sehr fragenden Blick. Ich versuche, mit den Augen zu antworten. Keine Ahnung, ob er mich versteht, aber er verschwindet in der Küche, von wo ein paar Minuten später Rolf mit drei Spezialburgern zu uns an den Tisch kommt.

»Endlich Pause.« Seufzend lässt er sich auf einen Stuhl, den sein Mann hellblau aufgepolstert hat, fallen und stellt mir und Marcel je einen Burger hin. Er sagt erst mal nichts, sondern haut die Zähne in das frische Rindfleisch, das in einem Körnerbrötchen steckt. Mit einem Salatblatt im Mundwinkel legt er den Kopf schief. Ich schüttle unmerklich den Kopf und genieße das sanfte Gefühl von Mayonnaise an meinem Gaumen.

»Wirklich lecker«, lobt Marcel und beißt herzhaft in den gerösteten Speck.

»Danke.« Rolf strahlt ihn an. »Eigenkreation.«

»Sehr gelungen«, lobt Marcel zurück. Wenn das so weitergeht, dann schleimen die beiden sich hier noch komplett voll. Wird Zeit, dass ich mich einmische. Schließlich habe ich mit dem Chef des Hauses was zu besprechen.

»Duhuuuuu«, flöte ich, als Rolf das letzte Stück Fleisch vertilgt hat.

»Aha.« Rolf verdreht die Augen. »Wusste ich es doch.«

»Was?«, frage ich möglichst unschuldig und klimpere mit den Augen.

»Du brauchst gar nicht mit den Augen zu klimpern«, lacht Chris, der, da alle Gäste versorgt sind, sich auch eine kurze Pause gönnt.

»Mach ich doch gar nicht.« Ich versuche, empört zu klingen. Rolf wendet sich an Marcel.

»So guckt sie immer, wenn sie was will.«

»Du bist doof«, scherze ich und muss lachen.

»Also?«

»Ja, also. Das ist so. Da ist doch hinter dem Laubenpieper dieser olle Lagerschuppen.«

»Ja, der ist da.« Chris sieht zu Rolf.

»Und da ist doch nichts Wichtiges drin, oder?«

»Nein, nur jede Menge Schrott und Sperrmüll.« Rolf verschränkt die Arme vor der Brust und starrt mich an.

»Und das kann weg, oder?«

»Sag bloß, du willst bei uns aufräumen?« Chris lacht. »Das wäre eine Sensation.«

»Ja, nein, schon irgendwie. Ich meine ... Könnte ich den Schuppen mieten?«

Chris verschluckt sich. Rolf klopft ihm auf die Schulter. »Wozu?«

»Für das Hundeschwimmbad. Der ist groß genug, hat Strom, Wasseranschluss und ist so weit dicht«, rattere ich los. Meine Jungs sehen sich an. Dann schüttelt Rolf den Kopf. Mein Herz rutscht in die Hose.

»Nein?«, flüstere ich zaghaft.

»Nein. Den kannst du nicht mieten«, bekräftigt nun auch Chris. Haben die beiden eigene Pläne? Wollen sie die Wirtschaft erweitern?

»Oh.« Tränen schießen mir in die Augen. Peng. Bumms. Aus der Traum.

»Den kannst du einfach so haben.« Rolf lässt seine perlweißen Zähne sehen. »Von dir nehmen wir ganz bestimmt kein Geld dafür, dass du unserem Earl helfen willst.«

Es dauert einen Moment, bis bei mir der Groschen fällt. Dann springe ich auf und jubele. Die anderen Gäste sehen mich irritiert an, aber das ist mir egal. Als ich um den Tisch herumsause und meine Jungs in die Arme nehme, werden die Hunde wach. Es folgt ein ordentliches Tohuwabohu, von dem auch Zita wach wird. Kurz überlege ich, sie dem Kindsvater draußen im Biergarten zu übergeben. Dazu komme ich aber nicht, weil Marcel das Baby schon im Arm hat und bei

Chris einen frischen Schoppen ordert. Und eine Flasche Prosecco obendrauf. Schließlich haben wir ein bisschen was zu feiern. Unter anderem auch das: ich habe meine Tante Trude angerufen. Seit sie mit meinem ehemaligen Chef verbandelt ist, reist sie nicht mehr so viel um die Welt. Und tatsächlich, sie kann meinen Etat aufstocken. Vorausgesetzt, ich benenne wenigstens eine Ruheliege nach ihr. Und vorausgesetzt, ich investiere tatsächlich das Geld, welches ich von Earls kurzer, aber heftiger Modelkarriere nach dem Auftritt in einer Quizsendung (bei der ich mich vor der ganzen Nation blamiert hatte) gespart habe. Und vorausgesetzt, ich schließe gleichzeitig einen Bausparvertrag für Zita ab. Das berichte ich meiner Truppe in aller Kürze. Frieda klatscht begeistert in die Hände, Marcel sieht mich ein bisschen stolz an. Ich spüre, wie die Blubberbrause in meinem Bauch ankommt und die fiesen Beißameisen weniger pieken. Für den Moment fühle ich mich ganz gut und kann sogar verdrängen, dass da draußen mein Arne mit Freddy sitzt und die laue Stuttgarter Nacht genießt.

Oder auch nicht, denn als wir eine gute halbe Stunde später aufbrechen, ist der Biergarten bis auf ein wild knutschendes Paar verwaist. Marcel bringt Lude und Frieda nach Hause, ich werde von Chris chauffiert. Die Hunde und Rolf übernehmen das Aufräumen. Vor unserem Haus verabschiedet sich mein Lieblingsnachbar allerdings auf einen Absacker. Wo er hin will, sagt er nicht, aber es ist mit Sicherheit eine Kneipe, in der es eher weniger Frauen gibt. Ich gönne es ihm und ich weiß, dass er – im Gegensatz zu Arne – seinem Mann treu ist.

Ich wuchte Zita in ihrer Babyschale die Treppe hinauf. Kurz vor unserem Stockwerk geht das Licht im Flur automatisch aus. Ich tapere im Dunkeln weiter. Und schreie laut auf, als ich eine Gestalt sehe, die sich an unsere Wohnungstür lehnt.

»Nur keine Panik«, sagt die Gestalt und drückt auf den Lichtschalter. Das dämmerige Licht flammt auf.

»Freddy?«

»Höchstselbst.« Sie stößt sich von der Wand ab. »Wir sollten uns mal unterhalten.«

Gestatten,

Earl, der Frauenversteher! Nein, ich meine nicht die Zweibeiner. Was in deren frisierten Köpfen vorgeht, wird mir ein ewiges Rätsel bleiben.

Ich rede von Mirabelle. Ich weiß genau, was sie mag. Sie liebt es, wenn ich an ihrem Schlappohr knabbere. Dann schließt sie genüsslich ihr eines Auge und brummt zufrieden. Sie mag Käse. Pommes nicht wirklich, frisst sie aber auch. Sie mag es gerne, wenn ich an ihrem Popo schnuppere. Was ihr nicht so gut gefällt: wenn ich ihr in den Schwanz zwicke. Ich kann aber manchmal nicht anders, wenn sie so verlockend damit wedelt, dann muss ich da einfach dran. Ist so.

Tanja ist total verwirrt. Ich auch. Ich kapiere jetzt nicht mehr, wer mit wem. Sie hat ein neues Männchen. So ein bisschen. Also das Herrchen von Mirabelle. Ich finde das ja prima, wenn dieser Marcel öfter kommt. Dann würde ich Mirabelle öfter sehen. Andererseits fehlt mir Arne schon ein bisschen. Der hat mit Freddy ja ein Weibchen, das super nach fremdem Viechzeug riecht. Auch spannend.

Ich bin wirklich gespannt, welche Paarungen es bei den Zweibeinern noch gibt. So lange Rolf und Chris sich immer das Körbchen teilen, soll mir alles recht sein. Vor allem, wenn ich Käsekuchen bekomme. Das ist durch nichts auf der Welt zu toppen. Nicht mal durch Wurstsalat oder durch Rolfs Burger.

Zehn

>»Ein Mops passt zu jedem: alt, jung, sportlich oder eher gemütlich, reich oder arm, mit riesiger Villa oder kleiner Wohnung. Die Frage ist nur – ob jeder Mensch auch zum Mops passt?«
>*Natascha Rosner*

Ich bin so perplex, dass ich Friederike in die Wohnung lasse. Zita stelle ich ganz vorsichtig an der Garderobe ab. Jetzt habe ich zum ersten Mal Gelegenheit, mir diese Freddy ganz genau anzusehen. Sie sieht in der Tat fantastisch aus. Weit jünger als zweiundvierzig. Was vielleicht auch am Outfit liegt. Die hautenge Jeans jedenfalls sitzt wie angegossen, und unter dem bedruckten Shirt zeichnen sich perfekte Brüste ab. Sie trägt keinen BH, wie ich ein bisschen neidisch feststelle. Wenngleich sich um die Augen schon einige Fältchen eingegraben haben und sie den leisen Ansatz eines Doppelkinns hat. Ansonsten kann ich leider keinen Makel an ihr entdecken. Sie sieht angezogen noch besser aus als nackt.

»Süß«, sagt Freddy mit einem Blick auf den Maxi-Cosi, in dem Zita mit geballten Fäustchen schlummert. Ich muss ihr Recht geben.

»Ich störe hoffentlich nicht?«, fragt meine ungebetene Besucherin und lächelt. Was gar nicht so unsympathisch aussieht. Leider.

»Naja«, gebe ich zu. Tatsächlich stört sie nicht, mein Plan für heute war: ab auf die Couch, Hausfrauenfernsehen gucken. Da kann ich mich genauso gut mit der Geliebten meines Freundes unterhalten, beschließe ich. Ist ja auch irgendwie wie RTL zwei.

»Es ist ja noch nicht so spät«, schiebt Freddy nach. Auch da kann ich ihr nicht widersprechen und bitte sie in die Küche. Wohnzimmer wäre mir dann doch irgendwie zu intim.

»Hübsch hier«, sagt sie und setzt sich ungefragt an den Tisch, lässt den Blick schweifen und streicht sich eine der knallrot gefärbten Strähnen hinters Ohr. Ob sie schon mal schauen will, wo sie und Arne künftig ihr Liebesnest haben? Mir wird flau, und ich merke, wie da wieder ein paar Ameisen in meinen Gedärmen auftauchen. Ich atme sie weg, gehe zum Kühlschrank und stelle schweigend eine Flasche Bier vor Freddy. Mit Ploppverschluss. Wir öffnen die Flaschen beinahe synchron. Das Geräusch scheint in der Wohnung widerzuhallen. Ich nehme einen großen Schluck und lehne mich gegen die Spüle. Freddy trinkt zögernd und wischt sich mit dem Handrücken über den Mund.

»Also?«, frage ich schärfer als beabsichtigt. Eigentlich wolle ich ganz cool sein. Frau von Welt und so. Aber die Ameisen haben definitiv etwas dagegen.

»Es geht um Arne.«

»Wer hätte das gedacht.« Ich klinge pampig, und das weiß ich auch. Aber ich muss hier keine Sympathiepunkte sammeln! »Wo ist er?«

»Bei mir.«

Das ist der Moment, in dem ich mich entscheiden muss. Kloppe ich ihr die Bierflasche auf den Kopf, schütte ich ihr das Gebräu ins Gesicht, schreie ich los oder spüle ich die Ameisen mit Alkohol weg? Ich tue nichts davon, sondern starre mein Gegenüber einfach an. Am besten, ich lasse sie reden. Deswegen ist sie ja hier. Oder will sie seine restlichen Sachen abholen? Mir wird wieder flau. Freddy nimmt noch einen großen Schluck Bier. Dann stellt sie die Flasche vor sich und knipselt am Etikett. Ist sie nervös?

»Das ist eine ganz blöde Situation«, sagt sie schließlich. Da kann ich ihr nur zustimmen. Ich nicke. Was sie wohl als Aufforderung versteht. Bis sie das Etikett komplett abgepult hat und kleine Papierschnipsel auf dem Tisch liegen, kenne ich ihre Version der Geschichte. Und habe keine Ahnung, was ich davon halten soll.

Laut Freddy sind sie und Arne sich zum ersten Mal an der Uni begegnet. Eigentlich hat Swantje ihn zuerst kennengelernt und sich Hals über hübschem Kopf in ihn verknallt. Was Arne nicht gemerkt hat oder merken wollte, weswegen Swantje sich dann doch eher den Erstsemestern zugewandt hat. Durch Maja, die bereits in Freddys Tutorengruppe und zu einem Schnupperpraktikum in der Wilhelma war, kam dann auch Arne dazu. Die beiden haben sich auf Anhieb gut verstanden. Er ist ja auch ein klasse Typ. Und auch da kann ich sie verstehen. Er sieht ja außerdem verdammt gut aus. Ist so.

Aus der Lerngruppe wurden schnell gute Kumpels. Und weil zum Studieren auch das Feiern gehört, verlegte das Quartett seine Lerneinheiten immer öfter in die Kneipe.

Meine Frage, ob sie sich denn nicht zu alt für so was findet, schlucke ich mit Bier runter.

Wie das halt so ist – laut Freddy – kam man dann natürlich auch privat ins Gespräch. Tauschte sich aus. Über ihren Ex (den Mechaniker, was ich ja von den Jungs weiß, meinem Gegenüber aber nicht sage). Über den Neuen und bald wieder Abgeschossenen von Swantje. Über Majas Schwärmerei für einen Türsteher. Und über mich.

»Aha«, kann ich mir dann doch nicht verkneifen zu sagen. Freddy scheint mich gar nicht zu hören, sondern starrt weiter auf die ziemlich nackte Flasche. Ihre Hände schwitzen, sie hinterlassen Schmierstreifen auf dem braunen Glas.

Wie das halt so ist – laut Freddy – kam es dann irgendwann, wie es kommen musste. Zu viel Alkohol, zu viel gute Musik, zu viel Liebeskummer. Sie landete in Arnes Armen.

»Tja.« Sie schweigt.

Ich auch. Was soll ich sagen? Dass ich wissen will, was noch passiert ist? Dass ich andererseits gar nicht wissen will, was sonst noch passiert ist?

»Tut mir irgendwie echt leid.« Freddy sieht mich an. In ihren Augen glitzern Tränen. Kann aber auch der Alkohol sein.

»Es tut dir leid?« Ich bin baff.

»Ich habe gewusst, dass Arne eine Freundin und ein Baby hat. Ich hätte ihm den Kopf waschen sollen.«

Klingt ehrlich. Also beschließe ich, auch ehrlich zu sein. »Stimmt«, schießt es aus mir raus. »In deinem Alter sowieso.«

Freddy legt den Kopf schief. »Werd du mal vierzig. Dann reden wir weiter.« Irgendwie klingt sie wie meine Tante Trude.

»Krieg du erst mal ein Kind, dann reden wir weiter«, blaffe ich sie an. Ihr Blick wird grau. Fast unmerklich schüttelt sie den Kopf. Dann steht sie auf.

»Ich wollte dir nur sagen, dass Arne dich liebt. Und das Baby.« Ohne ein weiteres Wort verlässt sie die Wohnung, und ich starre Minuten lang auf die Tür. Arne liebt mich. Und das Baby. Warum zum Geier ist er dann nicht hier?

Die Frage kann meine Tochter mir auch nicht beantworten. Aber sie kann mit mir kuscheln. Mit dem süß duftenden Baby neben mir schaffe ich es, doch eine einigermaßen ruhige Nacht zu haben. In die Marcel mich mit einer SMS verabschiedet hat. »Küsschen für Prinzessin Zita und ihre süße Mama.« Dieses Mal schreibe ich zurück: »Nächstes Mal musst du dann mit der Kutsche zu den Hoheiten kommen.« Von Arne höre ich nichts, und das finde ich ganz gut so. Im Moment. Ich muss meine Gedanken sortieren und die tausend Fragen, die ich habe.

Die sich am nächsten Morgen leider nicht in Luft aufgelöst haben. Dafür finde ich an der Wohnungstür einen Beutel mit zwei Croissants und einer Nachricht von den Jungs. »Tauschen Baby gegen Mops« hat Chris mit rotem Stift gemalt, dazu jede Menge Herzchen. Noch im Schlafanzug mit der ziemlich verpennten Zita auf dem Arm klopfe ich gegenüber. Rolf macht auf und strahlt mich an. Wie kann der um diese Uhrzeit schon so frisch aussehen? Oder sind das die Postboten-Gene, die ihn im gefühlten Morgengrauen bereits strahlen lassen?

»Guten Morgen, Prinzessin!« Und gute Laune hat er auch schon. Zita auch, als er sie auf den Arm nimmt. Mein

Babygirl strahlt ihren Zweitpapa an und juchzt, als Drittvater Chris sie in der Küche abbusselt.

»Du kannst natürlich auch bei uns frühstücken«, grinst Rolf mich an.

»Guter Plan, bei mir ist noch kein Kaffee in Sicht«, gebe ich zurück und pfriemele noch im Stehen ein Croissant aus der Tüte. Im Handumdrehen stehen ein Teller und eine Tasse heißer Koffeinbrause vor mir. Nach dem ersten Schluck sieht die Welt schon ein bisschen besser aus.

»Ich hatte gestern noch Besuch«, teile ich den beiden möglichst unbeteiligt mit. Chris wird sofort hellhörig und lässt ein »Oooooh là là« hören.

»War's schön?«, erkundigt sich Rolf und macht einen Kussmund.

»Eher nicht. Damenbesuch. Von Freddy.«

»Was?«, rufen beide wie aus einem Mund.

»Die?«, schiebt Chris nach und beugt sich über den Tisch, als könnte er auch nur ein Wort verpassen. Rolf schüttelt den Kopf.

»Was wollte die?«

»Reden. Glaube ich. So wirklich kam da aber nichts«, gebe ich zu und serviere den beiden die Kurzfassung.

»Hä? Das war alles?« Chris sieht mich ratlos an.

»Da ist doch was im Busch«, kommentiert sein Mann.

»Das befürchte ich auch«, muss ich gestehen.

»Meinst du, die ist schwanger?« Chris bringt den kleinen Gedanken, den ich gestern verdrängt habe, auf den Punkt.

»Ich hoffe nicht.«

»Naja, immerhin tut es ihr ja leid.« Rolf beißt herzhaft in sein Marmeladebrötchen. »Fragt sich nur, was genau.«

»Und Arne liebt dich. Sagt sie. Und unser Zuckerbaby.« Chris kratzt sich am Kopf. »Kann es sein, dass sie ihn aus der Beziehung rausquatschen will?«

Das verstehe ich nicht. Und frage nach. »Na, vielleicht macht sie einen auf Mitleidstour. Gibt ja so Frauen, die jammern, weil andere was haben, so lange, bis die dann sagen: Okay, schenk ich dir, kannste haben.«

Ich muss lachen. »Arne ist doch keine Handtasche oder Pulli!«

Chris zuckt mit den Schultern.

»Wir werden sehen«, sagt Rolf. Sieht auf die Uhr und rückt mit dem Tagesplan raus. Der so aussieht, dass die Herren sich mit Mademoiselle Zita und Mudel in die Wilhelma begeben. Der etwas fußlahme Earl soll mich in die Laubenkolonie begleiten. »Du kannst ja schon mal anfangen, den Schuppen zu räumen«, sagt Rolf und schiebt mir einen antiquarisch aussehenden Schlüssel hin.

»Oooookay.« Ich bin nicht gerade begeistert, mich allein in den Müllberg zu begeben, den ich hinter den Türen vermute. Aber da ich den Raum umsonst bekomme, kann ich schlecht meckern.

»Bei den schweren Sachen helfen wir dir dann schon«, tröstet mich Rolf.

»Und wenn Zita will, dann kriegt sie auch einen Plüschpinguin.« Chris strahlt. Ich weiß, dass er schon ganz genau weiß, welches Stofftier er für meine Tochter am Zookiosk kaufen will. Und dass er, wenn er schon mal dabei ist, gleich noch ein, zwei weitere mitnimmt. Für sich. Oder die Hunde.

Während die Truppe voller Elan Richtung Zoo aufbricht, lassen Earl und ich es gemütlich angehen. Das heißt – eher lustlos. Denn auf Aufräumen habe ich so was von keine Lust. Der Mops lässt sich von meiner Trägheit anstecken und gähnt demonstrativ, als ich ihn aus dem Wagen hebe. Dann trottet er langsam neben mir her zum Laubenpieper. Kurz wedelt er mit dem Ringelschwanz, aber als er begreift, dass wir nicht in die Gaststätte gehen, wirft er mir einen empörten Blick zu. Trotzdem kommt er mit, setzt sich neben mich, während ich mit dem rostigen Vorhängeschloss kämpfe, und sucht sich dann seufzend einen Platz. Er entscheidet sich für einen Stapel Stuhlkissen, die direkt neben der Tür liegen. Ich ahne, dass er sie sehr, sehr lange nicht verlassen wird.

»Du könntest ruhig helfen«, sage ich zum Hund, als ich nach dem Lichtschalter suche. Ich finde ihn nicht. Dann erinnere ich mich, dass Rolf eine Schnur betätigt hat. Und tatsächlich, als ich an einem ausgefransten Seil ziehe, flammt das Licht auf. Spärlich, aber immerhin haben wir Strom. Nachdem ich die Tür komplett aufgestoßen, mich zum Fenster durchgeschlängelt und den quietschenden Fensterladen geöffnet habe, kann ich sehen. Zu gut für meinen Geschmack. Ich will den Müllberg gar nicht sehen.

»Schöner Scheiß!«

»Nicht alles«, sagt eine Stimme. Ich fahre herum, stoße mir dabei den Zeh am Griff einer umgekehrt liegenden Schubkarre und schreie auf. Vor Schreck. Und vor Schmerz.

»Was machst DU hier?«

»Helfen.« Arne zuckt mit den Schultern und grinst schief.

»Woher weißt du, wo ich bin?«, frage ich tonlos, obwohl ich die Antwort bereits kenne.

»Von Chris.« Arne beugt sich zu Earl und verpasst dem Hund eine große Streicheleinheit. Ich würde Arne gerne was verpassen. Aber erstens kann ich mit dem pochenden Zeh nicht schnell genug auf ihn losstürmen. Und zweitens kann ich wirklich Hilfe gebrauchen, um die gesammelten Teile aus Jahrzehnten irgendwie zu bändigen. Auch wenn ich auf Arne gerne verzichtet hätte.

»Waffenstillstand«, schlage ich vor.

»Haben wir Krieg?« Arne sieht mich aus großen Augen an.

»Nein. Und das soll auch so bleiben.«

Er nickt, und ich füge hinzu: »Kein Wort über uns. Nicht hier. Nicht jetzt.«

»Einverstanden«, kommt als Antwort. Dann krempelt Arne die Ärmel seines eng sitzenden Shirts hoch. In meinem Herzen gibt es einen kleinen Stich, als ich seine Muskeln sehe. Ich schlucke trocken, während Arne sich einen ersten Überblick über das Chaos verschafft. Ich muss gegen Tränen anblinzeln, als sein Aftershave wie eine lockende Duftwolke an meiner Nase vorbeizieht.

»Hast du schon einen Plan?«, fragt er mich schließlich. Ich muss verneinen. Und stimme dann zu, als Arne das »Drei-Haufen-System« vorschlägt. Einer für Müll. Einer für Verkäufliches. Einer für alles, was man noch gebrauchen kann und behalten will. Klingt simpel. Ist aber enorm anstrengend. Wir arbeiten schweigend, nur dann und wann ist ein Stöhnen (bei schweren Sachen) oder Husten (bei all dem Staub) zu hören. Bei all dem Chaos habe ich nicht viel Zeit zum Nachdenken. Und das ist ganz gut so, denn sonst wäre ich traurig. Weil wir uns ohne Worte bei der Arbeit ergänzen. Wie es sein sollte bei einem Paar. Nach zwei Stunden bin ich schweißgebadet, Arnes Haare stehen wild vom Kopf ab, und unter seinen Achseln haben sich große Ränder gebildet. Wir haben noch nicht mal ein Drittel des Schuppens geräumt, und schon türmt sich ein enormer Berg aus Müll vor der Tür.

»Pause«, sage ich außer Atem und hole im Laubenpieper zwei Literflaschen Wasser für uns und eine Wurst für Earl. Die innerhalb weniger Sekunden im Mops verschwindet, der sich daraufhin in der Sonne zusammenrollt und weiterschnarcht.

»Das geht so nicht«, beschließt Arne und tippt auf seinem Mobiltelefon herum. »Wir brauchen einen Container.«

Hat er tatsächlich »Wir« gesagt? Vermutlich ja, denn er bestellt bei einer Verwertungsfirma einen Container, der schon morgen geliefert werden soll. Ich wage nicht zu fragen, was der Spaß kostet und widme mich lieber den beiden anderen Haufen. Der mit Abstand kleinste ist derjenige mit Dingen, die man noch gebrauchen kann. Das sind genau zwei Klappstühle, die nur ein bisschen Farbe benötigen. Der Stapel für den Flohmarkt, den ich veranstalten will, ist auch nicht viel üppiger. Noch nicht, spreche ich mir selbst Mut zu. Vielleicht findet sich ja noch das eine oder andere Schätzchen. Im Fernsehen entdecken die Leute ja immer ein kleines Vermögen zwischen all dem Krempel.

»Wenn einer auf antiken Gartenquatsch steht, wird der

hier glücklich«, sagt Arne und setzt sich in einen der Klappstühle.

»Ich wüsste nicht, was man mit rostigen Sensen anfangen kann«, stöhne ich. Mein Rücken schmerzt, und die Muskeln in meinen Oberarmen rufen nach Feierabend.

»Deko.« Arne leert seine Flasche fast in einem Zug.

Ich muss lachen. »Chris wird ausflippen, stimmt. Da hat er Material für die nächsten paar Jahre.«

Arne lacht. Und in dem Moment ist alles irgendwie gut. Ich schließe die Augen und genieße die Sonne auf meiner Haut. Fast wäre ich eingenickt, aber Earls wildes Kläffen schreckt mich auf. Ich blinzele gegen das Licht. Der Mops bellt einen Typ mit Aktentasche an, der an der geschlossenen Tür zur Gaststätte rüttelt.

»Heute Ruhetag!«, ruft Arne. Der Kerl fährt herum. Es ist der Limomann. Ausgerechnet!

»Halten Sie den Hund fest«, brüllt Vogler zurück. In seiner Stimme schwingt Angst mit. »Der greift mich an!«

»Blödsinn«, brülle ich zurück. Zwischen ihm und Earl liegen gut und gerne zehn Meter. »Der sagt nur Hallo.« Das glaube ich allerdings nicht, denn die sonst so süße Plattnase kriegt sich gar nicht mehr ein und stellt die Nackenhaare auf. Verständlich irgendwie, der Mops hat die erste Begegnung mit dem Handelsvertreter ganz bestimmt nicht vergessen.

»Ich zeig Sie an!« Jetzt kreischt der Mann beinahe und hält seine Aktentasche wie ein Schutzschild vor der Brust.

»Der spinnt doch«, raunt Arne mir zu, steht auf und schnappt sich den Mops. Earl gibt sofort Ruhe und kuschelt sich an Arnes Brust.

»Na endlich.« Vogler hat wieder Oberwasser und reckt das Kinn. Nicht sehr sympathisch und ganz bestimmt keine gute Voraussetzung, um ein Geschäft abzuschließen. Arne setzt sich mit dem Mops wieder. Ich wage den Versuch und gehe auf den Limomann zu. Er weicht erst einen kleinen Schritt zurück und schielt zum Hund. Aber der schleckt fröhlich Arnes Hände ab und rollt sich dann in seinem Schoß zusammen.

»Kann ich Ihnen helfen?«, frage ich überaus freundlich. Schließlich habe ich den Jungs schon einmal das Geschäft versaut. Vielleicht ist das also meine Chance, das Ganze wiedergutzumachen.

»Ich wollte zu Herrn Schröder.« Vogler strafft die Schultern. Dann setzt er ein geschäftsmäßiges Lächeln auf. Tatsächlich wirkt er sofort sympathischer. Ein bisschen. Ein kleines bisschen. Aber immerhin.

»Heute ist Ruhetag.«

»Wann ist Herr Schröder denn wieder im Haus?«

Ich kann nur mit den Schultern zucken. »Morgen. Nehme ich an. Es kann auch sein, dass nur sein Mann kommt.«

»Aaaaaha.« Ich kenne diese Reaktion. Dass es offiziell Mann und Mann gibt, ist noch nicht bei allen angekommen.

»Unser letztes Gespräch wurde ja leider etwas abrupt beendet«, fährt Vogler fort.

»Stimmt. Mein Fehler.«

»Das konnten Sie ja nicht wissen«, sagt er und kramt eine schmale Mappe mit dem Logo des Getränkeherstellers aus der Mappe. »Trotzdem wäre es besser, wenn Sie den Hund anleinen.«

Ich habe keine Ahnung, woher seine Phobie gegen Vierbeiner kommt. Und ich muss mir auf die Zunge beißen, um ihn nicht daran zu erinnern, dass er hier auf Privatgelände ist und ich meinen Hund so lange frei laufen lassen kann, wie ich will. Tanja, brav sein, sage ich mir selbst. Also nicke ich nur stumm und nehme die Mappe entgegen.

»Ich habe hier mal ein paar Konditionen ausgearbeitet«, erklärt Vogler. »Wenn Sie das bitte Herrn Schröder weiterleiten könnten?«

Wieder nicke ich und nehme dann noch die Visitenkarte des Limomanns entgegen. Nach einem vorsichtigen Blick Richtung Mops – der eingeschlafen ist – zieht er von dannen.

»Komischer Kauz«, kommentiert Arne und krault Earl am Bauch. Wenn der Mops so auf dem Rücken liegt, die Knautschohren nach hinten geklappt, dann sieht er ein bisschen aus wie ein Marzipanschwein. Ich muss unwillkürlich lächeln. Und zucke dann zusammen, als hinter der Ecke ein markerschütternder Schrei und wildes Kläffen zu hören sind.

»Ach du Scheiße!«, rufen Arne und ich unisono. Er setzt den Hund ab, und wir spurten um die Ecke. Earl hinter uns her. Vogler drischt mit seiner Aktentasche auf Lude ein, der sich in seiner Hose verbissen hat. Der Mops eilt seinem Kumpel zu Hilfe. Vogler kreischt, tritt nach dem Mops. Trifft ihn am Oberkörper. Der Kleine fliegt zwei Meter weit und bleibt dann bewusstlos liegen. Genau neben Frieda, an deren Stirn eine blutende Wunde klafft. Arne gibt Vollgas und holt aus. Ein veritabler rechter Haken. Vogler verstummt auf der Stelle, verdreht die Augen und geht zu Boden. Lude lässt von der Hose ab, guckt einen Moment etwas irritiert und hechtet dann zu seinem Frauchen. Ehe ich Frieda erreiche, hat der Dackel sich auf ihre Brust geworfen und leckt ihr über das blutüberströmte Gesicht.

»Krankenwagen!«, brülle ich Arne an und gehe neben Frieda in die Knie. Arne beugt sich über den Mops und wählt gleichzeitig die Notrufnummer.

»Frieda! Alles wird gut, alles wird gut!« Ich wage nicht, sie zu bewegen, streichele ihr über die Wange, merke nicht, dass meine Finger voll Blut sind. Earl stöhnt. Vogler gibt keinen Ton von sich. Und endlich, endlich, nach einer gefühlten Ewigkeit, ertönt das Martinshorn.

Zur gleichen Zeit sind meine Jungs mit Zita in der Wilhelma unterwegs. Das werde ich aber erst später erfahren. Viel später. Trotzdem ist es jetzt an der Zeit zu erzählen, was das Trio samt Mudel macht, während Arne und ich um Earl und Frieda bangen.

Chris und Rolf sind nämlich auf der Pirsch. Elefanten, Giraffen oder Bonobos stehen dabei nicht auf ihrem Jagdschein. Eher Zweibeiner. Menschliche. Weibliche. Veterinärinnen. Einen wirklichen Plan haben meine Jungs zwar nicht, aber trotzdem starten sie mit bester Laune und einem quietschvergnügten Mudel die Tour durch den Tierpark. Chris fühlt sich wie im siebten Himmel, stehen doch überall quasi berühmte Bäume. Magnolien. Mammutbäume. Und natürlich die historischen Gewächshäuser mit allen möglichen Exoten, bei denen man sich ein bisschen wie im Urwald oder Urlaub fühlt. Die Jungs haben beschlossen, dass es auch für das Baby okay ist, sich mehr Grünzeug als Tiere anzuschauen. Schließlich kommt der Tag, an dem Zita mit der Nase am Aquarium klebt oder sich nicht mehr von den Affen fortlocken lässt und sich nicht die Bohne für das Steckenpferd ihres Ziehpapas interessiert.

Irgendwo bei den historischen Gebäuden im alten Parkteil will Zita gewickelt werden. Und inmitten der Pflanzen, Flamingos und maurischen Gebäude reift der Plan. Das heißt: eigentlich bringt Mudel die beiden auf die Idee. Der Hund nämlich musste in einer der Besucherboxen für Fellnasen am Eingang warten. Was Mudel von einigen Besuchen in der Wilhelma schon kennt, er nutzt die Zeit für ein Nickerchen. Sonst. Heute aber jault und jammert er dermaßen herzergreifend, dass Chris' Handy bimmelt und die Dame von der Kasse ihn dringend bittet, das Tier sofort und auf der Stelle abzuholen.

»Ich glaube, der hat Schmerzen«, sagt die Dame. »Irgendetwas stimmt nicht mit dem Tier.« Im Hintergrund ist das Heulen deutlich zu hören. Und es ist ein ganz spezielles Heulen, das die Jungs sofort erkennen.

»Oha.« Rolf klatscht sich an die Stirn. »Der hat Hunger!«

»Oh nein.« Chris packt hektisch die Wickeltasche zusammen und verstaut Zita im Buggy. »Wir haben sein Essen vergessen!« Earls Sohn sieht zwar nicht ganz so aus wie ein Mops, hat aber in Sachen Essen die Mopsgene komplett geerbt. Und das heißt, dass es fast nichts Schlimmeres gibt als einen leeren Magen. Kein Futter bedeutet große Katastrophe, bedeutet Herzeleid, bedeutet ganze Arien.

Während das Trio durch den Park eilt, hat Rolf die Idee,

nach der die beiden schon die ganze Zeit gesucht haben. Atemlos erklärt er seinem Mann, was er vorhat. Der kann nur mit Mühe und Not ein breites Grinsen unterdrücken, als sie bei der Kasse ankommen, wo eine ziemlich entnervte Kassiererin die Tickets einer Schulklasse entwertet. Über dem Stimmengewusel der Grundschüler kreischt und quietscht es aus den Hundeboxen. Immerhin ist Mudel heute der einzige Gast, sodass nicht noch ein Boxer oder Labrador zu bellen anfangen können.

»Oh du armer Mudel!« Chris geht theatralisch vor der Box in die Knie und öffnet die Tür. Der Hund macht jetzt Geräusche, die irgendwo zwischen ersticken, grunzen und kreischen liegen. Es ist die reine Gier, die aus ihm spricht. Das weiß aber außer seinen Herrchen keiner. Chris nimmt ihn auf den Arm und tröstet ihn hingebungsvoll. Was bei Mudel ein Begeisterungsfiepen zu all den anderen Tönen hinzukommen lässt.

»Weitermachen«, flüstert Rolf seinem Mann ins Ohr, als die Kassiererin die Schulklasse endlich abgefertigt hat und zu den Hundeboxen kommt. Die Dame sieht sehr, sehr besorgt aus.

»Ich weiß nicht, was er hat, auf einmal ging das los.«

»Da können Sie sicher nichts dafür«, beruhigt Chris sie. »Das kennen wir schon. Leider.« Er setzt ein trauriges Lächeln auf.

»Was hat er denn?«

»Patellaluxation im unteren Darmabschnitt mit Verkrustung des Pankreas«, flunkert Chris reinen Blödsinn zusammen, weil das das Erste ist, was ihm einfällt.

»Ach herrje«, sagt die Angestellte. Rolf muss ein Kichern

unterdrücken und schafft es, möglichst ernst zu sagen: »Er muss sofort zu einem Tierarzt.«

»Soll ich ein Taxi rufen?« Die Frau macht sich auf den Weg zum Kassenhäuschen.

»Nein, das dauert zu lange!«, ruft Chris mit Mudel auf dem Arm.

»Dann ... ich weiß auch nicht ...«, stottert die Kassiererin.

»Hier gibt es doch sicher Tierärzte?«, hilft Rolf ihr auf die Sprünge.

»Ach so. Ja!« Jetzt kommt Leben in die Frau, und sie greift zum Telefon. Mudel ist komplett aus dem Häuschen und zwickt Chris mit den Zähnen ins Ohr. Passenderweise schaltet sich nun auch Zita in das Konzert ein. Das Babymädchen hat ebenfalls Hunger. Rolf versucht es mit einem Babykeks, den Zita aber nicht mag. Erst der lauwarme Schoppen beruhigt sie einigermaßen, allerdings trinkt sie so heftig, dass sie nach den ersten paar Schlucken einen weißen Milchstrahl mitten auf den Boden kotzt. Mitten in dieses Chaos erscheint ein junger Mann im Wilhelmaoutfit. Er stellt sich als Alex vor.

»Ich soll Sie abholen.« Er wirkt ein bisschen unsicher, was aber meinen Jungs komplett in die Tasche spielt.

»Wir brauchen dringend einen Tierarzt.« Mudel hechelt auf Chris Arm. Kein Wunder, der Hund hat sich bei seiner Bettelarie komplett ausgepowert. Er wirkt ein bisschen komatös und stößt nun nur noch hin und wieder ein jämmerliches Quieken aus.

Das Trio folgt Alex durch den Haupteingang und am Palmenhaus vorbei über die offiziellen Wege, dann biegt

Alex ab und schließlich erreichen sie das Gebäude, in dem die Krankenstation des Zoos untergebracht ist. Alex öffnet die Tür, lässt erst Chris mit dem vermeintlichen Patienten und dann Rolf mit dem Buggy eintreten. Die Wände sind weiß gekachelt, der Boden ist praktisch grau.

»Wie ein echtes Krankenhaus«, raunt Chris seinem Mann zu.

»Bis auf den Geruch.« Statt nach Sterilisationsmittel riecht es irgendwie ... tierisch. Kein Wunder, in einer der ersten Boxen hockt ein trauriger kleiner Affe, in einer anderen sitzt etwas, das wie ein zu klein geratenes Känguru aussieht. Alex führt die Gruppe in einen Behandlungsraum und bittet sie, kurz zu warten. Im Moment sei kein Arzt frei, es gäbe einen Notfall aus dem Affenhaus. Chris nimmt auf einem schwarzen Drehhocker Platz. Mudel drückt sich ängstlich an ihn. Eine derartige Stahlliege, wie sie in der Mitte des Raumes steht, kennt er von seinem Haustierarzt. Und die bedeutet dort allermeistens einen Pieks. Rolf parkt den Buggy so, dass Chris die Kleine im Blick hat und linst dann in den Flur. Sein Mann nickt ihm aufmunternd zu.

»Bis gleich«, flüstert Rolf und schleicht durch die stählerne Schiebetür. Aus einem anderen Behandlungsraum kommen Geräusche, die definitiv nach Afrika oder in die Tropen gehören. Rolf hastet durch die Gänge. Und sieht, was er sehen wollte.

»Manchmal muss man Glück haben«, sagt er sich selbst. Dann eilt er zurück zu seinem Mann, nickt ihm zu, und die drei verlassen das Gebäude. Gerade noch rechtzeitig, ehe Chris Handy klingelt und Arne ihm die Kurzversion der Ereignisse im Laubenpieper gibt.

Ge ... ge ... gestatten ...
  Earl.
  Kaputt.
  Aua.
  Weh.

Elf

»**Vor mehr als zweitausend Jahren nahm der Mops den Platz an der Seite des Menschen ein. Vieles ändert sich in unserer schnelllebigen Zeit, doch der Mops, mit seinem unverwechselbaren und einfühlsamen Wesen sitzt auch noch heute neben uns. Wie das unsere ist auch ein Mopsleben begrenzt, jedoch ist ein jeder unsterblich – in unserem Herzen.**«
Marc Draw

Piep. Piep. Piep. Der Monitor neben Friedas Bett zeigt Herzfrequenz, Puls, Sauerstoffsättigung an. In ihrem Arm steckt eine Braunüle, durch die klare Flüssigkeit aus dem Tropf in die Venen läuft. Überall sind Kabel. Über ihrem Mund liegt eine Sauerstoffmaske, die fast das ganze Gesicht bedeckt. Meine Freundin ist beinahe so weiß wie das Kissen. Um ihren Kopf ist ein dicker Verband, aus dem ein Schlauch ragt. Immer wieder spült er etwas Blut in einen Beutel.

»Wird sie ... ich meine ... kommt sie durch?« Ich wage es kaum, der Krankenschwester im grünen Kittel die Frage zu stellen.

»Das kann ich Ihnen nicht sagen. Da müssten Sie mit dem Arzt reden.« Die Intensivschwester macht ein paar Notizen in der Krankenakte, die am Ende des Bettes hängt. Dann geht sie zum nächsten Bett, das nur durch einen Vorhang von Friedas Liegestatt abgetrennt ist. Dort liegt ein Mann, mehr tot als lebendig. Tränen schießen mir in die Augen. Ich setze mich auf den harten Stuhl neben Friedas Bett und lege meine Hand auf ihre. Keine Reaktion. Wie auch. Noch scheint die Narkose zu wirken.

»Lude geht es gut«, flüstere ich und streichele die faltige Hand. »Der ist mit Mudel bei Chris. Zita ist auch dort.« Nach unserem Notruf hatte ich sofort die Jungs informiert. Die in Windeseile zum Laubenpieper geeilt waren. Rolf ist mit Arne in die Tierklinik nach Reutlingen gedüst. Earl hat so schwer geatmet und Arne so besorgt dreingeschaut, dass ich mit dem Schlimmsten rechne. Der tapfere kleine Mops hat es nicht einmal geschafft aufzustehen. Die Zunge hing ihm aus dem Maul, und bei jedem Luftholen hat er ein pfeifendes Geräusch von sich gegeben. Die Sanitäter haben sich zuerst um Frieda gekümmert. Ich bin mit ihr im Krankenwagen ins Robert Bosch gefahren. Was ich nur durfte, weil ich behauptet habe, ihre Tochter zu sein. Wegen dieser Lüge weiß ich, dass sie ein Schädel-Hirn-Trauma und eine große Platzwunde hat. Sie ist gestürzt und mit dem Kopf auf einen kantigen Stein geknallt. Den einzigen weit und breit. Nur einen Zentimeter weiter links und es wäre vermutlich nichts passiert, als sie das Bewusstsein verloren hat. Wie es Vogler geht, weiß ich nicht. Und ehrlich gesagt ist mir das in diesem Moment auch herzlich egal. Soll er doch einen gebrochenen Kiefer haben! Sollte Arne angezeigt und verknackt werden, werden Zita und ich ihn alle zwei Wochen in Stammheim besuchen. Aber so weit ist es nicht. Noch lange nicht. Jetzt zählt nur, dass Frieda das Bewusstsein wiedererlangt.

Die Krankenschwester lugt hinter dem Vorhang zu mir.

»Allzu lang können Sie nicht bleiben«, erklärt sie mir und deutet auf die Bahnhofsuhr, die über der Tür hängt. Es ist kurz vor neun am Abend.

»Aber ich ...«

»Sie können heute nichts mehr für Ihre Mutter tun.« Die Pflegerin eilt aus dem Zimmer. Auf dem Gang wird es hektisch, Pfleger und Schwestern scharen sich um das Bett eines Patienten, der eben hereingeschoben wird. Dann erscheint ein Arzt, erteilt mir unverständliche Befehle, das Bett wird weggeschoben. Das hier ist ein Ort, an dem Leben und Tod nebeneinander auf den Besucherstühlen sitzen und Händchen halten. Vielleicht knobeln die beiden, wer welchen Patienten bekommt. Ich hoffe, dass bei Frieda das Leben gewinnt.

Ich weiß nicht, was ich sagen soll und schweige. Die Maschinen pumpen und piepen. Die grelle Neonröhre schickt das kalte Licht in alle Falten, die sich im Lauf des Lebens in Friedas Gesicht gegraben haben. Jede könnte eine Geschichte erzählen, da bin ich mir sicher. Ich mustere meine Freundin. Unter den geschlossenen Lidern bewegt sie die Augen, einen kleinen Moment nur. Irgendwie beruhigt mich das.

»Danke für das Picknick«, flüstere ich. Neben Frieda lag ein umgekippter Korb mit kaltem Hühnchen, frischem Baguette und einer Thermoskanne. »Das war lieb von dir.«

Minutenlang sehe ich auf dem Monitor Friedas Herz beim Schlagen zu. Und spüre, wie der Schock und der Stress langsam von mir abfallen. Ich muss gähnen und lege meinen Kopf neben den von Frieda. Unter der Atemmaske dringt ein kleiner Schwall kalter Luft an meine Wange, jedes Mal, wenn die Maschine Sauerstoff in Friedas Lungen pumpt. Meine Augen fallen zu.

Im Traum kann ich das perfekte Leben haben. Manchmal gelingt es mir, mich an genau die Orte zu träumen, die ich mir beim Einschlafen vornehme. Manchmal auch nicht, und dann lande ich ganz woanders. Manchmal treffe ich im Traum die Menschen, die ich treffen will. Manchmal tauchen ganz andere auf. Die ich auch im Wachzustand nicht sehen will. Und manchmal fühlen sich meine Träume besser an als das echte Leben.

Ich stehe an der Reling eines Schiffes. Es gleitet gemächlich über einen breiten Fluss, der von Weinbergen gesäumt ist. Grüne Rebstöcke, so weit das Auge reicht. Der Himmel zieht langsam sein Nachtkleid an. Über den Bergen sprüht die tief stehende Sonne warme Feuerfunken. Hinter mir liegt Frieda auf einem Deckchair, die Beine in eine weiße Decke gewickelt. Sie liest ein Buch, dessen Titel ich nicht erkennen kann.

Ich winke ihr zu. Sie sieht mich nicht. Ich gehe unter Deck. Weil ich muss. Dort unten in meiner Kabine wartet er. Der Mann. Ich kenne seinen Namen nicht. Aber ich weiß, dass er mein Zuhause ist. Dass ich zu ihm muss. Dass ich ihn erreichen muss, ehe eine andere ihn findet. Sie ist auch an Bord. Ich weiß es.

Ich biege in den ersten Flur ein. Vor mir tut sich ein unendlich langer dunkler Schlauch auf. So schmal, dass meine Schultern beinahe die unzähligen Türen berühren. Eine sieht aus wie die andere. Ich versuche, die Nummern auf den bronzefarbenen Schildern zu erkennen. Aber sie verschwimmen vor meinen Augen. Ich laufe weiter. Und weiter. Komme an eine

Biegung. Wieder Türen. Wieder ein langer Gang. Je weiter ich gehe, desto mehr Türen tauchen auf. Mein Herz klopft wie wild. Ich habe vergessen, wo meine Kabine war. Nach links? Nach rechts? Ich beginne zu rennen, meine Füße fliegen über den dicken roten Teppich. Ich hebe ab. Schwebe, fliege durch Raum und Zeit. Alles wird hell, weiß, am Horizont taucht eine einzelne Tür auf. Sie zieht mich magisch an. Ich erreiche sie, strecke die Hand nach dem Knauf aus. Stoße die Pforte auf. Da steht er, mit dem Rücken zur Tür, und schaut aus einem riesigen Bullauge auf das offene Meer. Langsam, ganz langsam dreht er sich um. Es ist ...

»Sie sind ja immer noch da.« Die Nachtschwester klingt nicht gerade nett. Ich schrecke hoch. Der Traum verpufft im kalten Neonlicht. Ich habe kein Gesicht gesehen.

»Wir müssen Ihre Mutter jetzt versorgen. Sie können nicht bleiben.«

Ich verstehe. Drücke Frieda einen sanften Kuss auf die Stirn und verabschiede mich. »Bis Morgen. Alles wird gut.« Weil es muss, denke ich.

Nach der Hitze im Krankenhaus kommt mir die Nachtluft beinahe kalt vor. Ich fröstele, als ich aus dem Gebäude trete. Vielleicht bin ich auch nur erschöpft. Müde. Hungrig. Rasch schalte ich mein in der Nähe der medizinischen Apparaturen streng verbotenes Handy an. Sieben Anrufe in Abwesenheit. Zwei Mal Marcel, der mir schließlich auch im Namen von Mirabelle eine wunderschöne Nacht wünscht. Ich zögere kurz, ob ich ihn anrufen und berichten soll. Wähle dann aber Arnes Nummer. Er geht nach dem dritten Tuten dran.

»Wie geht's Earl?«, frage ich, ehe Arne auch nur seinen Namen oder Hallo sagen kann. »Kommt er durch?«

»Das weiß ich nicht.« Das ist nicht Arnes Stimme. Hier spricht eine Frau. Ich prüfe, ob ich mich verwählt habe, aber auf dem Display steht eindeutig ARNE.

»Wer ist da?«, will ich mit scharfer Stimme wissen. Ich ahne die Antwort.

»Freddy.«

»Wo ist Arne?«

»Auf dem Klo.«

Ich würde gerne wissen, auf wessen Schüssel er gerade thront. Gebe mich aber betont gelassen.

»Er soll mich sofort anrufen, wenn er seine Sitzung beendet hat.« Dann lege ich ohne ein weiteres Wort auf. Mein Herz schüttet eine ganze Kompanie fieser Ameisen aus, die sich sofort auf den Weg in meinen Bauch machen. Mit zitternden Fingern wähle ich Rolfs Nummer. Es tutet eine halbe Ewigkeit, und gerade als ich denke, dass ich nur die Mailbox erreiche, meldet er sich völlig außer Atem.

»Muss über Nacht beobachtet werden«, keucht Rolf. Der Mops lebt also! Mir fällt ein Brocken vom Herzen.

»Was hat er denn?«

Earls Herrchen, der eigentlich viel eher ein Hundepapa ist, holt tief Luft. »Ich bin gerade heimgekommen. Warte, ich hol den Zettel.« Es raschelt, dann liest Rolf mir die Diagnose vor. Aus meiner Zeit bei der Tierrettung als Arnes Assistentin kann ich rekonstruieren, was mit dem Mops passiert ist. Durch den Tritt wurden zwei Rippen gequetscht, was die hechelnde Atmung erklärt. Außerdem hat er multiple Schürfungen an der dünnen Haut, die vom

Kies auf dem Weg herrühren. Kopf und innere Organe sind zum Glück unverletzt.

»Mit Schmerzmitteln und ganz viel Ruhe wird das wieder gut«, tröste ich Rolf. Ich höre, wie er schluchzt.

»Ich hab solche Angst gehabt«, gesteht er.

»Ich auch. Ich komme jetzt nach Hause.«

»Gut. Das ist gut.« Ich lege auf und gönne mir ein Taxi.

In der WG herrscht bleierne Stille, als ich eine gute halbe Stunde später, zwanzig Euro ärmer und ohne Rückruf von Arne die Tür öffne. Aus den Lautsprechern schwappt der unvergleichliche, unvergessene Leonard Cohen ins Wohnzimmer. Rolf und Chris sitzen eng umschlungen auf der Couch. Chris streichelt seinem Mann über den Rücken. Rolf schluchzt noch immer und hat seinen Kopf an Chris' Hals vergraben. Ich lege den Zeigefinger auf die Lippen, als Chris mich sieht und schleiche ins Kinderzimmer, das nur vom kleinen Nachtlicht erhellt wird. Zita liegt selig schlummernd auf dem Rücken, die kleinen Fäustchen neben dem Kopf geballt. Sie schmatzt leise im Schlaf. Vor dem Bettchen hält Mudel Wache. Er begrüßt mich irgendwie traurig, ganz so, als wüsste er, was mit seinem Vater geschehen ist. Lude hat sich auf das große weiche Spielkissen verzogen und schaut mich aus seinen runden Dackelaugen fragend an. Ich knie mich neben den Hund.

»Deinem Frauchen geht es gut«, lüge und tröste ich. Lude brummt, schleckt meine Hand ab und lässt dann schwer seufzend den Kopf aufs Kissen fallen.

»Tapfere kleine Jungs«, sage ich zu den Hunden und schleiche aus dem Zimmer.

»Das wird schon wieder«, versuche ich zu trösten, als ich mich neben Rolf setze. Er lässt seinen Mann los. Sein Gesicht ist vom Weinen verquollen, die Augen knallrot. Er nimmt mich ganz fest in den Arm.

»Ach, Prinzessin«, sagt er ganz leise. Seine Tränen benetzen meine Wange. Ich habe Mühe, nicht auch zu heulen.

»Das tut mir so, so leid«, gebe ich zu.

»Du kannst doch nichts dafür.« Rolf nimmt mein Gesicht in seine Hände und sieht mich ganz lange ganz intensiv an. »Du hast nichts falsch gemacht.«

»Aber ich hatte die Aufsicht!«

»Noch mal. Du hast nichts falsch gemacht.« Rolf drückt mir einen Kuss auf die Stirn.

»Du kannst nichts dafür, dass der Vogler so eine Arschkrampe ist.« Chris steht auf und kommt bald darauf mit einer Flasche Rotwein und drei Gläsern aus der Küche wieder.

»Was ist eigentlich mit Arne?«, erkundige ich mich vorsichtig, nachdem die Gläser gefüllt sind.

»Der war mit in der Klinik. Und muss morgen zur Polizei.«

»Was?« Ich verschlucke mich.

»Der Vogler hat ihn angezeigt.« Rolf schüttet sein Glas in einem Zug in seine Kehle. Chris schenkt ihm sofort nach.

»Was hat der?« Ich kann nicht glauben, was ich da höre.

»Der Typ hat beinahe Earl umgebracht. Und ich will gar nicht wissen, was er mit Frieda gemacht hat!«

Jetzt bin ich sauer. So sauer, dass auch ich den Alkohol in einem Zug runterkippe.

»Ihr wisst schon, dass das eine dreißig Euro-Flasche ist?«, fragt Chris zaghaft.

»Scheiß drauf. Hol die nächste.« So habe ich Rolf noch nie erlebt. »Schwere Körperverletzung angeblich. Wird eine Menge Ärger geben. Scheißkerl. Armleuchter. Drecksobjekt.«

Chris berichtet, dass der Limomann noch von der Klinik aus die Polizei informiert hatte. Er wurde zwar direkt entlassen und die Behandlung bestand aus einem Coolpack und einem Rezept für Schmerzmittel. Dennoch sei er laut Schilderung gegenüber den Beamten nur knapp mit dem Leben davon gekommen.

»Weiß der eigentlich, dass Frieda und Earl um ihr Leben kämpfen?« Ich balle meine linke Hand zur Faust. Die rechte umklammert das Weinglas.

»Ich glaube, das ist so einem Scheißkerl völlig egal.« Rolf schäumt förmlich. »Und seinen verdammten Vertrag für seine verdammte Limo kann er sich in eine verdammte Öffnung an seiner verdammten Rückseite stecken.«

Da kann ich nur zustimmen. Wir prosten uns zu. Schweigen. Schniefen. Bis mein Handy sich meldet. Es ist Arne. Ich stehe auf und gehe in die Küche. Dann hebe ich ab.

»Das hast du großartig gemacht!«, platze ich raus.

»Was?« Arne klingt verwirrt.

»Dass du dem Widerling eine reingehauen hast. Danke.«

»Ich weiß nicht, ob ich darauf stolz sein sollte.« Arne räuspert sich. Dann fragt er: »Soll ich kommen?«

Soll er? Ja. Es wäre gut, von ihm umarmt zu werden. Nein. Ich weiß, dass er bei Freddy ist.

»Nein, geht schon, ich bin bei den Jungs.«

Eine Weile schweigen wir. Schließlich sagt Arne: »Melde dich, wenn du mich brauchst.«

»Ja«, antworte ich. Dann lege ich auf.

Im selben Moment schellt das Telefon erneut. Dieses Mal ist es Marcel. Mein Herz macht einen Hüpfer. Ich gehe auf den kleinen Balkon, ehe ich abhebe. Die Jungs wissen zwar viel, müssen aber nicht alles mitbekommen.

»Du bist aber schwer zu erreichen«, kommt es vom anderen Ende der Leitung.

»War ein harter Tag«, entgegne ich und grabbele die Notzigaretten aus der kleinen Holzkiste auf dem Fensterbrett. Ich zünde mir eine an und inhaliere den kratzigen Rauch. Ich muss ein bisschen husten.

»Rauchst du?«

»Nein«, lüge ich.

»Magst du erzählen, was so schlimm war?« Marcels Stimme ist sanft. Streichelt meine Seele. Ich lasse mich auf den Balkonstuhl sinken und starre in den Stuttgarter Nachthimmel.

»Bist du noch da?« Marcel klingt besorgt. Und das tut gut.

»Ja. Nur … ich weiß gar nicht, wo ich anfangen soll.«

»Am Anfang?«

»Ich … also … nein. Ich beginne am Ende.«

Marcel lacht leise. Auch das tut gut, irgendwie.

»Dann schieß los.«

»Ich sitze auf dem Balkon in der WG. Und ja, ich rauche.«

»Wusste ich es doch.« Jetzt lacht er schallend. »Was dagegen, wenn ich mir auch eine anzünde?«

Wider Willen muss ich kichern. »Nein.«

Ich höre, wie das Feuerzeug aufflammt. Wie der Tabak knistert, als er am Filter zieht.

»Frieda ist im Krankenhaus«, beginne ich. Und stolpere in einer atemlosen Erzählung durch den ganzen Tag. Marcel lässt mich reden. Sagt nichts. Hört nur zu. Ist einfach da. Und ich kann endlich weinen. Ein bisschen loslassen.

»Puh.« Als ich geendet habe, schweigen wir beide. Minutenlang. Ich zünde mir die nächste Zigarette an und höre, wie auch Marcel noch eine raucht.

»Soll ich kommen?«, fragt er schließlich.

Ich denke nicht nach. Kann nicht mehr denken. Will nicht mehr denken.

»Ja.«

Marcel legt auf, und ich gehe zurück zu den Jungs. Sie sind eingeschlafen. Ich hinterlasse eine kurze Nachricht und sehe noch einmal nach Zita. Mein Baby schlummert selig. Mudel hat sich neben Lude auf das Kissen gequetscht, und die beiden schnarchen Schnauze an Po vor sich hin.

Eine gute Stunde später ist er da. Mirabelle umwuselt meine Beine und wedelt begeistert mit dem Schwanz. Wenigstens ein Wesen mit guter Laune heute.

Marcel sieht mich lange an. Sagt kein Wort. Dann nimmt er mich stumm in den Arm. Ich drücke meine Nase in die kleine Kuhle an seinem Hals. Lasse mich in seinen Duft sinken. Beginne zu schweben. Alles ist gut in diesem Moment, der ewig dauern könnte. Der aber irgendwann zu Ende sein muss. Mirabelle bellt und springt an uns hoch.

»Nicht eifersüchtig sein«, lacht Marcel und streichelt der Hündin über den Kopf. Sie sieht ihn aus dem verbliebenen Auge fragend an. Ich tätschele ihren Rücken. Sie legt den Kopf schief und blickt treuherzig zu mir hoch. Ich gehe in die Knie und umarme die Hündin. Sie brummt zufrieden und folgt mir, als ich ihr ein weiches Kissen in der Ecke zeige. Sie schnuppert es wie wild ab, nimmt den Geruch von Mops und Mudel auf, dann tritt sie vorsichtig darauf, dreht sich dreimal im Kreis und lässt sich mit einem Seufzen sinken.

»Willst du dich auch setzen?« Ich deute zur Couch. Und bin froh, dass ich noch genügend Teelichter in den Schubladen ausgraben konnte, um den Raum mittels Kerzen in ein warmes Licht zu tauchen. Der Badezimmerspiegel nämlich hat eindeutig gezeigt: Tanja hatte einen Scheißtag. Da hat auch ein schnelles Make-up nicht viel geholfen.

Marcel nickt. Mein Angebot, aus der Küche etwas zu trinken zu holen, lehnt er ab. Ich setze mich eng neben ihn, ziehe die Beine aufs Sofa und kuschele mich in seinen Arm. Eine ganze Weile schweigen wir. Marcel haucht mir immer wieder Küsschen auf die Haare. Es tut gut, nicht allein zu sein.

»Mein Vater wollte Frieda demnächst besuchen«, sagt Marcel schließlich. »Der hat sich mächtig gefreut, als ich ihm erzählt habe, dass sie in Stuttgart lebt.«

»Hast du gewusst, dass sie einen Sohn hat?«, frage ich vorsichtig.

»Frieda? Nein. Hat sie nie erzählt. Sie hat ja nie viel erzählt, wenn sie mal zum Stadtfest oder so da war.« Marcel klingt perplex. »Wir dachten, sie hat Karriere gemacht und sich gegen Familie entschieden.«

»So ungefähr.« Ich mag gar nicht daran denken, aber im Fall der Fälle muss der Sohn benachrichtigt werden. Keine Ahnung, wo man den suchen muss. Ich hoffe inständig, dass das nicht passiert. Ich muss gähnen. Marcel greift nach der blauen Kuscheldecke und wickelt mich ein. Drückt mich noch ein bisschen fester an sich. Und gähnt ebenfalls. Irgendwann fallen mir die Augen zu.

Mein Nacken schmerzt, als ich krumm und schief aufwache. Ich will mich strecken, traue mich aber nicht. Ich will Marcel nicht aufwecken, der immer noch seinen Arm um meine Schulter gelegt hat und halb im Sitzen schlummert. Die Teelichter sind niedergebrannt. Nur der schale Mond und die funzelige Straßenlaterne geben ein wenig Licht. Mirabelle ist vom Kissen unter den Couchtisch gewandert. Ihre Schnauze lugt zwischen Marcels Füßen vor. Ich atme ganz tief Marcels warmen Geruch ein. Höre ihm beim Atmen zu. Passe meine Atemzüge an seine an und versuche, diesen Moment festzuhalten. Marcel lächelt im Schlaf. Er schnarcht leise und schmatzt, als ich mich ganz, ganz vorsichtig bewege. Wenn ich so liegen bleibe, bin ich morgen früh schiefer unterwegs als eine sturmgegerbte Weide.

»Unbequem?«, nuschelt mein Kissenersatz verschlafen.

»Bisschen«, flüstere ich. Marcel nimmt den Arm von meiner Schulter. Ich strecke die Beine aus, er macht sich neben mir lang. Gemeinsam ziehen wir an der Decke, bis sie richtig liegt.

»Gute Nacht.« Ein Küsschen auf die Wange. Dann dämmern wir beide Arm in Arm ein.

Mirabelles wildes Kläffen lässt uns beide hochschrecken. Ich knalle mit der Stirn an Marcels Kinn. Mirabelle hat die Nackenhaare aufgestellt, sodass sie aussieht wie ein Wolf.

Sie bellt und knurrt den Mann an, der im Türrahmen steht und eine Brötchentüte in der Hand hält.

Arne.

Er sagt nichts. Sieht mich nur aus großen Augen an.

»Das ist nicht so …!«, will ich rufen. Aber da hat er schon auf kehrtgemacht. Lässt die Bäckertüte fallen und wirft die Wohnungstür mit Schmackes hinter sich ins Schloss.

»Dein Ex?« Marcel reibt sich über das Kinn.

»Ja. Nein. Ich weiß nicht.« Meine Stirn schmerzt.

»Kleine Problemfrau, was?« Marcel grinst mich schief an.

Scheiße, Scheiße, Scheiße. Denke ich. Sagen kann ich nichts, denn nachdem Mirabelle sich wieder beruhigt und auf das Kissen verzogen hat, zieht Marcel mich ganz eng an sich. Vergräbt seine Nase an meinem Hals. Streichelt über meine Arme, bis ich Gänsehaut bekomme. Endlich, endlich legt er seine Lippen auf meine. Arnes Gesicht verblasst. Ich bin nur noch Gefühl, im Hier und Jetzt, ich kralle meine Hände in Marcels Haare, ziehe ihn zu mir. Knabbere an seinen Ohren. Schmecke seinen Hals. Die Decke ist im Weg, wir werfen sie zu Boden. Unsere Klamotten hinterher. Marcel küsst mich auf den Bauch, und ich schäme mich kein bisschen, dass der noch von der Geburt gezeichnet ist. Es fühlt sich so gut an. So richtig. Sanft drängt er sich zwischen meine Beine. Ich könnte vor Lust heulen. Und heule tatsächlich. Marcel hält inne und stützt sich auf die Ellbogen. Fragend sieht er mich an.

»Ich … es tut mir so leid …«

»Scht.« Er küsst mir eine Träne von der Wange. »Alles gut.« Marcel legt sich neben mich, hangelt nach der Decke und wickelt uns beide wieder ein.

»Das ist ... ich will dich ... aber ...« Das Aber kann ich selbst nicht benennen. Es ist einfach da.

»Alles zu viel. Zu frisch. Zu früh«, versucht Marcel eine Antwort. Weil ich keine bessere habe, nicke ich und schmiege mich an seinen nackten Körper.

»Weißt du was, ich mach jetzt Kaffee«, schlägt er nach ein paar Minuten vor.

»Guter Plan.«

Auf dem Weg in die Küche hebt Marcel die Brötchentüte auf. »Schaffst du es, die zu essen, oder soll ich sie in die Tonne kloppen?«, ruft er.

Beim Gedanken an ein noch lauwarmes Laugenweckle meldet sich mein Bauch. Der gestern nicht sehr viel bekommen hat. Wenn der Bäcker also nicht zufällig Arnes Angesicht in den Teig gebacken hat – warum nicht?

»Mit dick Butter!«, rufe ich, stehe auf und gehe nach ein paar Streicheleinheiten für Mirabelle ins Bad.

Dafür, dass gestern ein echt mieser Tag war und ich nicht wirklich erholsam geschlafen habe, sehe ich ganz passabel aus. Keine Augenringe. Hurra! Ich putze rasch die Zähne, stecke die Haare hoch und ziehe mir ein geblümtes Kleid über, das Arne als eine Mischung aus Kittelschürze und altem Vorhang betitelt hat. Es ist seit Jahren in meinem Bestand, schon reichlich verwaschen, am Kragen leicht ausgefranst. Aber es ist das Bequemstem, das ich besitze. Der Gedanke an Arne treibt mich um, aber ich versuche, mir nichts anmerken zu lassen, als ich mich zu Marcel an den fertig gedeckten Tisch setze.

»Marmelade hab ich nicht gefunden.« Er zwinkert mir zu.

»Dafür warst du ja bei der Butter erfolgreich.« Vor mir stehen zwei dick bestrichene Laugenbrötchenhälften auf einem Teller. Ich beiße hinein und genieße das warme Gefühl, als die Butter sich an meinem Gaumen auflöst.

»Isch weisch eihgnlich nischds üba disch«, sage ich mit vollem Mund.

»Ab zehn Gramm wird's undeutlich«, lacht Marcel. Ich spüle den Bissen mit Kaffee hinunter.

»Ich weiß eigentlich gar nichts über dich«, sage ich dann noch einmal.

»Was willst du denn wissen?«

Alles. Eigentlich. Andererseits reisen Männer in seinem Alter meistens mit Rucksack. Und ob ich den ausgerechnet heute öffnen will? Eher nicht.

»Erzähl doch einfach mal«, fordere ich Marcel auf. Der denkt einen Moment lang nach.

»Tja, ich lebe mit einer Frau zusammen, das weißt du ja.« Es dauert eine Sekunde, bis der Groschen fällt. Schnell genug, dass ich mich nicht verschlucke.

»Ja, du stehst auf behaarte Beine«, scherze ich und stupse mit dem nackten Zeh Mirabelle an, die unter dem Tisch liegt.

»Ansonsten ist mein Leben Arbeit. Arbeit. Und ein bisschen Arbeit.«

»Eine tolle Arbeit«, lobe ich.

»Schon, aber auf Dauer ist man da auch nicht sehr ausgefüllt.«

»Du wohnst in Reutlingen«, liefere ich eine mir bekannte Information.

»Ja. Bei meinem Vater. Also nicht so richtig. Ich oben, er

unten im Haus. Was ganz praktisch ist, weil er sich tagsüber um Mirabelle kümmern kann.«

»Klappt das denn mit den eigenen Eltern unter einem Dach?«, will ich wissen. Marcel grinst.

»Wenn wir uns nur im Treppenhaus sehen – ja.«

Kann ich mir gut vorstellen. Nach der Trennung von meiner damals gedacht Liebe des Lebens Marc (dem Arsch, der seine Sekretärin geschwängert hat – und zwar in unserem Bett) hatte ich mich ein paar Wochen bei Tante Trude verkrochen. Und bin in deren Augen quasi sofort wieder zum Teenager mutiert, den man rund um die Uhr beaufsichtigen muss. Sie hat es ganz bestimmt nicht böse gemeint, aber das dauernde »Zieh dich wärmer an«, »Geh früher ins Bett« oder »Du musst mehr essen« waren doch sehr nervig. Gut also, dass ich damals meine Jungs gefunden habe.

»Eigentlich hatte mein alter Herr ja vor, dass ich eines schönen Tages seinen Betrieb übernehme. Für mich war das auch irgendwie logisch. Und deshalb bin ich auch auf die Realschule gegangen, statt Abi zu machen. Als Handwerker reicht das ja.«

»Hättest du gerne studiert?«

»Nicht wirklich. Bücher sind nicht so mein Ding. Ehrlich gesagt hatte ich nach der Prüfung die Nase voll vom Lernen. Naja, ich war also schon auf der handwerklichen Schiene. Hab mich als Schreiner beworben. Und bin irgendwann darauf gekommen, dass Eltern eine Menge Geld für ihre Kinder ausgeben, damit die den Spaß ihres Lebens haben.«

»Und hast dich in Sachen Kinderspieleparadies selbstständig gemacht«, ergänze ich.

»So ungefähr.«

»Gut, das war das Offizielle. Und was verrät Marcel nur wenigen Menschen?« Jetzt bin ich wirklich neugierig. Er lacht.

»Ich glaube, das musst du selbst rausfinden.«

Das befürchte ich auch. Zeit dazu habe ich jetzt jedenfalls keine mehr, denn der Schlüssel dreht sich im Schloss der Wohnungstür, und Rolf ruft ein beherztes »Halloooo und guten Morgeeeen, Prinzessin!« Kurz darauf stehen er und Chris mit Zita auf dem Arm in der Küche. Earl stürmt herein, gefolgt von Lude. Unter dem Tisch gibt es ein Hundeknäuel, das sich begeistert begrüßt. Über dem Tisch strahlt mich meine Tochter an, als ich sie in den Arm nehme. Meine Jungs haben die Augenbrauen hochgezogen und sehen fragend von mir zu Marcel und zurück. Die Fragen hätte ich an ihrer Stelle auch, schließlich hat Marcel nichts an außer seiner dunkelroten Boxershorts.

»Ah. Ja. Also.« Chris zwinkert mir zu. Rolf hustet gekünstelt.

»Wir wollten ins Krankenhaus fahren«, gibt er bekannt. »Kommst du mit?«

»Klar!«, rufe ich. »Muss mir nur was anderes anziehen.«

»Quatsch, du siehst toll aus«, meint Marcel. »Soll ich auf das Baby aufpassen?«

»Kannst du das denn?« Rolf gibt seine Ziehtochter nicht irgendwem.

»Ich glaub schon. Meine Cousine hat vier Kinder ohne Mann dazu. Ich passe öfter auf die Bande auf.«

»Oooookay.« Rolf sieht unschlüssig aus. Aber ich drücke Marcel Zita in den Arm, erkläre ihm kurz, wo alles zu finden ist, zeige ihm den Eimer mit Hundefutter und sitze wenig später mit den Jungs im Auto.

»Was war denn das?« Chris nimmt kein Blatt vor den Mund. Kaum dass Rolf den Wagen aus der Parklücke bugsiert hat, beginnt das Verhör. Ich bin froh, dass ich auf dem Rücksitz hocke und er mich nicht sehen kann.

»Gar nichts war da.« Ich klinge ein bisschen patzig, ich weiß.

»Wenn du das sagst …« Chris schüttelt den Kopf.

»Wie geht es Earl?«, wechsele ich das Thema.

»Etwas besser, ich hab vorhin in der Klinik angerufen«, erklärt Rolf. »Wir können heute Nachmittag hin.«

»Darf er schon nach Hause?«

»Hoffentlich.« Rolf schnieft. Er hängt an seinem Mops. Sehr. Chris streicht ihm liebevoll über den Arm. An einer roten Ampel schnäuzt Rolf sich kräftig. Dann strafft er die Schultern. Kurze Zeit später erreichen wir die Klinik. Vor der Intensivstation bremst uns die Tür, an der man klingeln muss. Es dauert eine gefühlte Ewigkeit, ehe sich an der Gegensprechanlage eine knarzende Stimme meldet. Ich behaupte wieder, Friedas Tochter zu sein. Der Summer ertönt, und ich verabschiede mich von den Jungs.

Das Bett neben Frieda ist leer. Vielleicht ist der Mann gestorben. Vielleicht wurde er auch verlegt. Ich trete an das Bett meiner Freundin. Sie liegt genau so da wie am Vorabend. Verband am Kopf. Schläuche, Kabel, Piepsen. Aber die Atemmaske ist verschwunden und wurde durch einen kleinen Schlauch ersetzt, der Sauerstoff in Friedas Nase abgibt. Das werte ich als gutes Zeichen und setze mich. Dann streichele ich ihre Hände.

»Guten Morgen.« Natürlich bekomme ich keine Antwort. Aber ich habe mal gehört, dass Menschen im Koma alles um sich herum mitbekommen. Also unterdrücke ich die Tränen.

»Lude geht es fantastisch«, erzähle ich meiner Freundin. »Er ist mit Mudel und Mirabelle zu Hause.« Von Marcel sage ich nichts. Auch nicht von Earl. »Die drei spielen und toben, das sind echte Freunde.«

Kommt es mir nur so vor oder schlägt Friedas Herz tatsächlich ein bisschen schneller? Der Monitor piepst leise vor sich hin. Eine Krankenschwester betritt das Zimmer. Sie ist viel jünger als die Kollegin, die gestern Dienst hatte. Und sieht um einiges entspannter aus.

»Wie geht es Frie… äh … meiner Mutter?«

»Das müsste Ihnen der Arzt sagen«, erklärt mir das Mädel, auf dessen Namensschild »Tanja« steht. »Der ist heute Nachmittag wieder auf Station.«

»Sie heißen wie ich«, versuche ich ein Gespräch. Das Mädel lächelt und hakt ein paar Parameter in Friedas Krankenakte ab.

»Ich kann nicht bis heute Mittag bleiben«, sage ich mit einem kleinen Flehen in der Stimme.

»Ich darf Ihnen da keine Auskunft geben.« Tanja zuckt bedauernd mit den Schultern.

»Aber dass sie alleine atmet, ist doch gut, oder?«

Tanja nickt. Linst zur Tür. Und sagt dann ganz leise: »Ich denke, dass es besser aussieht als gestern.«

»Danke«, flüstere ich zurück. Drücke Friedas Hand und bin ziemlich erleichtert.

Nach einer knappen halben Stunde verlasse ich die Intensivstation. Die Jungs warten vor dem Eingang. Und sie sind nicht allein: Rolf schreit einen Mann an. Der presst theatralisch ein Coolpack auf sein Kinn. Vogler! Ich eile zu den dreien.

»Das geht Sie einen feuchten Scheiß an!« Voglers Gesicht ist knallrot, die Adern an seinem Hals geschwollen.

»Wir sehen uns vor Gericht!«, brüllt Rolf zurück.

»Das gibt eine Anzeige.« Chris ballt die Hände zu Fäusten.

»Nur zu! Ihr Hund hat mich angefallen.« Vogler wendet sich ab. Als er mich sieht, stutzt er kurz.

»Und der Freund von der da hat mich verletzt!« Er stürmt an mir vorbei ins Krankenhaus. Chris tippt sich an die Stirn. Rolf schnaubt.

»Was war das denn?«, erkundige ich mich.

»Was weiß denn ich.« Rolf wischt sich über die Stirn. »Der macht einen riesen Aufwasch aus seiner ach so schlimmen Verletzung. Muss angeblich zur Nachkontrolle.«

»Weil ihm sonst wahrscheinlich der Kopf abfällt«, knurrt Chris.

»Und was geht euch einen feuchten Scheiß an?«, will ich wissen.

»Warum er Frieda umgehauen hat.« Rolf seufzt. »Der ist völlig ausgerastet, als ich nur ihren Namen gesagt hab. Hast du wirklich nichts gesehen?«

»Nein«, erkläre ich lahm. »Sonst hätte ich doch … ach verdammt.«

Chris nimmt mich in den Arm. »Wie geht's Frieda denn?«

»Ein bisschen besser. Sie muss keine Atemmaske mehr tragen. Aber was genau ist, kann nur ein Arzt sagen. Und da war keiner.«

»Na, das klingt doch schon mal ... ganz gut.« Chris drückt mich fest an sich.

»Ich hoffe«, gestehe ich. »Und jetzt los, da wartet ja noch ein Patient auf euch.«

Die Jungs setzen mich vor dem Haus ab und düsen sofort weiter Richtung Reutlingen. Rolf ist nervöser als ein Opernsänger vor der Premiere, weswegen Chris sich ans Steuer setzt. Ich leere den Briefkasten – nur Werbung – und stapfe dann nach oben. Schon im Flur höre ich freudiges Bellen. Allerdings begrüßt mich keine Fellnase, als ich eintrete. Das Bellen kommt aus dem Bad. Und mischt sich mit dem fröhlichen Quietschen meiner Tochter. Als ich um die Ecke linse, rollt mir ein knallroter Plastikball vor die Füße. Mudel spurtet um die Ecke und fängt ihn. Dann saust die lockige Plattnase zurück ins Bad. Ich folge ihm – und muss lachen: Marcel sitzt mit Zita, Mirabelle und Lude (von dem nur der Schwanz zu sehen ist) in der Badewanne. Sie ist bis zum Rand gefüllt mit quietschbunten Bällen. Es müssen Hunderte sein.

»Ist da noch Platz?«, frage ich.

Marcel grinst und drückt Zita einen Kuss auf die Stirn. Meine Tochter hält mit beiden Händen einen grünen Ball fest.

»Für den Hund?« Marcel reckt auffordernd das Kinn. Ich schnappe mir Mudel und setze ihn in die Wanne. Überall auf dem Boden verteilt liegen bunte Bälle. Mirabelle zerkaut einen gelben.

Ich muss grinsen. Mit drei Hunden, Mann und Baby ist die Wanne überfüllt. Ich beuge mich runter, drücke Zita einen Schmatzer auf die Stirn und flüstere Marcel ins Ohr: »Können wir das mit Wasser machen? Später?«

Er haucht mir einen Kuss auf die Wange. »Badeschaum hab ich nicht im Auto.«

»Aber ich im Schrank. Also?«

»Mit viel Schaum, Tanja, mit ganz viel Schaum.«

Ge ... ge... gähn,

ich hasse diesen Plastiktrichter um meinen Hals. Erstens kann ich nicht bequem liegen. Zweitens sieht das saudämlich aus. Und drittens komme ich nicht an die Kanüle in meinem Bein. An der hängt ein Schlauch. Aus dem kommt was Durchsichtiges. Ich habe das Zeug im Verdacht, mich so unendlich müde zu machen.

Ich weiß gar nicht, was ich hier noch soll in diesem komischen Käfig. Das ziemlich Letzte, an das ich mich erinnere, ist ein Hosenbein. Danach lag ich bei Rolf auf dem Schoß im Auto. Dann ist alles schwarz in meinem Kopf.

Okay, die Wärmematte ist eine Sensation. Das Personal hier ist auch in Ordnung. Aber ich kriege ja nicht mal Futter. Geschweige denn darf ich mal mehr als zwei Stunden am Stück schlafen. Dauernd kommt jemand, sagt »Na, Großer« und rammt mir ein Fieberthermometer in den Hintern. Die größte Frechheit aber ist: in der Zelle nebenan liegt ein dicker, fetter Kater. Wenn ich könnte, wie ich wollte, wäre ich längst durch die Gitterstäbe gebrochen und hätte dem gezeigt, was ich von Katzen halte.

Allerdings geht's dem Katzentier auch nicht besonders. Der hat die halbe Nacht lang gekotzt. Und dabei Geräusche gemacht, als ob er seinen Magen gleich mit hinaus in die Welt befördern will.

Ich will nach Hause.

Ich will zu Rolf. Dort werde ich gebraucht, ich spüre es ganz deutlich in meinem Ringelschwanz. Die Spitze juckt. Und das tut sie nur, wenn es meinen Menschen nicht gut geht. Ich muss mich um Tanja kümmern. Ich will mich kratzen. Blöder Trichter. Blöder Kater. Alles blöd.

Ich ... gähn ... wir reden später weiter ...

Zwölf

»Ist man traurig, merkt der Mops das sofort, kuschelt sich an dich und fängt beruhigend an zu schnarchen – schon ist das Leben nicht mehr ganz so grau.«
Andrea Straub

Das Einzige, was an diesem Tag noch schäumt, ist der Schampus. Und zwar in den Gläsern von mir und meinen Jungs. Earl wurde aus der Klinik entlassen. Für Rolf ein absoluter Grund, die fast 100 Euro teure Flasche zu köpfen, die er und Chris zur Hochzeit bekommen hatten und die seitdem auf eine ganz spezielle Gelegenheit gewartet hat. Ehrlich gesagt, schmeckt mir die teure Brause nicht wirklich. Was nicht am Champagner an sich liegt. Sondern daran, dass Marcel von einem nervigen Kunden sofort und auf der Stelle angefordert wurde, weil sonst die Welt der Bällebäder aus den Fugen gerät. Und an der Tatsache, dass Frieda noch immer nicht aufgewacht ist. Aber da Rolf sich dermaßen freut, seinen Mops wieder zu Hause zu haben, stoße ich natürlich mit meinen Jungs an.

Earl bekommt zur Feier des Tages gekochte Hühnermägen. Seine und Mudels absolute Leibspeise. Die es sehr, sehr selten gibt. Weil es so ziemlich nichts anderes gibt, was ähnlich widerlich stinkt wie gekochte Hühnermägen. Der derbe Geruch hängt meistens noch zwei, drei Tage in der Wohnung. Zum Glück waren noch selbstgemachte

Maultaschen eingefroren, sodass auch wir Zweibeiner nicht hungern müssen. Nach dem Essen deckt Rolf seinen Mops liebevoll im extra gepolsterten Körbchen zu. Mudel und Lude teilen sich das Sofa. Zita pennt in meinem alten Zimmer.

»Wir müssen mit dir reden«, gibt Rolf bekannt, nachdem wir das Geschirr in der Spülmaschine verstaut haben. Mir wird flau. Ich habe jetzt wirklich keine Nerven für eine Gardinenpredigt wegen Marcel. Okay, eigentlich geht das die beiden nichts an. Eigentlich. Uneigentlich sind sie meine besten Freunde. So etwas wie Brüder. Und die Patenväter von Zita. Und überhaupt tolle Menschen, die manchmal mehr Überblick haben als ich. Ich seufze und zucke mit den Schultern.

»Was gibt's?« Ich will lässig klingen. Weiß aber, dass ich das nicht tue.

»Keine Panik. Prinzessin.« Chris nimmt mich in den Arm. »Was du mit diesem Marcel machst, ist dein Ding.«

»Obwohl ich ja gegen ein paar Details nichts hätte.« Rolf zwinkert mir zu.

»Da gibt's keine Details«, gebe ich zu. »Wir haben nicht …«

»Schade. Der hat echt einen Knackarsch.« Chris seufzt theatralisch und kassiert einen sanften Stüber von seinem Mann.

»Es geht um Freddy.« Rolf wird ernst.

Ausgerechnet. Rolf und Chris werfen sich einen Blick zu.

»Ja also, wir waren doch in der Wilhelma.«

»Ja?«

»Naja, und da haben wir ... also eigentlich ja mehr Rolf ...« Chris stottert vor sich hin.

»Komm auf den Punkt.« Bei all den schlechten Nachrichten in den vergangenen Tagen kommt es auf noch eine nicht an.

»Diese Friederike jobbt ja dort«, eiert Chris weiter.

»Das weiß ich. Also?«

»Also, weil nämlich, also der Mudel ... der darf ja nicht ...«

Weiter kommt Chris nicht, denn in dem Moment quakt mein Handy. Ich werfe einen Blick aufs Display und will den Anruf eigentlich schon ablehnen, als mir auffällt, dass ich diese Stuttgarter Festnetznummer kenne.

»Die Klinik!« Mir wird übel. Chris reißt die Augen auf. Rolf den Mund. Meine Finger zittern, als ich über das Display wische.

»Ja?«

»Schwester Tanja. Guten Abend.«

»Hallo«. Ich kann vor Aufregung und Sorge kaum sprechen. »Ist was mit Frieda?« In dem Moment vergesse ich, dass sie offiziell ja meine Mutter ist.

»Frau Böhme, Sie sollten so schnell wie möglich kommen.«

»Was ist passiert?«

»Tut mir leid, am Telefon darf ich ihnen keine Auskunft geben.« Sie legt auf, und ich starre die Jungs an.

»Na los. Ruf ein Taxi!« Rolf fasst sich, wie immer, als Erster. Ich schaffe es nicht zu wählen, so sehr zittere ich. Rolf übernimmt das. Chris wickelt mich derweil in eine leichte Wolljacke, vergewissert sich, dass ich genügend Geld und den Wohnungsschlüssel dabeihabe. Dann begleitet er mich durchs Treppenhaus nach unten. Gemeinsam warten wir auf das Taxi, das eine geschlagene Viertelstunde braucht. Eine Ewigkeit in meiner Situation. Chris nimmt mich in den Arm, als der Wagen vorfährt. Dann gibt er dem Fahrer die Adresse.

Am Steuer sitzt ein junger Kerl, der auf dem Kopf bedeutend weniger Haare hat als im Gesicht. Sein langer Bart ist struppig, und ich kann vom Rücksitz aus erkennen, dass er ziemlich viel gelbes Schmalz im Ohr hat. Was vermutlich nicht sein einziges hygienisches Problem ist. Der Typ riecht, als habe er keine Dusche. Oder eben diese seit Wochen nicht benutzt.

»Können Sie bitte schneller fahren?«, bitte ich und lasse das Fenster herunter. Die Scheibe stoppt auf halber Höhe. Kindersicherung, nehme ich an.

»I fahr fuffzig, baschda.« Na toll. Auch noch schlecht gelaunt.

Immerhin gibt es keinen Stau in der City, und wir kommen trotz mehrerer roter Ampeln und einer Baustelle am Bahnhof recht gut durch. Weil ich es keine Sekunde länger als nötig in dem miefigen alten Daimler aushalte, gebe ich ein üppiges Trinkgeld und eile zum Eingang. Den Weg zur Intensivstation lege ich wie eine Schlafwandlerin zurück, und als ich auf die Glocke drücke, verschwimmt für einen Moment das Schild »Bitte läuten, Sie werden eingelassen« vor meinen Augen. Es knackt, ich nenne meinen Namen. Die Tür schwingt auf, und ich haste den grell erleuchteten Flur entlang. Im Schwesternzimmer, wo sich ein Überwachungsmonitor an den anderen reiht, ist niemand zu sehen.

Mein Herz klopft bis zum Anschlag, als ich Friedas Zimmer betrete. Im vorderen Bett liegt eine Gestalt, von der ich nicht sagen kann, ob sie Mann oder Frau ist, und stöhnt. Ich haste an jenem Bett vorbei und befürchte, Friedas Platz leer vorzufinden. Aber – sie ist da. Und sie atmet. Der Monitor gibt beruhigende Geräusche von sich, als ich mich auf den Hocker setze. Ich nehme Friedas Hand, in der eine Kanüle unter einem Pflaster steckt, vorsichtig in meine.

»Ich bin da«, flüstere ich. Ihre Lider flattern, dann öffnet sie die Augen. Sieht sich einen Augenblick ratlos um, ehe sie mein Gesicht fokussiert. Sie blinzelt. Ein kurzes Lächeln huscht über ihr Gesicht.

»Hallo zurück«, sage ich. Frieda schluckt trocken. Die Nasenbrille pustet noch immer Sauerstoff in ihre Atemwege.

»Hast du Durst?« Frieda nickt, und ich gebe ihr aus der Schnabeltasse Wasser zu trinken. Ein paar kleine Schlucke nur, dann lässt sie sich kraftlos zurück ins Kissen sinken.

»Lude geht es super«, versuche ich so munter wie möglich zu sagen. Eine Träne kullert über Friedas Wange, dann noch eine. Ich wische sie mit einem Papiertuch aus dem Spender auf dem Nachttisch weg.

»Ich weiß«, kommt es schließlich ganz leise. Friedas Stimme ist rau. Sie klingt müde.

»Hast du Schmerzen?« Ich habe keine Ahnung, was sich unter dem Verband um ihren Kopf verbirgt.

Frieda verneint mit einem Kopfschütteln und deutet mit den Augen Richtung Tropf.

»Ah, okay, Drogen«, versuche ich einen lahmen Scherz. Sie lächelt. Dann wird sie wieder ernst.

»Mein Sohn«, sagt sie. Mir wird flau. Steht es so schlimm um sie, dass ich ihren Filius suchen muss? Ich schlucke trocken und versuche, mir nichts anmerken zu lassen.

»Ja?«

»Das war mein Sohn.« Oha. Die Medikamente scheinen heftig zu sein. Frieda halluziniert anscheinend.

Ich sage nichts. Sie fährt fort. »Der Mann. Wegen dem Hund. Das ist Raimund.«

»Wie bitte?«, rufe ich und schlage mir mit der Hand vor den Mund. Hier ist kein Ort, an dem man laut wird.

»Ich habe ihn gleich erkannt.« Frieda muss husten. Ich gebe ihr noch einen Schluck zu trinken und wische ihr mit einem Papiertuch den Mund ab.

»Der Vogler ist dein Sohn?« Ich bin ganz perplex. Und schlage mir dann im Geiste mit der flachen Hand an die Stirn. Ich hatte seine Visitenkarte in der Hand. Mit dem Logo des Getränkeherstellers und seinem Namen. Und da stand vor dem »Vogler« eindeutig ein »Raimund«. Und – Friedas Nachname lautet Vogler.

»Ach du Scheiße«, rutscht es mir raus. Und dann werde ich wütend. Auf meine eigene Dusseligkeit. Und vor allem auf den Herrn Sohn, der seine Mutter umgehauen hat.

»Der hat dich k.o. geschlagen«, sage ich empört. Frieda schüttelt den Kopf.

»Nein. Ich bin umgekippt. Ist mir im ganzen Leben noch nicht passiert.« Sie muss tief Luft holen, ehe sie leise weiterspricht. »Ich dachte, mein Herz bleibt stehen. So lange habe ich ihn gesucht. Hatte ihn innerlich freigegeben. Und dann steht er vor mir ...« Ihre Stimme bricht. Sie weint. Ich streichele ihre Wangen.

»Scht«, mache ich. »Scht.« Der Monitor piept schneller. Kurz darauf rauscht Schwester Tanja ins Zimmer. Macht sich an den Geräten zu schaffen, dreht das Beruhigungsmittel hoch. Frieda dämmert weg. Als sie eingeschlafen ist, mache ich mich auf den Weg nach Hause.

Es hilft ja alles nichts – es muss weitergehen. Also bin ich am nächsten Morgen kurz nach acht Uhr beim Schuppen. Die Jungs haben mich auf dem Weg zum Großmarkt abgesetzt. Zita plappert im Kinderwagen vor sich hin, die Hunde tollen in unserer Parzelle rum. Ich bin mal gespannt, wie viele frisch gesetzte Pflanzen Lude ausgräbt. Schließlich ist er ein Jagdhund. Und als solcher steht der sicher auf Tunnelbau. Über Nacht, scheinbar, wurde der Container geliefert. Mir kommt er völlig überdimensioniert vor, aber als ich anfange, den Schrott vom ersten Stapel reinzuwerfen, wird mir schnell klar: Das Ding wird voll. Als ich mich mit den sperrigen Überresten eines eisernen Gartentors abmühe, taucht Arne auf.

»Warte, ich helfe dir«, sagt er und packt wie selbstverständlich mit an. Gemeinsam schaffen wir es, das sauschwere Teil in den Container zu wuchten.

»Danke«, sage ich. Mehr nicht. Wir arbeiten schweigend, trennen Müll von Brauchbarem. Füttern zwischendurch Zita, sehen nach den Hunden, arbeiten weiter. Nach gut vier Stunden ist der Schuppen so gut wie leer, und ich lasse mich verschwitzt, aber irgendwie stolz, auf eine Liege fallen, die wir ausgegraben haben. Das Polster ist ausgebleicht, aber noch okay. Der Schuppen steht relativ gut da. Nachdem wir alle Fenster freigeschaufelt haben, ist es sogar ziemlich hell. Zu meiner Überraschung sind drei der vier Wände aus Stein. Nur die vordere Wand ist aus Holz. Das allerdings sieht ziemlich zerfressen aus. Und auch das Wellblechdach ist nicht gerade in top Form. Arne schielt auf seine Armbanduhr.

»Termine?« Ich klinge süffisant, meine es aber gar nicht so. Nicht wirklich. Oder doch?

»Ich muss zur Polizei.« Arne stöhnt, als er aufsteht. Ich nehme an, seine Bandscheibe möchte jetzt lieber in die Waagrechte. Doktoranden sind körperliche Arbeit nun mal nicht gewohnt.

»Wegen dem Vogler?«

»Ja klar. Sonst hab ich nichts auf dem Kerbholz.« Er grinst schief und wirft einen liebevollen Blick in den Kinderwagen. Unsere Tochter schlummert nach Möhrenbrei und Babytee selig. »Zumindest nichts, wovon ich wüsste.«

Ich könnte ihn jetzt fragen, ob er vielleicht eine gewisse Friederike auf seinem sexuellen Kerbholz hat. Aber ich kann mir grade noch auf die Zunge beißen.

»Der Hurensohn hat mich angezeigt. Angeblich gefährliche Körperverletzung.« Arne ballt die Hände zu Fäusten. So, wie er jetzt dreinschaut, traue ich ihm glatt zu, dem Vogler noch mal eine reinzuhauen.

»Du hast völlig recht«, sage ich stattdessen kryptisch.

»Womit?«

»Mit dem Hurensohn.«

»Hä?« Wie schön, wenn Arne so schaut. Als ob ein Auto im Fahrstuhl parkt.

»Er ist ein Hurensohn. Und zwar echt.«

»Du kennst den doch gar nicht.« Arne will gehen. Aber ich stehe auf und kralle seinen Arm.

»Er ist Friedas Sohn«, platze ich raus. Jetzt sieht der Vater meiner Tochter aus, als ob ich grüne Haare und einen Rüssel hätte.

»Sie hat ein Kind?«

»Ja, aber das weiß ich auch erst seit neulich.«

»Und wieso schlägt der Armleuchter seine Mutter zu Boden?«

»Armleuchter ja. Aber er hat sie nicht geschlagen. Sie wurde vor Schreck ohnmächtig.«

»Oh. Scheiße.«

Da muss ich Arne recht geben. Und dann biete ich ihm an, ihn zur Polizei zu begleiten. Er stimmt sofort zu.

Wahrscheinlich kommt es nicht alle Tage vor, dass ein Zeuge oder Beklagter mit Frau, Kind und drei Hunden im Revier auftaucht. Der Beamte an der Pforte jedenfalls grinst hinter der schusssicheren Glasscheibe übers ganze Gesicht, ehe er uns per Knopfdruck öffnet. Im Revier empfängt uns der übliche Behördenmief aus Papier, altem Schweiß, Bohnerwachs und irgendetwas zwischen Erbrochenem und Essigreiniger. Arne nimmt Earl auf den Arm, Lude und Mudel sitzen bei Zita im Kinderwagen. Nach kurzem Suchen finden wir das Dienstzimmer des Polizisten, der Arnes Aussage aufnehmen soll und klopfen an die schäbige braune Tür.

Es tut sich – nichts. Arne wummert erneut gegen das Holz. Dieses Mal fester.

»Ja, jaaaa!«, dröhnt eine bassige Stimme von drinnen.

»Noo ned huudla!« Kurz darauf wird die Tür geöffnet, und wir stehen vor einem baumlangen Kerl mit breiter Wampe. Dem Namensschild nach handelt es sich um Polizeiobermeister Fritz. Blöderweise auf dem Etikett abgekürzt als POM Fritz. Arne und ich müssen grinsen. Der Beamte wertet das aber zum Glück als nett gemeinte Begrüßung und bittet uns mit großer Geste in das winzige Büro. Allerdings hat er ja erst nur Arne und mich gesehen. Als sein Blick auf das Baby und die Fellnasen fällt, hebt er fragend die Augenbrauen.

»Zeugen, quasi«, versuche ich einen Scherz. POM Fritz geht nicht darauf ein, sondern nimmt am Schreibtisch Platz. Ich quetsche den Kinderwagen in die Ecke. Arne nimmt mit Earl auf dem Schoß auf einem der abgewetzten Besucherstühle Platz. Ich setze mich mit Lude und Mudel auf den zweiten. Das Polster ist durchgesessen, und ich will gar nicht wissen, wie viele Gestalten aus der Halbwelt hier schon geschwitzt haben. POM Fritz nimmt unsere Personalien auf. Also die menschlichen. Dann startet das Verhör.

»Jetzt saged Sie amol, wia des aus Ihrer Sicht gwäsa isch«, fordert POM Fritz Arne auf. Während er erzählt, tippt der Polizist im Zweifingersuchsystem die Aussage in den PC. Immer wieder hebt er die Hand, und Arne muss auf ein »Noo ned huudla« hin des POM Pause machen. Wenn das so weitergeht, sitzen wir noch bei Zitas Einschulung hier! Earl findet das Ganze scheinbar einschläfernd. Er kuschelt sich in Arnes Arm, streckt dem Polizisten den Bauch hin, gähnt herzhaft und schnarcht gleich darauf wie eine wilde Wutz.

»Des isch aber goldig.« POM Fritz beugt sich über den Tisch. »Ond des kloine Hondle soll den Herrn angegriffen haben?« Selbst der Beamte schüttelt ungläubig mit dem Kopf. Dann lacht er. »Wissed Se was? Der schnarchd wia mai Frau.«

Irgendwann nach über einer Stunde darf Arne endlich das Protokoll unterzeichnen. Ich werde als mögliche Zeugin benannt. Dann sind wir entlassen. Nicht, ohne dass POM Fritz Earl ausgiebig gestreichelt hat. Der Polizist ignoriert sogar den stinkenden Furz des Hundes. Aber wahrscheinlich ist er in seiner Dienststube ganz anderes gewohnt.

Arne öffnet die Tür, ich schiebe den Kinderwagen heraus, wende mich mit einem »Tschüs« noch mal um und knalle einem Mann den Wagen in die Hacken.

»Verdammte Scheiße!«, ruft der. Es ist Vogler.

»Oh, das tut mir leid, echt.« Ich weiß, wie weh es tut, wenn einem ein Kinderwagen in die Beine gerammt wird. Vogler sieht auch ziemlich wehleidig aus.

»War ja klar, Sie schon wieder«, speit er uns entgegen. Earl scheint seine letzte Begegnung mit Friedas Ableger vergessen oder verdrängt zu haben, denn er saust schwanzwedelnd auf ihn zu.

»Nehmen Sie sofort den Hund weg!«, keift der. Arne bückt sich blitzschnell und hebt den Mops auf den Arm.

»Und damit Sie es wissen, da kommt noch eine Menge Ärger auf Sie und die Köter zu, ich habe gerade meine Aussage gemacht.« Er deutet mit dem Kopf auf eine Tür ein Stück den Gang hinunter.

»Wir auch«, flöte ich und recke das Kinn. In dem Augenblick meldet sich die greinende Zita. Klar, das Baby hat langsam Hunger.

»Und nur damit SIE es wissen: Ihrer Mutter geht es besser.«

Sage ich und will hoch erhobenen Hauptes an Vogler vorbeigehen. Der aber stellt sich mir in den Weg. Er ist käsebleich.

»Was?«

»Frieda. Ihr geht es besser.«

Vogler wird noch ein Stück weißer. Dann grau. Er schluckt trocken, schnappt nach Luft und lässt sich auf einen der orangefarbenen Plastikstühle plumpsen, die an der Wand festgeschraubt sind. Er sinkt in sich zusammen wie ein Ballon, aus dem die Luft entweicht.

»Also doch«, murmelt er.

»Also doch was?«, frage ich. Arne nickt mir zu, schnappt sich den Kinderwagen, platziert den Mops zu den anderen Passagieren und sagt »Ich geh schon mal vor.«

Ich setze mich neben Vogler. Der scheint mich gar nicht wahrzunehmen.

»Dann war sie es also doch.« Raimund stützt den Kopf in die Hände.

Eine ganze Weile sagen wir nichts. POM Fritz verlässt sein Büro und sieht mich fragend an. Ich schüttele stumm den Kopf. Er zuckt mit den Schultern und verschwindet. Einige Minuten später kommt er mit einem braunen Plastikbecher in der Hand wieder. Wieder zuckt er mit den Schultern, ehe er in seinem Kabuff verschwindet. Kaffee ist vielleicht gar keine schlechte Idee, überlege ich. Ich muss nicht allzu lange suchen, ehe ich den etwas antik wirkenden Automaten finde. Für gerade mal fünfzig Cent bietet der die Auswahl zwischen Kaffee, Kaffee und Kaffee. Da ich nicht weiß, wie Vogler seinen mag, drücke ich beide Male auf »Zucker«. Löffel oder Stäbchen zum Umrühren gibt es nicht. Die Plörre ist zwar heiß, sieht aber ziemlich dünn aus. Und riecht auch nicht gerade frisch. Egal.

Als ich mit den Bechern zurückkomme, sitzt Vogler unverändert da. Ich setze mich neben ihn und biete ihm einen Becher an. Er nimmt ihn stumm entgegen, trinkt einen Schluck und verzieht das Gesicht.

»Schmeckt grauenhaft«, gebe ich zu.

»Stimmt.« Dann sieht er mich an. Seine Augen sind rot umrändert. Aus seiner Nase tropft Rotz. Ich fummele ein Taschentuch aus der Handtasche und reiche es ihm. Er wischt sich über das Gesicht, sieht danach aber auch nicht besser aus.

»Wollen Sie reden?«, frage ich leise. »Vielleicht bin ich jetzt nicht gerade die ideale Person, von wegen Anzeige und so. Aber ich bin im Moment die Einzige hier.«

Vogler grinst. »Was hat meine Mutter Ihnen denn erzählt?«

Mir wird das ein bisschen zu sperrig. Ich strecke ihm die Hand hin. »Tanja. Wir können uns gerne duzen.«

Er zögert kurz, reicht mir dann aber seine Rechte. Die ist eiskalt. »Raimund.«

»Ich weiß.« Ich nippe am Kaffee. Schmeckt ein bisschen wie zum siebten Mal aufgebrüht.

»Sie hat mir von dem Tag erzählt, an dem sie dich das letzte Mal gesehen hat.«

Vogler schnaubt.

»Keine Details«, versichere ich ihm rasch. »Und dass sie dich vermisst hat. Noch vermisst.«

Wieder schnaubt er.

»Sie wollte dich freigeben, irgendwie.«

Ich habe keine Ahnung, ob er versteht, was ich zu sagen versuche. Er sieht mich unverwandt an.

»Hurensohn. Genau das haben meine Kumpel gesagt. Du bist ein Hurensohn.«

»Oh.«

»Und das Schlimmste war: die haben es die ganze Zeit gewusst. Alle.«

»Aber wie das? Ich dachte, das war ein Zufall, dass du ausgerechnet bei Frieda ...«

»Von wegen!« Raimund stellt den noch vollen Becher ab. Und erzählt seine Seite der Geschichte. Seine Kameraden waren neidisch auf ihn. Weil er stets die neuesten Turnschuhe und die hippsten Jeans hatte. Die tollste Uhr. Das beste Mountainbike. Immer Geld in der Tasche. Und am Nachmittag und abends tun und lassen konnte, was er wollte, ohne nervende Eltern, ohne überbesorgte Mutter. Sportlich oder besonders klug war er nicht. Auch nicht witzig. Aber er war es, der nach Schulschluss die Kohle zückte, um Bier zu kaufen. Weil er der Einzige war, der ausreichend und manchmal viel zu viel Taschengeld bekam.

»Natürlich hab ich gemerkt, dass die meisten nur deswegen was mit mir unternommen haben. Irgendwie. Aber wirklich wahrhaben wollte ich das nicht. Pubertät und so, keine Ahnung.«

Und er war froh, zu den Coolen zu gehören. Zu denen, die sich in die Disko schleichen und dort einen draufmachen konnten. Zu denen, die nicht im Park abhängen mussten, sondern sich in der Milchbar am Killesberg das Eis schmecken ließen.

Irgendwann machten dann die ersten Gerüchte die Runde. Unter den Kumpels. Bei Raimund kam davon nichts an. *Der Kollege eines Schwagers* oder wie es in dem Song der Ärzte heißt, hatte Frieda beim Schulfest erkannt. Sie angemacht nach dem Motto, da man hier ja privat sei, müsse er als Stammkunde für eine schnelle Nummer auf dem Schulklo ja wohl nichts bezahlen. Frieda war abgerauscht. Damals dachte ihr Sohn, dass sie ganz plötzlich Migräne bekommen hatte. Jetzt, viele Jahre später, war klar, dass seine Mutter nicht die war, die sie zu sein vorgab.

»Wie konnte sie nur? Mir liest sie Gutenacht-Geschichten vor, und kurz darauf lässt sie sich von wildfremden Männern flachlegen?« Er ballt die Hände zu Fäusten.

»Ganz so einfach war das sicher nicht«, gebe ich zu bedenken.

»Fernsehgesülze.« Er knirscht mit den Zähnen.

»Frieda tut es wirklich leid«, versuche ich ihn zu beruhigen. »Wie hätte sie dir denn sagen können, womit sie das Geld verdient?«

Er zuckt mit den Schultern. »Ich glaube, das hätte ich irgendwie auf die Reihe gekriegt. Aber nicht, dass meine Kumpel mich dermaßen vorführen.«

Nachdem ich Raimund meine Nummer gegeben habe, verabschieden wir uns. Er hat versprochen, sich in den kommenden Tagen zu melden. Jetzt müsse er das alles erst einmal sacken lassen. Ob er Kontakt zu seiner Mutter will? Das weiß er noch nicht. Vor dem Revier sitzt Arne mit Zita im Arm auf einer Bank. Ungläubig sieht er Vogler nach, der mir zum Abschied zuwinkt.

»Wie hast du das gemacht?«, fragt er. Zita streckt die Ärmchen nach mir aus. Ich drücke mein Baby ganz fest an mich. Wie gut sie riecht! Nach Milch, nach Seife und ein bisschen nach ihrem Vater.

»Frag mich nicht.«

»Dich darf man derzeit sowieso nicht viel fragen, was?« Irre ich mich, oder klingt er ein wenig patzig? Das kann ich auch.

»Danke gleichfalls«, gebe ich zurück und setze meine Tochter in den Kinderwagen.

»Ach Tanja ...« Arne erhebt sich.

»Ach Arne.« Wir sehen uns direkt in die Augen. Das Arnekribbeln meldet sich. Ganz leise nur. Aber es ist da.

»Ich muss dann mal«, sagt er schließlich, haucht seiner Tochter ein Küsschen auf die rosige Wange und streicht mir flüchtig über den Arm. Die Hunde tollen um den Wagen herum, und ich habe Mühe, sie zu bändigen. Vermutlich haben die Fellnasen Hunger, und ich beeile mich, mit dem Flohzirkus in den Laubenpieper zu kommen.

Dort werkeln und wurschteln Chris und Rolf in Küche und Gastraum. Mops und Mudel sausen sofort in die Küche, und auch Lude folgt seiner Nase. Nach einer freudigen ausgiebigen Begrüßung serviert Rolf den dreien Würstchen mit Nudeln. Chris pfeift fröhlich vor sich hin, als er die frisch geschnittenen Blumen arrangiert.

»Wow, Prinzessin, ihr wart aber fleißig im Schuppen«, lobt er mich. »Und so tolle Fundstücke.« Er zwinkert mir zu. Ich muss grinsen.

»Bedien dich«, sage ich großmütig. »Da kannst du dich austoben.«

»Echt?« Begeistert nimmt er mich in den Arm. »Diese Stühle mit dem Tischchen! Ich denke, da mache ich ein Mosaik auf die Platte. Und die Sesselchen streiche ich blau. Oder nein, türkis.«

»Noch mehr Möbel?« Rolf kommt mit einem großen Stück Käsekuchen und stellt er vor mich hin. »Eines Tages können wir nicht mehr laufen.«

»Beschwer dich nicht, dir gefällt es doch auch.« Chris spielt den Eingeschnappten. Rolf knutscht ihn fest auf die Lippen. Ich frage mich wieder einmal, welche Geheimrezepte die beiden haben. Für den Kuchen und für ihre Beziehung.

»Wie war's bei der Polizei?«

Bis zum Ende des Kuchens habe ich alles berichtet. Inklusive Raimund Vogler und Frieda. Meine Jungs hören mir staunend zu.

»Ist ja ein Ding«, kommentiert Rolf.

»Wahnsinn«, meint Chris. »Die müssen sich doch wieder versöhnen.«

»Ich glaube, so einfach ist das nicht.« Chris ist Romantiker. Und als solcher ziemlich harmoniebedürftig. Vielleicht ist das einer der Gründe, warum er und Rolf so glücklich verheiratet sind?

»Warten wir es mal ab«, sage ich und wische mir die letzten Kuchenkrümel aus den Mundwinkeln. »Habt Ihr mal eben Zeit? Ich hab da noch so ein paar Fragen wegen dem Schuppen und so.«

Die Jungs nehmen sich die Zeit, wobei Chris erst mal beim Stapel für den Flohmarkt hängenbleibt. Er macht

»Ah« und »Och« und »Zauberhaft« und versinkt in seiner eigenen Dekowelt. Wahrscheinlich hat er schon ganz genaue Bilder im Kopf, was er womit anfängt. Besonders angetan hat es ihm anscheinend eine etwas verbeulte uralte Milchkanne.

Also gehen erst mal nur Rolf und ich hinein.

»Puh«, sagt er. Und dann ganz, ganz lange gar nichts mehr. Er inspiziert den Werkstattofen in der Ecke, dessen Rohr schief hängt. Knipst die Lampen an und aus. Klopft gegen die Wände, taxiert das Dach. Seine Miene bleibt undurchdringlich, als er nacheinander alle Fenster öffnet und wieder schließt.

»Puh«, macht er schließlich noch einmal nach seinem Rundgang, bei der er auch an den Holzbalken gekratzt und am bröckelnden Putz der Wände gekratzt hat.

»Ja?«, frage ich ängstlich. Rolf holt tief Luft und vergräbt die Hände in den Taschen seiner Jeans.

»Die gute Nachricht zuerst?«

»Ja!«

»Platz wäre jede Menge. Die Stromleitungen sehen okay aus. Und es steckt kein Schimmel in den Wänden.«

»Ja?«

»Der Balken da oben, siehst du den?«

»Jaaaa?«

»Der ist tragend. Und morsch.«

»Den kann man doch sicher tauschen?«, frage ich. Rolf schüttelt den Kopf.

»Kann man. Wird aber nicht billig. Und dann die Heizung. Mit dem Bollerofen da kriegste das nicht hin. Die Wände müssten gedämmt werden und so ein Wellblechdach ... Da kannst du gleich draußen heizen. Mal abgesehen davon, dass es ein paar Rostlöcher hat.«

Irgendetwas in mir drin macht Pfffffft wie bei einem Reifen, dessen Ventil kaputt ist.

»Heißt?«, frage ich bange.

»Das hier ist eine einzige Baustelle.«

»Na, mir war schon klar, dass ich einiges reinstecken müsste«, sage ich kampfesmutig.

»Einiges ist gut. Abreißen wäre vernünftig.« Rolf nimmt mich in den Arm.

»Ganz ehrlich, Prinzessin, binde dir das hier nicht ans Bein. Das ist ein Fass ohne Boden.«

»Bodenlos fühle ich mich jetzt auch«, gebe ich zu und schniefe. »Und jetzt?«

»Jetzt schnappst du dir deine Schürze und kommst mit in den Laubenpieper. Ich kann eine Aushilfe brauchen.«

Wider Willen muss ich lachen, als er mit dem Kopf zu Chris zeigt. Der hat sich bereits darangemacht, das halbe Dutzend ausgeblichener Gartenzwerge mit Schmirgelpapier zu bearbeiten und überlegt laut, ob rosa oder gelb besser zu den alten Zipfelmützen passen würde. Der hat also erst mal keine Zeit, sich um die Gäste zu kümmern.

»Einverstanden«, sage ich und hake mich bei Rolf unter. »Kellnern verlernt man ja nicht.«

Gestatten,

Earl ist auf dem Weg der Besserung. Und zwar rasant. Endlich durfte ich den alten Kater hinter mir lassen. Und es gab Hühnermägen. Ich liebe Hühnermägen. Sogar noch ein bisschen mehr als Käsekuchen.

Es ist gut, wieder bei meinen Menschen zu sein. Die würden ohne mich nicht klarkommen. Mudel hat zwar während meiner Abwesenheit sein Möglichstes getan. Er ist aber eben kein reinrassiger Mops.

Ich mache ihm das nicht zum Vorwurf, wirklich nicht. Seine Mutter Püppi ist ein bildschöner Pudel. Und er hat ja meinen Charakter geerbt. Im Herzen ist er also ein kompletter Mops.

Diese Überlegungen müsste ich mal meinen Menschen beibringen. Dass es nämlich eigentlich nur darauf ankommt, was man im Herzen hat. Leider hören die Zweibeiner viel zu selten auf ihre Instinkte. Dauernd sind die mit irgendetwas beschäftigt. Dabei könnte es so einfach sein, wenn sie öfter mal eine Pause machen, sich in ein Körbchen legen und sich den Bauch kraulen lassen würden. Da kommen einem die besten Gedanken.

Einer meiner genialsten ist dieser: Arne riecht gut. Marcel riecht gut. Tanja kann beide riechen. Also könnten die drei sich ja zusammentun. Das hätte immense Vorteile. Erstens wäre Arne wieder zu Hause, er fehlt mir schon. Zweitens müsste Tanja nicht so viel Grübeln und hätte dann mehr Zeit für mich. Und drittens würde bestimmt Mirabelle auch hier einziehen. Die riecht ja sowieso am allerbesten.

Dreizehn

**»Lieber einen schnarchenden Mops im Bett
als einen schnarchenden Mann.«**
Maren Buchholz

Tatsächlich: Kellnern verlernt man nicht. Nach den ersten etwas ungeschickten Versuchen bin ich wieder voll im Tritt schaffe es, selbst vollgepackte Tabletts sicher in den Biergarten zu balancieren. Die Jungs haben zwar die Karte, die es zu meiner Zeit gab, etwas modifiziert, aber auch das ist kein Problem mit einem kleinen Spickzettel, den ich mir aufs Tablett klebe. Der Trubel und die gut gelaunten Menschen tun mir gut, und für ein paar Stunden kann ich mein Leben vergessen. Nur zweimal gibt Zita laut, aber die wird von einer jungen Frau und deren Freundin fröhlich bespaßt und bespielt, sodass ich weiter durch die Reihen sausen und mich austoben kann. Rechtzeitig zum Aufräumen und Abkassieren der letzten Gäste kann Chris sich von seinen Schätzen losreißen und erscheint mit grün bekleckstem T-Shirt. Er strahlt und macht sich in Windeseile daran, alles aufzuräumen. Als Rolf die letzte Spülmaschine angeworfen hat, lassen wir uns auf die Bank neben dem Eingang plumpsen und ploppen gleichzeitig jeder ein Radler auf. Das kühle Biermischgetränk tut gut. Ich stöhne.

»Meine Füße sind gestorben.«

»Stinken die so arg?«, neckt mich Rolf.

»Nein, aber ich spüre sie nicht mehr.« Ich hatte ganz vergessen, wie anstrengend der Slalom durch die Tischreihen sein kann. Gefühlt habe ich heute 200 Kilometer zurückgelegt. Zum Glück in meinen bequemen flachen Sandalen.

»Du kriegst das Trinkgeld von heute«, erklärt Chris großzügig. »Davon kannst du Blasenpflaster kaufen.«

Wir stoßen an und hängen unseren Gedanken nach. Chris' gehen eindeutig Richtung neuer alter Möbel. Rolf scheint im Kopf den Kassenabschluss nachzurechnen und den Einkaufszettel für den nächsten Tag zu schreiben. Meine Gedanken pendeln zwischen Frieda und Raimund, Arne, Marcel und der Bruchbude von Schuppen hin und her.

Irgendwo muss es einen anderen Ort geben. Der dann allerdings ganz sicher zwei Nachteile hat. Erstens keine Ersatzväter nebenan für Zita. Und zweitens kostet eine ordentliche Halle mit Sicherheit einen Haufen Miete. Ich könnte natürlich versuchen, ein Darlehen für Existenzgründer zu bekommen – wenn ich meine Chance darauf nicht schon für die Tierrettung damals genutzt hätte. Einen Kredit bei einer Bank würde ich sicher nur bekommen, wenn ich nackig Samba tanze, und das zufällig auf dem Tisch eines Azubis. Ganz abhaken will ich meine Idee aber noch nicht. Nur für heute soll Schluss sein. Zumal mein Handy vibriert. Eine SMS von Marcel: »Mirabelle vermisst den Mops, ihr Herrchen denkt an Tanja.« Dahinter drei rote Herzchen.

»Aha.« Rolf stupst mich an. »Du lächelst so verzückt?«

»Wirklich?« Schnell stecke ich das Telefon weg.

»Bevor du dich für eine heiße Nacht mit dem heißen

Marcel verabredest, sollten wir dir noch etwas sagen.« Chris und Rolf nicken sich zu.

»Nämlich?«

»Wir kamen ja neulich nicht weiter, weil du in die Klinik musstest.«

Ja, ich erinnere mich an das Gestammel von wegen Besuch in der Wilhelma und so.

»Dann jetzt bitte«, fordere ich die beiden auf. Rolf zückt nun seinerseits sein Handy und wischt über den Bildschirm. Als er mir das Gerät unter die Nase hält, erkenne ich zuerst gar nichts auf dem Foto.

»Nicht so nah«, bitte ich ihn und nehme ihm das Smartphone ab.

»Das konnte ich ganz kurz machen, ehe wir abhauen mussten«, erklärt mir Rolf.

»Aber es sagt ja einiges«, fügt Chris hinzu.

Und das tut es in der Tat. Auch wenn das Bild ganz sicher keinen Preis bei einem Fotowettbewerb gewinnen würde, ist doch eine Sensation darauf zu sehen. Neben einer Behandlungsliege, auf der ein undefinierbares exotisches Tier mit Narkoseschlauch im Maul liegt, steht Freddy, zu sehen im Profil. Um ihren Hals ist ein Arm geschlungen. Eine Hand liegt auf ihrem Hintern. Ihre Zunge steckt vermutlich in einem Hals. Und zwar dem Hals einer Frau.

»Die ist lesbisch?«, kreische ich.

»Ist doch kein Drama«, entrüstet sich Chris.

»Quatsch, das meine ich nicht, die kann knutschen, wen sie will!«

»Nur eben nicht Arne. Und das tut sie ganz bestimmt nicht.«

»Aber die war doch mal verheiratet«, gebe ich zu bedenken.

»Nicht lange. Wahrscheinlich ein Fehlgriff, sexuell gesehen«, sagt Rolf und nimmt das Telefon wieder an sich.

»Dann sind sie und Arne ... wahrscheinlich wirklich nur Kollegen?« Mir wird bang. Aus zwei Gründen. Denn erstens habe ich ihn zu Unrecht verdächtigt. Und zweitens bedeutet das: es scheint keine andere Frau im Spiel zu sein. Er will tatsächlich Abstand von mir. Von uns. Von allem. Und DAS ist nun wirklich ein heftiges Problem.

»Kann ich noch ein Bier haben?«, frage ich matt. Es ist einer der Momente, in denen man sich betrinken sollte. Was man als Mutter leider selten kann.

Meine Jungs waren so lieb und haben Zita für die Nacht übernommen. Ich habe mich nämlich am Bier übernommen. Mehr als zwei vertrage ich nicht. Auf den Schreck hin habe ich gestern allerdings die doppelte Menge gebraucht. Was heißt, dass ich schlafe wie ein Stein, furze wie ein Rindvieh und so schlecht aus dem Bett komme wie ein Maulwurf. Deswegen und wegen eines dringenden und noch geheimen Telefonats schaffe ich es auch erst kurz vor elf, in der Klinik zu sein. Drücke den Einlassknopf. Es tut sich – nichts. Ich läute erneut, und wieder geschieht nichts. Als ich schon gehen will, öffnet sich die Tür, und Schwester Tanja erscheint.

»Oh Gott, ist was passiert?«, stammele ich.

»Nein, alles gut, Ihre Mutter wurde verlegt. Sie ist jetzt auf Normalstation.«

»Puh!« Ich könnte Tanja knutschen. Sie gibt mir die

Zimmernummer, und ich eile durch die Gänge. Auf der Station stehen bereits die Rollwägen mit dem Mittagessen, das auf Plastiktabletts serviert wird. Es riecht nach Kantine mit einem Schuss Desinfektionsmittel. Krankenschwestern wuseln herum, ein junger Arzt saust mit fliegendem weißem Kittel an mir vorbei. Vor Friedas Zimmer bleibe ich stehen, straffe die Schultern und klopfe an. Ein leises »Ja« ist zu hören. Ich trete ein. Zwei der drei Betten sind leer und mit einer durchsichtigen Folie bedeckt. Im ersten liegt Frieda. Der Verband um ihren Kopf ist einem Pflaster gewichen, von dem die Haare leicht abstehen. Sie sieht verwuschelt aus, aber irgendwie auch frisch. Die Schläuche sind verschwunden, sie hat nur noch einen Zugang an der Hand, der mit einem Tropf verbunden ist.

»Schön, dich so zu sehen«, sage ich und gebe ihr zur Begrüßung rechts und links ein Küsschen auf die Wangen. Sie riecht nach Kernseife.

»Schön, dich zu sehen«, antwortet sie. Ich setze mich auf die Bettkante. Eine Weile sehen wir uns an und lächeln. Ich betrachte die feinen Falten um ihre Augen. Den sanften Schwung ihrer Nase. Die nicht mehr ganz prallen Lippen. Sie ist immer noch eine schöne Frau.

»Wie geht es dir?«, frage ich schließlich.

»Viel besser.« Sie tippt mit dem Finger auf die Platzwunde. »Meinen Dickschädel knackt so leicht nichts.«

Ich muss lachen. »Und die Drogen? Immer noch toll?« Ich deute zum Tropf. Frieda seufzt theatralisch.

»Von wegen Drogen. Das ist langweilige Kochsalzlösung.«

»Schade, sonst hätte ich mich glatt mit drangehängt.«

Wir scherzen und kichern, bis die Tür aufgeht und eine Lernschwester das mit orangefarbenen Deckeln geschützte Tablett mit Friedas Mittagessen hereinbringt.

»Guten Appetit«, flötet das Mädchen, als würde sie in einem Nobelrestaurant servieren. »Und schön alles aufessen, wir wollen ja zu Kräften kommen.«

Frieda verdreht die Augen, kaum dass die Tür zu ist. »Wenn die noch mal ›Wir‹ sagt, schmeiß ich ihr das Tablett ins Gesicht.«

Ich lüpfe vorsichtig den Deckel. »Was anderes kann man damit auch nicht machen«, gebe ich bekannt.

»Was soll es denn sein?«, erkundigt sich Frieda.

»Also, es sieht aus wie … das willst du gar nicht wissen. Auf dem Zettel steht Königsberger Klopse.«

»Klopp se inne Tonne«, kichert Frieda, isst dann aber wenigstens die Brühe (ganz passabel) und den Pudding (geht auch). Die Banane hebt sie sich für später auf.

Nach dem Essen lässt sie sich seufzend zurück in die Kissen sinken und schließt für einen Moment die Augen. Ich schiebe den Klapptisch zur Seite und will mich schon davonschleichen, als Frieda mich am Arm festhält.

»Und jetzt rück raus.«

»Womit?«

»Was du mir sagen wolltest.« Sie zwinkert mir zu. »Ich sehe dir doch an, dass da was ist.«

Das verblüfft mich. Aber Frieda ist nun mal für Überraschungen gut.

»Ich habe Raimund getroffen«, sage ich also rundheraus. Frieda nickt nur. Ich berichte ihr von unserer Begegnung im Polizeirevier. Dass er erst wütend war. Dann erstaunt.

Und dass er dann geweint hat. Den Rest lasse ich weg, das müssen die beiden miteinander klären.

»Ich habe seine Telefonnummer«, schließe ich meinen Bericht ab. Frieda wischt sich eine Träne aus dem Auge. Sagt nichts, nickt nur. Also krame ich die Visitenkarte aus meiner Tasche und reiche sie ihr. Sie nimmt sie ganz vorsichtig zwischen die Finger und streicht über das bedruckte Papier.

»Einen guten Job hat er also«, sagt sie schließlich und klingt erleichtert. Und ein bisschen stolz.

Ich schiele auf die Uhr. Wende mich dann wieder Frieda zu. Die starrt immer noch auf die Karte.

»Ich traue mich nicht«, flüstert sie.

»Was?«

»Ihn anzurufen.«

Kann ich verstehen. Lasse ich aber nicht gelten. »Wie war das neulich, als ich dringend und unbedingt Marcel anrufen sollte? Was hast du da zu mir gesagt?« Ich knuffe sie leicht gegen den Arm.

»Ja schon, aber das ist was anderes.«

»Oh nein, meine Liebe, das ist genau dasselbe. Irgendwie.« Ich hole tief Luft. Dann platze ich damit raus: »Du brauchst Raimund nicht anzurufen. Er ist hier.«

Frieda starrt mich wortlos an. Tränen schießen ihr in die Augen. Sie zieht geräuschvoll die Nase hoch.

»Jetzt wird nicht geheult«, befehle ich und reiche ihr ein Tempotuch. Sie schnäuzt sich geräuschvoll. Währenddessen schicke ich ihrem Sohn eine SMS mit der Zimmernummer. Raimund wartet in der Cafeteria. Die paar Minuten, bis er kommt, versuche ich, Frieda zu beruhigen. Mir fallen keine passenden Worte ein, deswegen nehme ich sie lange und fest in den Arm.

Als es zögerlich klopft, krallt sie sich an mir fest.

»Ich kann das nicht.«

»Aber du willst es.«

»Ich habe solche Angst«, gesteht Frieda.

»Ich weiß«, tröste ich. Drücke sie noch einmal und gehe zur Tür. Raimund steht unschlüssig davor. In der Hand hält er einen kleinen Strauß aus gelben Rosen. Ich nicke ihm stumm zu. Er zittert, als er ins Zimmer geht. Ich beobachte, wie die beiden sich lange schweigend anschauen. Dann schließe ich leise die Tür.

Lange kann ich meinen Gedanken an Mutter und Sohn nicht nachhängen. Kaum habe ich die Klinik verlassen, schrillt es in meiner Handtasche. Im Gegensatz zu sonst finde ich das Telefon sofort und bleibe nicht an Windeln, Schnullern oder Kackbeuteln für Hunde hängen. Es ist Marcel.

»Hey, alles gut bei dir?«, will er wissen. »Mirabelle und ich warten auf eine Nachricht von dir.«

»Ach Mensch, das tut mir leid.« Ich setze mich auf eine der Bänke vor dem Eingang. Ein riesiges Schild verbietet das Rauchen. Der Aschenbecher aus Beton quillt über, und ich beschließe, dass ich jetzt ein bisschen Nikotin vertragen kann. Dummerweise finde ich die Kippen nirgends.

»Hier war so viel los«, erkläre ich Marcel. »Sorry.«

»Kein Ding. Manchmal passiert einfach zu viel Leben.« Er lacht leise.

»Das kannst du laut sagen«, gebe ich ihm recht. Einen Augenblick lang überlege ich, ob ich ihm von Frieda und

Raimund erzählen soll. Vielleicht würde das mir helfen, alles etwas zu sortieren. Aber irgendetwas hält mich davon ab, und ich bin froh, als er sich nur nach dem Schuppen erkundigt.

»Frag nicht«, sage ich seufzend. »Das ist eine einzige Baracke.«

»Autsch.«

Ich gebe ihm einen kurzen Abriss über den Zustand meines Traumstandortes für das Bellobad. Sein Kommentar: »Klingt nach Abriss.«

»Was ich mir nicht leisten kann.« Als ich das ausspreche, wird mir bewusst, dass ich das Projekt im Schrebergarten wohl abhaken kann. Muss.

Eine Weile sagt er nichts. Im Hintergrund höre ich Mirabelle kläffen. Dann ist sie still, und ihr Herrchen schlägt vor, sich am Abend zu treffen.

»Guter Plan«, willige ich ein. Dann mache ich mich auf den Weg in den Laubenpieper. Und bin baff. Der Container ist verschwunden. Der Stapel mit den brauchbaren Sachen auch. Dafür taucht ein völlig verschwitzter Arne in der Schuppentür auf.

»Hey«, sage ich.

»Hey«, sagt er.

Dann sagen wir nichts. Bis er mit großer Geste die doppelflügelige Tür ganz aufstößt.

»Wow!« Ich staune.

»Danke. Gerne. Bitte.« Arne grinst mich unsicher an. Ich hebe den Daumen und gehe dann hinein. Entlang dreier Wände und in der Mitte hat Arne Biertische aufgestellt. Darauf hat er das meiste Zeug aufgebaut. Nur ein kleiner Haufen mit Gartenzwergen, alten Gießkannen und ein paar Kleinteilen muss noch sortiert werden.

»Was ... ich meine ... wieso?«, frage ich.

»Naja.« Arne senkt den Kopf. »War nicht meine Idee. Aber Chris meinte, dass du mit einem Flohmarkt ein bisschen Geld reinbekommen könntest.«

Ich nehme eine fast antike kleine Schaufel in die Hand.

»Die müsste noch zwei, drei Euro bringen«, sagt Arne zaghaft.

In meinem Bauch macht sich ein Rudel Schmetterlinge bereit zum Abflug.

»Danke«, sage ich ganz leise und lege die kleine Schaufel zurück zu den anderen Gerätschaften. »Ich befürchte aber, für eine Renovierung wird das nicht reichen.«

Arne sagt nichts. Er kommt auf mich zu. Sieht mich an. Zögert. Dann nimmt er mich in den Arm und drückt mich an sich. Fest. Zärtlich. Liebevoll. Ich schließe die Augen und genieße den Moment.

»Na, na, na!« Chris reißt uns in die Wirklichkeit zurück, als er mit dem Mops im Schlepptau und Zita auf dem Arm in den Schuppen kommt. Er drückt mir das Baby in den Arm und ist sofort völlig geflasht von all den scheinbaren Schätzen, die Arne drapiert hat. »Wahnsinn!«, ruft er. Oder »Oh Du liabs Göttle vo Biberach!« Arne und ich werfen uns einen Blick zu und lachen. Zita lacht mit. Earl springt an Arnes Bein hoch. Er nimmt den Hund auf den Arm und betastet auffällig unauffällig das Patellabein. Tierarzt eben. Earl schlabbert mit seiner Zunge über Arnes Gesicht. Mops eben. Ein Grund mehr, an das Bellobad zu glauben. Und ein Grund mehr zu kämpfen. Für den Mops. Für Zita. Für meine Jungs. Für mich. Auch wenn ich mich im Moment alles andere als fit und taufrisch fühle.

»Kann ich das haben?« Chris hält einen bronzenen Schuhabstreifer in die Höhe. Der kleine Dackel ist abgewetzt von vielen Jahren Dreck und Gummistiefeln.

»Klar, schenk ich dir«, will ich sagen.

»Für nen Fünfer, klar«, kommt Arne mir zuvor.

»Fünf?« Chris schüttelt den Kopf. »Zwei? Der ist doch schon echt alt.«

»Ja eben drum. Aber weil du es bist, sagen wir vier Euro.«

Chris rümpft die Nase und begutachtet den Bronzedackel mit skeptischem Blick.

»Drei.«

»Drei fuffzig.«

»Okay.« Chris schlägt in Arnes ausgestreckte Hand ein und pfriemelt das Geld aus der Tasche. Ich staune. Ich hatte keine Ahnung, dass in meinem Tierarzt ein Verkaufstalent schlummert. Er nimmt das Geld entgegen und legt es in eine Schatulle.

»Das ist ab jetzt die Kasse«, beschließt er.

Chris hört nicht zu. Er ist bereits damit beschäftigt, die Sachen auf dem nächsten Tisch in Augenschein zu nehmen. »Ich muss zugreifen, bevor der große Ansturm kommt«, ruft er.

»Welcher Ansturm?«, will ich wissen.

»Naja. Rolf hat da eine kleine Anzeige geschaltet.«

»Wo. Was. Wie?« Ich verstehe nur Hauptbahnhof.

»In der Stuttgarter. Für Samstag.«

»Das weiß ich auch.«

»Samstag ist klasse für einen Flohmarkt.«

Drei. Zwei. Eins. Meiner?

»Hier?«, frage ich gedehnt.

»Wo denn sonst?«, rufen Chris und Arne wie aus einem Mund.

Und Arne fügt hinzu: »Ich schwänz doch nicht ohne Grund an der Uni.«

Zita legt den Kopf an meine Wange. Mir wird warm ums Herz. Sehr warm. Ich drücke meine Tochter an mich. Dann Chris. Dann Arne samt Earl. Der Mops grunzt. Arne sagt nichts. Und sagt damit ganz viel.

Bis zum Abend habe ich buchstäblich alle Hände voll zu tun. Windeln wollen geleert und Babybäuche gefüllt werden. Dazwischen schmusen mit Mops, Mudel und Lude, der sein Frauchen vermisst und keinen rechten Appetit hat. Was Earl freut, weil er so die doppelte Portion abbekommt. Glaubt er. Dass ich seine halbiert habe, merkt er nicht. Außerdem verschaffe ich mir einen Überblick über die von Arne vorsortierten Schätzchen, nachdem er Richtung Uni abgedampft ist. Über Freddy verlieren wir beide kein Wort. Ich nicht, weil ich nicht will, dass er weiß, was ich weiß, denn sonst wüsste er ja, dass die Jungs als Spionkommando unterwegs waren. Und er sagt wohl nichts, weil es nichts zu sagen gibt.

Am frühen Nachmittag habe ich alles so weit erledigt, dass ich mit dem Rudel und Zita nach Hause kann. Weil heute die Aushilfe kommt, wird Chris die Truppe für den Abend übernehmen. Die Zeit bis dahin nutzen alle für ein Schläfchen. Außer mir. Ich gehe noch mal die Notizen zum Bellobad durch. Streiche ganz viel von der Wunschliste für die Ausstattung. Rechne. Streiche. Rechne. Nach zwei Stunden bin ich platt und keinen Schritt weiter. Ich bin froh, als Zita sich meldet. Meine Schultern sind komplett verspannt, mein Nacken schmerzt, und meine Stirn pocht. Büroarbeit ist definitiv nicht meins. Ich reibe mir die Augen, wobei die Mascara verschmiert, wie ich bei einem kurzen Seitenblick in den Spiegel im Flur feststelle. Außerdem hängen meine Haare wie nasses Stroh herunter. Und auf der Stirn will ein Pickel wachsen.

Meiner Tochter und den Fellnasen ist es egal wie ich aussehe. Alle vier wollen gestreichelt und gefüttert werden. Lude schiebt das Trockenfutter erst etwas pikiert zur Seite, dann siegt aber doch sein leerer Dackelmagen, und er knabbert mit den anderen mit. Earl ist – mal wieder – als Erster fertig. Ein Futtersauger in Mopsform. Vielleicht sollte ich kein Hundeschwimmbad betreiben, sondern Staubsauger designen. So ein kleines Gerät mit plattem Einsaugstutzen vorne und Anschaltknopf am Ringelschwanz wäre ganz bestimmt der Verkaufshit. Und mit einer Polsterdüse in Teckelform käme man besonders gut in die Ritzen der Couch. Ich muss kichern.

»Was ist denn so lustig?« Chris kommt früher als geplant.

»Ach nichts. Die Hunde.« Ich kann ja schlecht zugeben, dass ich aus seinem tierischen Baby gerade ein Elektrogerät gemacht habe, wenn auch nur in meiner Fantasie.

»Ja, die sind schon drollig.«

»Und verfressen.« Ich wische Zita den Mund ab. Sie brabbelt irgendetwas Unverständliches vor sich hin. So wie sie aussieht, mit kleiner Falte zwischen den Augen, scheint es etwas Ernstes zu sein. Oder sie macht gerade in die Windel.

»Ich übernehme«, bietet Chris großzügig an. »Du musst dringend etwas für deine Hülle tun.« Er wuschelt mir durch die Haare. Ich drücke ihm ein Küsschen auf die Wange und verschwinde im Bad. Bis die Truppe das Haus zu einer Gassirunde verlassen hat, habe ich geduscht und mir ein Körperpeeling mit Granatapfel-Schoko-Duft spendiert. Das riecht so lecker, dass ich es glatt essen könnte. Ich gönne mir das volle Programm. Beine rasieren, Brauen in Form bringen (zum Glück hat jemand diese winzigen Rasierer erfunden, Zupfen geht so was von gar nicht für mich) und extra viel Bodylotion. Und ich nehme mir Zeit für Haare und Make-up. Mehr Zeit als vermutlich im letzten halben Jahr seit Zitas Geburt zusammen, von dem Abend mit Frieda mal abgesehen. Als I-Tüpfelchen lege ich eine großzügige Ladung meines Lieblingsparfums auf, das eigentlich viel zu teuer ist.

Nach fast zwei Stunden, von denen ich fast eine halbe mit der Wahl meines Outfits zugebracht habe, betrachte ich mich im Spiegel. Da steht tatsächlich Tanja. Nicht die alte Tanja. Die neue Tanja ist ein bisschen runder um die Hüften. Hat ein paar kleine Fältchen um die Augen. Aber sie sieht ganz passabel aus, und auch der Pickel ist unter dem Make-up verschwunden. Die Haare haben ausnahmsweise gemacht, was ich wollte, und schwingen luftig. Mit Rouge habe ich mein Gesicht konturiert, die Augen kräftig und die Lippen dezent geschminkt. Und zwar im selben Roséton wie mein Oberteil, das mit dem angedeuteten Schal am Ausschnitt deutlich zur optischen Vergrößerung meiner Brüste beiträgt. Darunter hilft ein weißer Push-up, dessen Träger mit Spitze besetzt ist. Ich musste lange suchen, um den dazugehörenden String zu finden. Der kneift zwar, sieht aber bombe aus. Zum Shirt trage ich eine Caprijeans und meine Lieblingssandalen mit kleinem Absatz. Eigentlich würde jetzt nur noch etwas Schmuck fehlen. Aber ich traue mich nicht, das Kästchen zu öffnen, denn ich befürchte, dass ich beim Anblick des Armbands heulen muss. Und dann wäre die ganze Malerei vergebens gewesen.

Nachdem ich mich nebenan vergewissert habe, dass Chris klarkommt, mache ich mich auf den Weg. Es dämmert, Sommer liegt in der Luft. Die Stadt riecht nach warmem Staub und süßem Parfum. Vielleicht kommt es mir nur so vor, aber ich glaube, die Leute haben alle extrem gute Laune. Viele sind braun gebrannt, die Frauen zeigen ihre mal mehr, mal eher weniger sehenswerten Beine. Die Männer tragen die Hemden weit geöffnet.

Als ich am Charlottenplatz ankomme und in den Biergarten gehe, verstummt das Rauschen der Stadt. Marcel ist schon da und hat einen der begehrten Loungeplätze unter einem strohbedeckten Sonnenschirm ergattert. Als er mich sieht, steht er auf. Er sieht fantastisch aus in seinem hellblauen Hemd und der kurzen Jeans. Und er trägt, dem Gott des Fußpilzes und des guten Geschmacks sei Dank, keine Sandalen.

»Hi«, sage ich.

»Hallo«, sagt er und nimmt mich zur Begrüßung in den Arm. Dann bietet er mir einen der beiden weißen Deckchairs an. Ich setze mich und seufze.

»Fast wie Urlaub, gell?« Marcel greift nach der Speisekarte, die auf dem niedrigen Tischchen liegt.

»Wo ist denn Mirabelle?«, erkundige ich mich.

»Bei Horschd.« Marcel lacht. »Das alte Mädchen und mein alter Herr haben heute den Garten umgegraben. Gemeinsam. Die beiden sahen hinterher aus wie Maulwürfe.«

Ich muss grinsen. »Und jetzt ist der Hund beleidigt, weil sie baden musste?«

»Beleidigt ist gar kein Ausdruck. Wenn sie könnte, hätte sie den Tierschutz angerufen.«

Wir schäkern und scherzen, teilen uns eine Vorspeise, schlemmen danach Maultaschen und gönnen uns zum Abschluss einen großen Becher Eis. Die Zeit verfliegt, der Weißwein kreist durch meine Blutbahn, und es geht mir gut. Vor allem, da ich Marcel noch einmal meine Überlegungen zum Bellobad darlegen konnte. Er ist wie ich der Ansicht, dass ich mich da übernehmen würde.

»Eigentlich kommt also nur ein Neubau in Frage«, sinniert er.

»Kann ich mir nicht leisten«, gebe ich zu. »Außerdem steht da die Schrebergartenordnung im Weg.«

»Ach ja, das gehört ja einem Verein.«

»Genau. Eine Umnutzung unter der Regie des Laubenpiepers, quasi, das geht klar. Nur einen Neubau ... Den bekomme ich sicher nicht durch. Rolf hat mal ganz vorsichtig beim Vorstand angefragt. Die waren zwar einverstanden, dass ich mit dem Zeugs aus dem Schuppen machen kann, was ich will, weil sie sich so die Entsorgungskosten sparen. Aber ein Abriss hat die jetzt nicht gerade begeistert.« Ich erinnere mich daran, dass vor nicht allzu langer Zeit ein Investor die gesamte Kolonie kaufen und sauteure Wohnungen auf dem Grundstück hochziehen wollte. Damals gingen meine Jungs und ich auf die Barrikaden. Selbst der Mops ging einem von den schleimbeuteligen Geldgeiern ans Bein. In der Hinsicht sind die Gärtner aus der Kolonie »Zur Wonne« also sensibel.

»Und wenn du einen Investor hättest für die Renovierung?« Marcel nippt an seinem Bier.

»Wie meinst du?«

»Naja, jemand übernimmt die Kosten, zumindest anteilig. Im Gegenzug beteiligst du den am Gewinn.«

»Klingt geschmeidig. Nur kenne ich so jemanden nicht.«

»Aber ich vielleicht.« Marcel zwinkert mir zu. »Ich habe immer mal wieder Kunden, die zu viel Steuern zahlen müssten, wenn sie nicht hier und da mal ein Bauprojekt raushauen würden.«

»Wenn das so ist«, proste ich ihm zu, »dann helfe ich natürlich gerne den Reichen beim Sparen.«

Wir sind beinahe die letzten Gäste, als wir kurz vor Mitternacht zahlen. Marcel übernimmt das Essen, ich die Getränke. Was mein Vorschlag war. Ich mag nicht, dass immer nur der Mann bezahlt. Marcel hat das belustigt zur Kenntnis genommen.

»Soll ich dich zur Bahn bringen?«, will er wissen. Ich nicke, und er legt mir den Arm um die Schulter. Es ist immer noch warm, trotzdem fröstele ich.

»Frierst du?«, erkundigt er sich. Ich verneine. Trotzdem bleibt er stehen und drückt mich an sich. Schließlich beugt er sich zu mir herunter. Unsere Lippen berühren sich, ich schmecke seinen Atem, seinen herben Duft. Lege ihm die Arme um den Hals. Es passiert – nichts.

Gleichzeitig lassen wir einander los. Wir mustern uns verlegen. Ich räuspere mich und starre auf meine Sandalen. Marcel guckt in die Luft.

»Das wird wohl irgendwie nichts«, sagt er schließlich.

»Scheinbar nicht«, stimme ich ihm zu.

»Komm mal her.« Er nimmt mich wieder in den Arm. Fester jetzt. Anders. Dieses Mal ist es freundschaftlich. Und dieses Mal fühlt es sich richtig an.

»Freunde?«, schlage ich vor.

»Freunde«, stimmt er mir zu.

Gestatten,

Earl, der beleidigte Staubsauger. Ich mache nur meinen Job. Und den mache ich gut. Wo ich bin, sind keine Krümel auf dem Boden. Dass ich nebenbei ein paar Haare verliere, sollte keinen stören. Aber mich als Vorlage für ein Haushaltsgerät zu missbrauchen, das ist dann doch eine Nummer zu viel. Zwei Nummern. Ach was. Drölfzig.

Ich finde es ja nur natürlich, dass die Menschen uns Möpse so wunderschön und erhaben finden, dass sie uns auf Tassen und Bettwäsche drucken. Neulich habe ich sogar einen Badewannenstöpsel mit Mops drauf gesehen. Ehrlich gesagt, kam mir das Gesicht bekannt vor. Ich glaube, seit ich mal so ganz professionell und mit allem Pipapo und hinterher leckeren Wiener Würstchen fotografiert wurde, bin ich schon als Fußmatte, Teekanne und Schlüsselanhänger in den Geschäften aufgetaucht. Angeblich gibt es sogar einen Wein, den das Konterfei eines meiner Verwandten ziert.

Jetzt stelle man sich das aber mal andersrum vor. Tanjas Gesicht auf meinem Körbchen. Rolfs vergrößerte Ohren als Kuschelkissen. Chris' warmer Bauch in Gummi gegossen als Quietschtier. Arnes lächelndes Angesicht auf meinem Napf. Ich wette, da würden die Zweibeiner keinen Spaß verstehen. Und ich wette auch, dass so ziemlich keiner meiner Kollegen so was kaufen würde. Es sei denn, die erfinden mal ein Hundeshampoo, das nach Käsekuchen schmeckt und nach Schafstall riecht. Dann wäre es mir sogar egal, wenn auf der Flasche einer wie der merkwürdige Polizist mit der schnarchenden Frau drauf ist.

Vierzehn

»**Der Mops ist ein Eroberer. Erst erobert er dein Herz. Dann den Kühlschrank, die Couch, dein Bett und das komplette Haus. Sobald er dein Herz hat, hat er schon gewonnen.**«
Seppi Ernie Wetzke

Ich weiß nicht, ob ich wirklich vorhatte, mit Marcel zu schlafen. Einmal ist es ja beinahe passiert. Aber eben nur beinahe. Vielleicht wollte ich nur noch einmal seinen wunderschön tätowierten Rücken betrachten. Vielleicht. Und wenn ich ganz ehrlich bin, dann waren die Schmetterlinge in meinem Bauch bei ihm eigentlich im Tiefflug unterwegs. Klar, ich fühle mich wohl in seiner Nähe. Und klar habe ich es genossen, mich als Frau zu fühlen. Flirten tut der Seele gut. Freunde aber auch. Ich glaube, Marcel ist ein wunderbarer Freund. Wenn wir uns nur halb so gut verstehen wie Mirabelle und Earl, dann passt das schon.

Als ich die Wohnungstür aufschließe und die Schuhe abstreife, sehe ich Licht im Wohnzimmer. Barfuß gehe ich durch den Flur. Ob Chris mit der Meute zu uns rübergekommen ist? Tatsächlich sitzt ein Mann auf dem Sofa. Es ist sein Sofa. Arne.

Als er mich bemerkt, legt er den Kopf schief. Mustert mich von oben bis unten. Ich kann seinen Blick nicht deuten.

»Du warst aus«, stellt er trocken fest.

»Chris passt auf Zita auf«, gebe ich zurück. Arne zuckt die Schultern. In seiner Hand hält er drei Plastikbälle. Zwei rote, einen gelben.

»Die lagen im Bad«, sagt er.

»Ja?« Was wird das?

»Der Bällebadtyp war hier«, stellt Arne fest. Ich widerspreche nicht.

»Ja. Er heißt Marcel.« Ich setze mich neben Arne auf die Couch, wobei ich einen ordentlichen Abstand halte.

»So. Marcel.«

»Arne, was wird das?« Jetzt bekomme ich ein bisschen Angst, denn seine Augen sind zwei kleine Schlitze.

»Was macht der in meiner Wohnung?«, schnauzt er mich an.

»Das ist auch meine Wohnung«, versuche ich so ruhig wie möglich zu sagen.

»Ich hätte nicht gedacht, dass du …«

»Stopp! Da war nichts! Und außerdem bist du gegangen. Nicht ich. Du hast eine Pause verlangt«, erinnere ich ihn. Dass ich dabei schreie und vermutlich aussehe wie eine Furie, ist mir egal. Mit einem Mal kochen meine Gefühle hoch. Wut, Enttäuschung, Trauer und Angst, dazu die Erschöpfung der letzten Monate. All das bricht sich seinen Bann, und ich werfe Arne all meine wirren Gedanken an den Kopf: Dass ich dachte, er hätte was mit Freddy. Dass ich müde bin. Dass ich mich manchmal für eine schlechte Mutter halte. Dass ich ihn zum Mond schießen könnte. Dass ich ihn vermisse. Dass ich ihn hasse. Dass ich ihn liebe.

Er schweigt, als ich nichts mehr zu brüllen habe, sondern nur leer bin. Ich kann nicht mal weinen, dazu bin ich zu erschöpft in diesem Moment. Arne sieht mich an. Legt die Bälle auf den Tisch. Der gelbe rollt herunter und verschwindet unter dem Sofa.

»Das war nicht fair«, murmelt er schließlich und schaut zu Boden.

»Ich? Nicht fair?« Wieder kocht Wut in mir hoch. Ich merke, dass die Giftameisen, die sich bis eben mit den Verzagten gestritten haben, einen neuen Angriff starten wollen.

»Nicht du. Ich. Ich war nicht fair.« Arne knetet nervös seine Hände. Die Ameisen treten den Rückzug an.

»Stimmt«, muss ich ihm beipflichten. Wenn er jetzt sagt »Ich hatte meine Gründe«, dann fange ich an zu schreien.

»Ich habe dir nicht alles gesagt«, stammelt Arne. »Ich ...«

Weiter kommt er nicht, denn ein völlig aufgelöster Chris stürmt in die Wohnung.

»Schnell! Hilfe! Notfall!«

Wir springen beide auf.

»Ist was mit Zita?«, kreische ich.

»Nein! Earl! Schnell!« Chris rennt zurück in die WG, Arne und ich hinterher. Er hat immerhin noch den Impuls, seine schwarze Tierarzttasche, die neben der Wohnungstür steht, zu schnappen. Ich erreiche kurz vor ihm die WG. Mudel sitzt völlig verstört auf dem Sofa. Earl liegt auf dem Teppich und krümmt sich. Vor seinem Maul ist Schaum, er hat gekotzt und schnappt nach Luft.

»Epilepsie?«, frage ich fast hoffnungsvoll. Der Mops hat immer mal wieder einen kleineren Anfall. Der letzte ist allerdings fast ein Jahr her. Und was ich hier sehe, sieht leider nach etwas ganz anderem aus. Arne geht neben dem Hund in die Knie. Rolf muss von Chris gestützt werden. Beide sind kreidebleich.

»Was hat er gefressen?«, will Arne wissen und tastet den Bauch des Hundes ab.

»Wie immer«, erklärt Chris.

»Hat er draußen was aufgenommen?« Arne bleibt ganz ruhig, während er dem Mops ins Maul schaut.

»Ich weiß nicht, also ... kann schon sein ... vorhin beim Gassi ... Ich hab das nicht so gesehen.« Chris heult.

»Wo warst du mit den Hunden?«

»Schlosspark.«

»Okay. Da gab es Meldungen. Giftköder.« Arne klappt die Tasche auf, hört den Mops ab und verabreicht ihm schließlich zwei Spritzen.

Rolf sacken die Beine weg, und er kniet neben seinen Hund. Chris lässt sich auf die Couch plumpsen und drückt Mudel ganz fest an sich.

»Vergiftet?« Ich kann es nicht fassen. »Wer macht denn so was?«

»Arschlöcher.« Arne klingt stinkwütend.

»Kommt er ... ich meine wird er ...« Rolf kann es nicht aussprechen. Arne zuckt hilflos mit den Schultern.

»Kommt auf die Menge an, die er gefressen hat. Was drin war. Kann ich so nicht sagen.« Er streichelt Earl sanft über das faltige Gesicht. »Na, alter Knabe, zeig uns, ob du kämpfen kannst.«

Das Zucken lässt unter der Wirkung der Medikamente allmählich nach, und der Hund atmet etwas langsamer.

Arne hebt Earl hoch, legt ihn auf ein Kissen und deckt ihn zu.

»Warmhalten. Abwarten. Mehr kann man da jetzt nicht machen.«

»Sollten wir nicht in die Klinik?«, schlage ich vor. Arne schüttelt den Kopf.

»Das wäre jetzt auch zu spät. Entweder er schafft es. Oder …« Er spricht nicht weiter. Rolf setzt sich neben den Mops auf den Boden. Mudel beschnuppert seinen Vater vorsichtig und legt sich dann neben ihn. Chris legt seinem Mann eine Decke um die Schultern.

»So was muss man anzeigen.« Ich bin immer noch fassungslos. »Das können doch auch Kinder essen!«

»Vergiss es«, sagt Arne tonlos und räumt seine Utensilien wieder ein. »Da wird kaum einer geschnappt.«

»So einem … Subjekt sollen die Eier abfallen.« Chris zieht geräuschvoll die Nase hoch.

Ich beuge mich über Earl und flüstere ihm ein »Kämpf!« ins Ohr. Dann gehe ich in mein ehemaliges Zimmer und nehme vorsichtig die schlafende Zita hoch. Sie schmatzt leise im Schlaf und seufzt, als ich sie an meine Brust drücke. Arne gibt Chris und Rolf noch ein paar Anweisungen.

»Wenn was ist, ich bin drüben«, sagt er. Die Jungs nicken. Beiden steht die Sorge um den Mops deutlich ins Gesicht geschrieben.

In der Wohnung lege ich Zita in ihr Bettchen. Sie öffnet ganz kurz die Augen, wacht aber nicht auf. Arne sitzt in der Küche. Vor ihm stehen zwei Gläser. Die Rotweinflasche hat er bereits entkorkt. Mit einem Mal überkommt mich eine fast bleierne Schwäche. Wortlos setze ich mich, stütze den Kopf in die Hände und schließe die Augen.

»Wo war eigentlich Lude?« Der Dackel war nirgendwo zu sehen.

»Den hat vorhin Raimund Vogler die Treppe runtergetragen, als ich gerade gekommen bin«, erklärt Arne und schenkt die Gläser ein.

»Wer? Aber der hat doch eine Hundeallergie!«

»Hab ich ihn auch gefragt. Er sagte, seine Mutter habe ihn gebeten, sich um den Hund zu kümmern, bis sie wieder auf den Beinen ist.« Arne trinkt einen großen Schluck.

»Und sein Hundeschnupfen?« Der Wein ist ein bisschen zu kalt. Egal.

»Psychisch. Keine Ahnung. Er sah jedenfalls alles andere als allergisch aus.«

Ich schüttele den Kopf. Und freue mich. Für Frieda. Die beiden haben sicher einen langen Weg vor sich. Aber der erste Schritt ist gemacht. Ich nehme mir fest vor, sie so schnell wie möglich zu besuchen. Wenn Earl ... Ich kann nicht weiter denken.

»Ich hatte meine Gründe«, sagt Arne unvermittelt. Ich schreie nicht. Sondern starre ihn an. Fange seinen Blick ein. Spüre in mich hinein. Fühle ganz, ganz schwach das Arnekribbeln. Und nicke ihm zu.

»Das war wahrscheinlich das Blödeste, was ich je in meinem Leben gemacht habe«, murmelt er und nimmt noch einen großen Schluck Wein.

Eigentlich könnte ich ihm da zustimmen. Die Aktion Beziehungspause toppt bei Weitem seine Idee, im bolivianischen Urwald nach Bulldogfledermäusen zu suchen. Aber ich lasse ihn erst mal reden.

»Bitte erschrick dich nicht«, spricht er weiter. Und bittet mich dann noch inständig, den Jungs nichts von dem zu erzählen, was er gleich sagen wird.

»Ich schwöre«, sage ich theatralisch. Er geht nicht darauf ein. Sondern wird sehr, sehr ernst. Und mir wird schlecht, als er erzählt.

Vor gut zwei, drei Monaten wachte Arne mitten in der Nacht auf. Nicht wegen Zita, die schlummerte mit mir im Wohnzimmer. Sondern wegen Bauchschmerzen. Er ging aufs Klo. Leerte sich. Dachte sich nicht viel und ging wieder zu Bett. Immer noch mit Bauchschmerzen, die auch am nächsten Morgen noch anhielten. Allerdings kam zu den Schmerzen Blut, wie er am Toilettenpapier feststellte. Ich erinnere mich sehr, sehr dunkel, dass er damals was von Magendarmgrippe gesagt hat.

Am folgenden Tag war Arnes Verdauung wieder einigermaßen normal. Appetit hatte er keinen. Als Mediziner, wenn auch für Tiere, kannte er alle möglichen Ursachen. Die von simplen Hämorrhoiden bis zu einer ernsthaften Darmerkrankung reichen. Als Mediziner wusste er aber auch, dass Panikmache nicht angebracht war.

Drei Tage lang schien alles normal. Dann wieder dasselbe Spiel. Übelste Schmerzen und Krämpfe. Durchfall. Blut. Arne fühlte sich schlapp, kam mit der Doktorarbeit schleppend bis gar nicht voran. Seine Gesundheit bestimmte sein Denken. Und er machte den Fehler, den eigentlich nur Laien machen: er googelte seine Symptome.

Doktor Internet kennt aber nur die schlimmsten Diagnosen. Das weiß Arne. Normalerweise. In dem Augenblick aber schwankte der Boden unter seinen Füßen. Er machte einen Termin beim Hausarzt. Der tastete den Bauch ab. Ohne Befund. Machte einen Ultraschall. Ohne Befund. Zapfte Blut ab. Verlangte eine Stuhlprobe. Nach einer bangen Woche des Wartens das Ergebnis: erhöhte Entzündungswerte im Blut. Sehr erhöht. Bedenklich.

Der Boden schwankte weiter. Der Hausarzt sagte in sanften, aber doch kollegialen Worten, dass er ein Karzinom befürchte.

Krebs.

Darmkrebs macht erst ganz spät Symptome. Das weiß selbst ich aus der Apothekenzeitung. Sind die ersten Symptome erst einmal da, ist es eigentlich zu spät. Operation, Darmentfernung, künstlicher Ausgang. Chemo. Strahlentherapie. Über Arne schwebte eine mehr als dunkle Wolke.

Und in diesem Moment beschloss er, auf Abstand zu gehen. Er fand Unterschlupf bei den Frauen aus seiner Lerngruppe. Die kannten ihn kaum, stellten keine Fragen und waren außerdem alle drei intensiv mit ihrem Liebesleben beschäftigt. Bis auf Freddy nahm keine wahr, wie schlecht es Arne ging. Ihr – als quasi Unbekannter – vertraute er sich schließlich an. Sie – als quasi Unbekannte – konnte ihm den Kopf waschen und zu weiteren Untersuchungen drängen. Sonst wäre er vielleicht nie zum Gastrologen gegangen.

»Ich liebe euch so sehr, ich hätte nicht ertragen, dich da reinzuziehen«, erklärt er. Ich verstehe. Und verstehe auch nicht.

»Gestern war ich bei der Darmspiegelung«, bekennt er schließlich. Und versucht einen lahmen Scherz: »Propofol ist ein geiles Zeug. Damit hat schon Michael Jackson schweben gelernt.«

»Und? Das Ergebnis?«, frage ich ängstlich. Der Mann, der vor mir sitzt, ist dünner geworden, ja. Aber er sieht nicht krank aus.

»Nichts. Nur ein blöder Polyp. Und der ist Geschichte.« Arne atmet erleichtert aus.

»Das heißt ...«

»Dass ich völlig gesund sind.«

Ich springe auf und werfe mich ihm um den Hals. Ich kann nicht anders, ich heule Rotz und Wasser. Vor Freude. Und Erleichterung.

»Du blöder Hund«, schimpfe ich ihn zärtlich.

»Tanja, ich wollte nicht, dass du mich pflegen musst. Oder dass du mir beim Krepieren zusehen musst.«

»Spinnst du? Das gehört dazu. Verdammichdochnocheins!«

»Ich ... ich wollte mich irgendwie aus deinem Leben schleichen, falls ich sterben muss. Wollte wissen, ob du allein zurechtkommst. Wollte, dass du sauer auf mich bist. Nicht traurig eines Tages oder genervt, weil ich nur noch ein Stück Gemüse bin.«

Ich starre ihn fassungslos an.

»Ich würde dich auch als Brokkoli lieben«, flüstere ich. Arne sagt nichts. Drückt mich nur ganz fest an sich. Und dann küssen wir uns. Vorsichtig erst, tastend, wie beim ersten Mal. Dann aber kommt das Arnekribbeln wie ein Tsunami über mich. Ich ziehe ihn hoch.

Als ich aufwache, ist alles still. Das Bett neben mir ist leer. Aber es riecht nach Arne. Ich kralle mir sein Kopfkissen, kuschele mich hinein und atme seinen Geruch ein. Ich fühle mich ganz. Geborgen. Dann stehe ich auf, gehe als Erstes zur Kommode und nehme das Armband aus dem Kästchen. Es ist ganz kühl an meinem Handgelenk, als wolle es mit mir schimpfen. Ich klicke den Verschluss zu, streife mir rasch etwas über und gehe in die Küche. Dort werde ich frenetisch von Mudel begrüßt. Earl liegt wie ein nasser Handschuh auf Rolfs Schoß. Aber er liegt. Atmet. Lebt.

»Oh, wie ist das schön!« Ich stürze zum Mops, was meine Tochter mit einem entrüsteten Quaken quittiert.

»Er ist fast wieder auf dem Damm.« Rolf strahlt über das ganze Gesicht. Das allerdings nicht ganz so taufrisch aussieht. Um die Augen hat er dunkle Ringe, er ist unrasiert und riecht nicht so lecker wie sonst. Aber das verzeihe ich ihm locker. Auch ein schwuler Mann hat manchmal andere Prioritäten.

»Wir sind so, so froh«, freut sich Chris. »Ohne Arne ... Du hast ihn gerettet ... Wieder mal ...« Seine Stimme bricht.

»Nicht wieder weinen«, befiehlt sein Mann. Chris schnäuzt sich.

»Ja, ohne Arne ...«, flüstere ich diesem ins Ohr, als ich an ihm vorbei zum Hochstuhl gehe und Zita heraushebe. Er drückt mir einen Kuss auf die Wange.

»Na endlich wieder«, knarzt Chris. Und dann müssen wir alle lachen. Vor Freude, vor Erleichterung, vor Liebe. Earl hebt den Kopf und sieht und aus seinen Knopfaugen an. Legt den Kopf schief und bellt. Das ist mit Abstand das Schönste, was ich seit Langem gehört habe.

Fast. Denn als die Jungs gegangen sind und Zita giggelnd an den Bällen an ihrem Spielbogen zieht, nimmt Arne mich zur Seite.

»Da fehlt was«, sagt er mit Blick auf das Armband. Ich bekomme einen Schreck. Habe ich einen Anhänger verloren? Nein, die sind alle da. Arne hält mir seine geschlossene Hand hin.

»Puste mal«, sagt er.

Ich puste.

Langsam, wie eine Blume, öffnet sich die Hand.

Darin liegt ein weiterer Anhänger. Ein wunderschön verschlungener Lebensbaum.

»Ein Leben lang?«, fragt Arne fast tonlos. Ich starre vom Anhänger zu ihm und zurück.

»Unter einer Bedingung«, antworte ich schließlich. »Die Jungs planen unsere Hochzeit.«

Arne verdreht die Augen. Wahrscheinlich sieht er sich schon auf einem als Einhorn ausstaffierten Pferd zum Altar reiten, der wie die Braut auch ganz in Glitzer gehüllt ist.

»Dann habe ich auch eine«, gibt Arne zurück. »Die Ringe werden von einem kleinen Mann mit Ringelschwanz und Plattnase gebracht.«

Damit bin ich einverstanden. Und der Mops wird mit einem großen Stück Käsekuchen ganz bestimmt überzeugt werden.

Den Käsekuchen bekomme ich erst mal nicht. Beinahe zeitgleich klingeln unsere Handys.

»Die Klinik«, flüstere ich Arne beim Blick auf mein Display zu.

»Die Polizei«, wispert Arne.

Ich husche in den Flur und nehme das Gespräch an. Eine Krankenschwester teilt mir mit, dass meine Mutter abgeholt werden kann. Ich sage zu, so schnell wie möglich zu kommen.

»Und?«, will ich von Arne wissen, als auch dieser aufgelegt hat.

»Der POM Fritz hat mich einbestellt. Einbestellt! Wie das klingt!«

»Nach U-Haft«, versuche ich einen Scherz. Der aber nicht ankommt. Bei meinem Verlobten (wie das klingt ... hach!) ist wohl gerade das Kopfkino in Gang gekommen, und er sieht sich im schwarzweiß gestreiften Häftlingsoutfit hinter Gittern sitzen.

»Ich back dir auch einen Kuchen«, verspreche ich.

»Bitte nicht.« Arne gießt sich noch einen Kaffee ein. »Du kannst nicht backen.«

Ich knuffe ihn gegen den Oberarm. Und verspreche, rechtzeitig zu seiner Vernehmung im Revier zu sein. So lange wird er auf Zita aufpassen. Und versuchen, seine von Malgorzata geordneten Bücher ein Stück weit wiederzufinden. Dann eile ich zum Krankenhaus.

Frieda sitzt auf dem Bett und lässt die Beine baumeln. Das Flügelhemd hat sie gegen den Rock und das Shirt getauscht, die sie am Tag des Unfalls trug. Auf der rechten Schulter ist ein Blutfleck.

»Na endlich«, freut sie sich, als wir uns zur Begrüßung umarmen. »Ich krieg hier drin noch einen Hau.« Sie deutet mit dem Kopf zum Nachbarbett, wo ein Teenager mit grünen Haaren auf dem Handy rumdaddelt. Das Gerät piepst und brummt wie ein Autoscooter auf dem Cannstatter Wasen.

»Wenn mich der Sturz nicht blöd gemacht hat, dann schafft die das«, wispert Frieda mir zu und tippt gegen das Pflaster am Hinterkopf. Ihre Haare stehen ab und bräuchten wohl dringend eine große Portion Shampoo. Ansonsten aber sieht sie taufrisch aus. Gelöst irgendwie. Eine andere Frieda, wie ich finde. Und die steht sich selbst ausnehmend gut.

»Ich hab dir was mitgebracht.« Ich ziehe die drei Blusen, die ich in aller Eile aus meinem überschaubaren Fundus gekramt habe, aus der Tasche. »Sonst denken die Leute noch, du wärst ein Massenmörder auf der Flucht.«

Frieda lacht. Der Teenager rollt mit den Augen, als sie sich das schmutzige Shirt abstreift. Darunter ist sie nackt, und ich staune, wie gut erhalten ihre Brüste nach fast sieben Jahrzehnten auf dieser Erde noch sind.

»Ist ja eklig, totes Fleisch«, pampt die Rotzgöre. Frieda schnappt sich das alte Shirt und wirft es in ihre Richtung. Sie trifft genau auf den Kopf.

»Hey Alte, geht's noch?« Das Mädel fährt hoch und zerrt sich den Stoff vom Gesicht. Dann schleudert sie das Top auf den Boden.

»Ganz langsam, Fräulein«, baue ich mich vor ihr auf. »Bisschen Respekt, ja?«

»Leck mich.« Die Göre dreht sich zur Seite und zieht sich die Decke über den Kopf. Immerhin ist jetzt das Daddelgeräusch deutlich leiser.

»Was hat die denn?«, frage ich tonlos.

Frieda macht eine Geste, als würde sie aus einer Flasche

trinken. »Fast zwei Promille«, grinst sie. »Hat die ganze Nacht gekotzt.«

»Glückwunsch«, sage ich kopfschüttelnd und helfe Frieda in die erste Bluse. Keine Chance, der Stoff bedeckt nicht mal die Hälfte ihres Busens. Die zweite kriegt sie erst gar nicht über die Schultern.

»Wenn die auch nicht passt, geh ich nackig«, scherzt Frieda. Muss sie nicht. Der rote Stoff spannt sich zwar enorm über ihrem Dekolleté und die Knöpfe müssen sich mit aller Kraft am Faden festklammern. Aber Frieda sieht fantastisch aus. Sie strafft die Schultern, zeigt dem weißen Haufen aus Bettzeug und Komasäuferin den Stinkefinger und hakt sich bei mir unter.

»Willst du die nicht mitnehmen?« Auf dem Nachttisch stehen die nicht mehr ganz frischen gelben Rosen. Frieda schüttelt den Kopf.

»Ich mag gar keine Rosen«, gesteht sie und grinst. »Ich habe einen Bärenhunger.«

»Ich auch«, muss ich zugeben. Wir steuern das erstbeste Café an. Mit viel Überzeugungsarbeit und einem Zehner überreden wir den Kellner, uns trotz spätem Vormittag noch zweimal Frühstück zu bringen. Als die frischen Brötchen, weich gekochten Eier, der Saft und die Schinkenplatte vor uns stehen, seufzt meine Freundin. Sie schnuppert am Kaffee.

»Wie Wasser nach einem Wüstenritt«, freut sie sich. Ich freue mich, weil sie mit großem Appetit zulangt. Überlasse ihr mein Ei und bestelle noch eine Käseplatte. Frieda schlemmt und schweigt. Nur einmal nickt sie strahlend. Als ich ihr den neuen Anhänger am Armband zeige.

»Das war vielleicht nicht der kreativste Heiratsantrag, aber mein erster«, erzähle ich. Frieda hört zu und schweigt.

»Danke«, sagt sie schließlich und tupft sich mit der Serviette den Mund ab.

»Dafür nicht, ist quasi ein Willkommen zurück im Leben-Frühstück.«

»Das meine ich nicht. Ich meine Raimund. Und ganz viel mehr.«

»Oh.«

»Hast du noch ein bisschen Zeit?«, will sie wissen. Ich bejahe, muss erst später bei der Polizei sein. Frieda ordert beim Kellner einen Piccolo für sich und eine große Apfelschorle für mich. Dann beginnt sie zu erzählen.

Gestatten,

Earl of Kotzwood. Meine Güte, war mir schlecht. Und diese Krämpfe. Mir war heiß und kalt und schlecht auf einmal. Zum Glück war Arne da. Der hat gemacht, dass es wieder gut ist.

Rolf sagt, ich hätte was Falsches gefressen. Was mit Gift drin. Ich kann mich ehrlich gesagt nicht mehr erinnern, was das gewesen sein soll. Im Park habe ich ein Stück Salamibrot gefunden. Den Rest von einem Fleischküchle. Und ein bisschen Wurst. Ich soll draußen nichts vom Boden fressen. Aber das ist nun mal mein Job, dass ich aufräume.

Ich finde es ziemlich traurig, dass es Menschen gibt, die Hunde vergiften wollen. Ich zumindest habe niemandem was getan. Und mein Sohn auch nicht. Klar, es gibt auch Hunde, die ich nicht in mein Körbchen lassen würde. Den streitsüchtigen braunen Zottelhund, zum Beispiel. Der knurrt und fletscht die Zähne. Da mache ich lieber einen großen Bogen drum. Ist aber alles noch kein Grund, uns wehzutun. Der braune Kerl kann nichts dafür, dass er so ist. Der hat ein ziemlich blödes Herrchen. Der schreit dauernd und zerrt an der Leine. Und der räumt auch nie die Kackwürste von seinem tierischen Freund weg. Rolf und Chris haben immer Tüten dabei. Und machen hinter mir sauber. Es sei denn, ich hätte Durchfall. Da können die dann auch nichts machen.

Ich frage mich, wer hinter Katzen aufräumt. Ich glaube niemand, denn bei uns im Garten liegt immer wieder Miezenkacke. Ärgerlich. Aber kein Grund, der Katze wehzutun.

Rolf ist ziemlich wütend. Ich auch. Ganz ehrlich, wenn ich so einen Menschen erwische, dann vergesse ich meine guten

Manieren. Das geht dann nicht nur ans Hosenbein. Da ramme ich meine Zähne in die Wade. Auch wenn mir hinterher wieder kotzübel ist, denn solch ein Zweibeiner schmeckt garantiert ziemlich bitter. Bäh.

Fünfzehn

»Das ist kein Hund. Das ist eine kuschelige Mischung aus Gremlin und Frosch.«
François Thiercy

Nachdem ich das Krankenzimmerverlassen hatte, stand Raimund unschlüssig mit den gelben Rosen in den Händen da. Mutter und Sohn sahen sich minutenlang nur an.

»Das ist nicht so kitschig wie im Fernsehen«, erklärt mir Frieda. »Da ist nichts mit sich um den Hals fallen, heulen und dann gehen die Geigen an.«

In Friedas Fall kam erst mal die Krankenschwester, um das Tablett abzuräumen. Dumm, dass sie nicht angeklopft hatte. Dumm auch, dass Raimund direkt hinter der Tür stand. Und ganz dumm, dass die Schwester die Tür mit mächtig viel Schwung aufgestoßen hat. Sie knallte dem Besucher direkt in den Rücken, der stolperte vorwärts, die Blumen flogen in hohem Bogen auf das unbesetzte Nachbarbett, und Raimund fiel seiner Mutter quasi vor die Füße.

»Hoppala«, flötete die Schwester.

»Umpf«, machte Raimund.

Und Frieda – lachte. Sie lachte aus voller Kehle. Vor Freude, vor Erleichterung. Und weil Lachen besser ist als Heulen.

Raimund rappelte sich hoch und funkelte sie an.

Einen Moment lang befürchtete sie, er würde auf der Stelle kehrtmachen und gehen. Also presste sie die Hand vor den Mund und erstickte das Kichern. Holte Luft. Und dann kamen die Tränen. Sie bekam nicht mit, dass die Krankenschwester das Tablett abräumte. Merkte nicht, wie Raimund sich setzte. Sah nicht, dass eine andere Schwester eine Vase brachte, im kleinen Bad füllte und die Rosen hineinstellte. Frieda verbarg das Gesicht in den Händen und heulte sich die ganzen letzten Jahre aus dem Leib. Irgendwann spürte sie eine zaghafte Berührung am Rücken.

»Mama«, flüsterte Raimund. Frieda hob den Kopf und nahm dankbar das Taschentuch, das ihr Sohn ihr reichte. Sie schnäuzte sich wenig damenhaft.

»Es tut mir leid«, brachte sie zwischen einzelnen Schluchzern hervor. Raimund sagte nichts. Als der Heulkrampf abebbte, nahm er ihre Hand in seine.

»Scheiße gelaufen mit uns«, stellte er trocken fest.

»Oberscheiße«, stimmte seine Mutter ihm zu.

»Hast du eine Freundin?«, versuchte Frieda ein möglichst banales Gespräch. »Wo wohnst du? Was arbeitest du?«

»Ich bin Single«, antwortete Raimund. »Schon seit zwei Jahren. Hab eine kleine Wohnung in Echterdingen. Und bin Handelsvertreter.« Auch wenn diese Informationen nichtssagend waren, füllten sie doch Friedas Mutterherz. Sie drückte die Hand ihres Sohnes. Dann bat sie ihn, aus dem Nachtkästchen ihr Portemonnaie zu holen.

»Du brauchst mir kein Geld geben«, rief Raimund.

»Will ich auch gar nicht. Ich muss dir was zeigen.« Sie nahm die Geldbörse und holte drei Fotos heraus. »Die habe ich immer bei mir.«

Raimunds Hände zitterten, als er die Bilder nahm. Das erste starrte er lange an. Es war vergilbt, an den Rändern eingerissen und zerknickt von den vielen Stunden, die Frieda es angeschaut hatte, wenn sie auf Kundschaft wartete. Es zeigte die beiden Hand in Hand vor einem Springbrunnen. Raimund reichte ihr gerade mal bis zum Bauchnabel. Er trug eine kurze Lederhose und ein kariertes Hemd, seine Mutter ein rotes Dirndl.

»Das war am Titisee«, fiel es Raimund wieder ein.

»Ja, unser erster Urlaub. Du wolltest unbedingt Tretboot fahren, obwohl du viel zu kurze Beine hattest. Also hab ich mich abgestrampelt und du gesteuert.«

Raimund lächelte und betrachtete das zweite Bild. Das etwas besser in Schuss war als das andere. Es war jüngeren Datums und zeigte Raimund im Alter von vierzehn. Er stand vor einem üppig mit goldenen Kugeln und jeder Menge Flitter geschmückten Weihnachtsbaum und starrte in die Kamera. Der schwarze Anzug schien schon ein bisschen zu klein zu sein, die blaue Krawatte hing schief über dem weißen Hemd.

»Das war im Allgäu, oder?«

»Stimmt. Weihnachtsurlaub.« Frieda erinnerte sich gern an diese Zeit.

»Du warst ein ständig schlecht gelaunter Pubertist. Außer wenn du die kleine Barbara oder wie sie hieß im Hotel gesehen hast.«

»Sie hieß Sabrina. Und übrigens habe ich diesen Anzug gehasst.« Raimund lächelte.

»Ich weiß«, lächelte Frieda zurück. »Aber du hast so süß ausgesehen.«

Raimund verdrehte die Augen. Seine Mutter kicherte. Dann nahm er das dritte Foto zur Hand. Es war um seinen zehnten Geburtstag herum aufgenommen worden. Er saß in einem Liegestuhl. Auf seinem Schoß thronte ein struppiger Hund mit gelbem Fell und Schlappohren.

»Griechenland«, erinnerte ihn seine Mutter.

»Aber ... der Hund?«

»Den hast du damals den ganzen Tag mit dir rumgeschleppt. Der gehörte irgendwie zum Hotel, und du hast ihn mit Essen angelockt.«

»Ja aber ... ich dachte ...«

»Erinnerst du dich nicht mehr?« Frieda war ein bisschen traurig, gehörten doch die vierzehn Tage in Griechenland mit zu den schönsten Erinnerungen, die sie hatte. Raimund schüttelte den Kopf.

»Du hast ihn Hansi getauft. Und es gab ein riesiges Drama, weil er nicht mit uns nach Stuttgart fliegen durfte.«

»Ich wollte einen Hund?« Raimund war fassungslos.

»Den einen hier auf jeden Fall.«

»Aber ich habe doch eine Hundeallergie.«

»Was? Nicht, dass ich wüsste.«

Raimund berichtete, dass er immer niesen müsse, wenn eine Fellnase in der Nähe sei.

»Das kann nicht sein.« Frieda kratzte sich am Verband. »Kann es sein, dass ... versteh mich nicht falsch ... aber dass das psychisch ist? Weil du damals so enttäuscht warst wegen Hansi? Du hast nach der Rückkehr drei Tage lang geheult und getobt und dann beschlossen, dass Hunde doof sind.«

»Echt?« Raimund kramte in seiner Erinnerung. Es tauchten nur kleine Fetzen auf. Aber er erinnerte sich. Wenn auch nur sehr, sehr vage.

Frieda holte ein viertes Foto aus der Geldbörse.

»Das ist Lude«, sagte sie und reichte ihm den Schnappschuss des Dackels. Der Hund lag zwischen zwei Nackenrollen auf der Couch und starrte mit seinen Knopfaugen in die Kamera.

»Das ist meiner.« In Friedas Stimme schwang Besitzerstolz mit.

»Süß«, sagte Raimund lahm.

»Jemand müsste sich um ihn kümmern, bis ich hier raus kann. Im Moment ist er in der WG, aber die haben auch so schon jede Menge zu tun.« Sie legte den Kopf schief.

»Ich? Ich soll ... einen Hund?«

»Du würdest mir einen großen Gefallen tun.«

»Und wenn meine Allergie ...?«

»Du hast keine. Glaub deiner alten Mutter.« Als sie noch ein leises »Bitte« hinterherschob, willigte Raimund zögernd ein. Und beschloss, auf dem Weg zu den Jungs zur Sicherheit ein Antiallergikum aus der Apotheke zu holen.

»Was soll ich sagen? Er hat natürlich keine Allergie.« Frieda trinkt den letzten Schluck Sekt. Wir zahlen, und ich bringe sie nach Hause.

»Bist du sicher, dass du allein hier zurechtkommst?« Ich biete ihr an, ein paar Tage mit zu uns zu kommen.

»Ich bin doch nicht klapprig«, protestiert sie.

»Aber wenn was ist, melde dich sofort«, befehle ich. Nehme sie fest in den Arm. »Soll ich dir noch was einkaufen?«

Frieda lacht. »Ich hab alles im Haus. Tiefkühler sei Dank. Und heute Abend gibt's Lieferdienst.«

Das klingt traurig. »Komm doch zu uns zum Essen«, schlage ich vor.

»Geht nicht.« Frieda zwinkert mir zu. »Ich bekomme Besuch.«

Jetzt mache ich große Augen.

»Horschd kommt. Nur so. Als Freund. Echt.« Friede sieht ein bisschen aus wie ein junges Mädchen. Ihre Wangen röten sich.

»Ja, is klar.« Ich muss lachen. Und mich dann sputen, um nicht zu spät bei der Polizei zu sein. Als ich auf halber Treppe bin, reißt Frieda ihre Wohnungstür noch einmal auf.

»Warte!«, ruft sie. Ich stürme zurück. Ich bin wirklich ein bisschen in Eile.

»Ich muss dir noch was geben.« Sie reicht mir einen kleinen Stoffbeutel. Darin ist die zum Armband passende Kette.

»Ich wusste, dass ich die nicht umtauschen muss.« Ich bin baff.

»Woher?«

»Berufsgeheimnis.« Frieda lacht schallend. Ich lege mir die Kette um den Hals, dann renne ich los.

Die orangefarbenen Plastikstühle im Gang sind komplett besetzt. Auf einem sitzt Arne mit Zita auf dem Schoß. Rechts und links von ihm thronen Earl und Mudel auf je einem Sitz. Ich muss grinsen: alle drei sehen bierernst aus. Neben Earl hat Raimund Vogler Platz genommen. Auf seinem Schoß hat sich Lude zusammengerollt. Ich habe kaum genug Zeit, mein Rudel zu begrüßen, da bittet uns POM Fritz mit einem »Leck mich, was isch do los?«, in sein Büro. Das mit drei Erwachsenen, drei Hunden, einem Baby und einem korpulenten Polizisten überfüllt ist. Der Beamte quetscht sich hinter seinen Schreibtisch und lässt ein »Affenzirkus« hören. Dann ignoriert er uns, tippt auf der Tastatur rum. Wir sehen uns fragend an. Earl will den Schreibtisch erkunden, aber Arne hält ihn davon ab. Schließlich, nach einer gefühlten Ewigkeit, neigt POM Fritz dazu, uns seine Aufmerksamkeit zu schenken.

Zita quengelt. Mudel gähnt. Lude will das Tischbein annagen. Dafür, dass wir jede Menge Fellnasen im Schlepptau haben, finde ich unsere Gruppe trotzdem sehr diszipliniert. Zumindest Mudel, der sich unter meinem Stuhl zusammenrollt. Okay, er lässt einen Hundepups los, aber nicht so einen von der Sorte, bei der man fluchtartig den Raum verlassen müsste. Der Polizist reißt trotzdem das Fenster auf. Dann nimmt er – wieder einmal – unsere Personalien auf. Arne, Raimund und ich tauschen genervte Blicke. Aber wahrscheinlich gehört so was zum Job eines POM im Innendienst. Als ich an der Reihe bin, will er von mir wissen, welche Berechtigung meine Anwesenheit habe. Arne antwortet.

»Sie ist meine Verlobte.«

Raimund klatscht begeistert in die Hände, was der Mops als Aufforderung zum Spielen auffasst. Earl hüpft an Voglers Bein hoch und bellt begeistert. Lude schreckt hoch und rammelt in einer Übersprungshandlung Arnes rechten Schuh an. Mudel weiß nicht, was los ist, und kläfft die Wand an. Zita ist das alles zu viel, und sie beginnt zu weinen.

»Heimadland! A Ruah isch!« POM Fritz schlägt mit der Faust auf den Schreibtisch. Die Hunde zucken zusammen, und sogar Zita hört auf zu weinen. Sie drückt ihr Näschen gegen meinen Hals. Ich klopfe ihr beruhigend auf den Rücken.

»Mir send hier ned im Irrahaus!«, poltert der Polizist weiter.

Wir nicken. Die Hunde ziehen die mehr oder weniger geringelten Schwänze ein.

Raimund Vogler strafft die Schultern. »Natürlich nicht, Herr Kommissar«, schmeichelt er. Ich bin beeindruckt, denn offensichtlich wirkt sein Tonfall. Erstaunlich, was man als Limovertreter alles lernen kann. »Verzeihung«, schiebt er hinterher.

Der Beamte holt tief Luft. Was er mit einem Husten bezahlt, denn der Pups hat den Raum noch nicht ganz verlassen. Dann verschränkt er die Arme vor der Brust, lehnt sich zurück und sagt: »Jetzetle?«

Raimund Vogler ergreift das Wort. »Ich ziehe die Anzeige gegen Herrn Fuchs zurück.«

POM Fritz rollt die Augen. »Ond wieso?«

»Da es inzwischen quasi verwandtschaftliche Verhältnisse gibt, die unvorhersehbarerweise eingetreten sind«, schwadroniert Raimund. Ich muss mir das Lachen verkneifen. Er schwurbelt was von Familienbanden, Missverständnissen und internen Disputen. Herr Fritz bläst die Luft aus seinen Backen.

»Na sauber. S'ganze Gschäft umsonscht.«

»Das tut uns sehr leid, dass wir Sie belästigt haben.« Raimund steht auf und will POM Fritz die Hand reichen. Der aber ist damit beschäftigt, auf seine Tastatur einzuhauen. Ich befürchte, die Plastiktasten werden das nicht durchhalten, so wild hackt er drauf rum.

»Immer der gleiche Käs mid dene Leut«, murmelt er. »Erscht isch es ganz wichtig ond no nemme. Ond i hab den ganza Schreibkram für nix ond wieder nix. Heimadland.«

»Wenn Sie mögen, dann laden wir Sie gerne auf ein Glas im Laubenpieper ein«, schlage ich vor. POM Fritz starrt mich über den Bildschirm hinweg an.

»Des war Beschdechung, Fräulein, des han i besser ned ghörd.«

»Ich wollte nur nett sein«, murmele ich und stehe auf.

»Ned nett sein, des gibd meischdens Ärger«, rät mir der Polizist.

»Auf Wiedersehen«, sagt Raimund.

»Besser ned«, empfiehlt POM Fritz.

»Neee, besser nicht«, stöhnt Arne, als wir etwas unschlüssig draußen stehen. Der Mops drückt seine Meinung auf seine Art aus und kackt direkt vor die Tür. Wieder einmal bin ich erstaunt, wie viel Masse aus so einem kleinen Hund rauskommen kann. Während ich das Malheur mit einer Kacktüte beseitige, verstaut Arne unsere Tochter im Kinderwagen.

»Das freut mich mit eurer Verlobung«, sagt Raimund. So nett habe ich ihn noch nie erlebt. Aber vielleicht werden Menschen mit einer Geschichte wie seiner so. Legen sich einen dicken Panzer zu, verstecken sich hinter einer undurchdringlichen Fassade und lassen nichts und niemanden an sich ran. Der alte Vogler ist zwar immer noch zu erkennen, aber man merkt, dass die Fassade langsam bröckelt. Darunter kommt ein Mensch zu Tage, der seiner Mutter viel ähnlicher ist, als er es selbst wahrscheinlich ahnt.

»Danke«, sage ich und folge meinem Impuls. Ich drücke ihm einen Kuss auf die Wange. Er versteift sich und holt tief Luft. Der alte Raimund. Ich beschließe, das zu ignorieren und schlage vor, zur Feier des Tages die Freiheit zu genießen.

»Da mein Zukünftiger ja nun nicht hinter schwedische Gardinen muss, gebe ich einen aus.«

»Das ziehe ich dir aber vom Haushaltsgeld ab«, schäkert Arne.

»Warts nur ab«, gebe ich zurück, »als verheirateter Mann gesteht deine Gattin dir ein wöchentliches Taschengeld zu. Fünf Euro müssten reichen.«

»Ich würde auf zehn erhöhen«, grinst Raimund. »Für nen Fünfer kann er dir keine passablen Blumen kaufen.«

Die meisten Tische auf der Terrasse sind besetzt. Chris eilt zwischen den Gästen hin und her, balanciert gekonnt ein rappelvolles Tablett mit Bier und Limo. Rolf kommt hinter dem Tresen kaum mit dem Zapfen nach. Die Hunde rennen wie immer direkt in die Küche, wo immer mal ein Stück Wurst oder Käse quasi aus absichtlichem Versehen auf den Boden fällt. Ich frage Rolf, ob ich ihm helfen kann. Er verneint.

»Wir haben seit gestern eine Aushilfe«, gibt er bekannt und deutet mit dem Kopf Richtung Küche. Von dort ertönt in derselben Sekunde ein verzückter Schrei.

»Jööö! So siiieeesse Hundääää!«

»Kochen kann sie besser als Putzen.« Rolf zwinkert mir zu.

»Malgorzata?« Ich kann nur hoffen, dass sie die Pommes auf den Tellern nicht der Größe nach sortiert und ordnet, sonst kommen die Gerichte erst nach Tagen bei den Gästen an. Rolf nickt, und ich schiele um die Ecke. Auf der Anrichte stehen zwei fertige Salatteller mit Putenstreifen. Normal angerichtet sind die allerdings nicht – die Neue hat ein richtiges Kunstwerk auf die Teller gebracht und mit Kräutern, Apfelscheiben und frischen Himbeeren dekoriert. Sieht extrem lecker und tatsächlich nicht nach ewigem Sortieren aus. Jetzt merke ich, dass ich Hunger habe.

Mops und Mudel sind hinter einem der Edelstahlschränke verschwunden. Von Malgorzata sehe ich nur den Hintern, weil sie sich hingebungsvoll zu den Hunden bückt und jedem ein Saitenwürstle verfüttert. Ich weiß nicht, was ich erwartet hatte, irgendetwas zwischen breitem Sofakissen und prallem Medizinball im geblümten Rock vermutlich. Das hier allerdings sieht ziemlich perfekt aus, rund und knackig unter schwarz glänzenden Leggings. Die Füße stecken in für die Küche völlig ungeeigneten hohen Sandalen. Als Malgorzata sich aufrichtet und umdreht, bin ich völlig perplex. Sie hat knallrote Haare und ein Gesicht, das ein bisschen aussieht wie bei Pippi Langstrumpf mit großen Lippen, großen Zähnen, Stupsnase und Sommersprossen. Und sie hat einen Körper, der Frauen neidisch werden lässt.

»Jöööö, so siiiieeeesss!« Die Polin breitet die Arme aus, und ich bin ein bisschen verwirrt, als sie mir um den Hals fallen will. Aber sie meint nicht mich, sondern Zita, die von Arne hereingetragen wird. »Sooo scheeene Bebiiii!« Sie geht auf meine Tochter zu und zwickt sie ungefragt in die Pausbacke. Zita giggelt und unterhält sich mit Malgorzata in giggelnden Lauten, die bei beiden ungefähr gleich klingen. Arne kann gar nicht so schnell gucken, da hat Zitas neue Freundin sie schon auf ihren Arm gezogen und schaukelt sie hin und her.

»Das ist die Frau, die deine Bücher sortiert hat«, wispere ich Arne ins Ohr.

»Die?« Er ist baff. »Ich dachte an eine dicke alte Oma in Kittelschürze.«

»Ich auch.«

»Na hoffentlich kocht sie besser, als sie putzt«, wiederholt Arne meine Befürchtung.

»Rolf sagt, ja.« Ich deute mit dem Kopf auf die Salate, gerade noch rechtzeitig, ehe Chris sie abholt, um sie zu servieren. Zeitgleich knallt er den Zettel mit den neuen Bestellungen auf das Edelstahl in der Durchreiche.

»Oh, siiieeesse Mädele, muss Malgorzata kochen.« Sie klingt tatsächlich enttäuscht, als sie uns unsere Tochter zurückgibt und sich den Zettel schnappt.

»Scheenes Paar, scheene Wohnuuunnng«, gurrt sie und verschwindet dann im Kühlraum. Wir verschwinden auch. Richtung Parzelle 42. Dort ist es bedeutend ruhiger. Wir bieten Raimund an, uns zu begleiten, aber der unternimmt lieber einen Spaziergang mit Mudel.

Seit gefühlten hundert Jahren sind Arne und ich mal wieder allein im Garten. Zita schlummert in der Laube im Babyreisebettchen. Mudel und Earl haben sich unter die Büsche in den Schatten gepackt. Mein Verlobter und ich liegen nebeneinander auf einer Decke im Gras und lassen uns besonnen. Wir halten Händchen, schauen den Wolken beim Wolkesein zu und sind einfach nur da. Ich könnte ewig so liegen bleiben. Mir fallen die Augen zu, aber als ich gerade selbst zu einer Wolke werde, meldet sich Arnes Handy.

»Freddy«, sagt er mit einem Blick auf das Display. Ich spüre, wie die Giftameisen automatisch ihren Bau verlassen wollen, aber ich dränge sie zurück. Tue erwachsen und rühre mich nicht, während Arne das Gespräch annimmt.

Eine ganze Weile lang scheint nur Friederike zu reden. Jedenfalls kommt von Arne nur hin und wieder ein »Hm« und ein »Naja«. Dann ein »Da muss ich Rolf fragen«. Und schließlich der Vorschlag, Samstag um acht hier zu sein. Mit Grillgut, für Getränke und Salat würde er sorgen. Als er auflegt, klopft mein Herz unruhig. Hat er jetzt tatsächlich ausgerechnet Freddy in unser Paradies eingeladen? Andererseits – warum nicht ausgerechnet sie, wenn sie ihn schon in einer seiner schwärzesten Phasen aufgefangen hat?

»Was wollte sie denn?«, frage ich so unbeteiligt wie möglich.

»Nichts von mir.« Arne küsst mich. »Eher vom Mops.«
»Hä?«
»Sie braucht für eine Nebenstudie noch ein paar kleine Verhaltensmuster von Hunden.«
»Ich verstehe nur Bahnhof.«
»Alles kein Ding, Hauptsache, du küsst mich noch mal.«
Davon verstehe ich deutlich mehr. Und tue, was mein Zukünftiger von mir verlangt hat.

Gestatten,

Earl, die siiiieeessse Hund. Hach. Gäbe es doch mehr Menschinnen wie Malgorzata. Die weiß, wo ich gekrault werden will. Was ich gerne mal zwischendurch knabbere. Und wie sie mein Ego gebührend pflegt.

Ich weiß, dass ich süß aussehe. Das wird mir oft genug gesagt. Als ich noch klein war, ist mir mal durch Zufall bewusst geworden, dass ich viel eher gefüttert oder gestreichelt werde, wenn ich den Kopf leicht schief lege. Ich musste ein paar Wochen üben, bis ich den richtigen Winkel raushatte. Zu wenig schief – fällt den Menschen nicht auf. Zu schief – heißt Tierarzt, weil vielleicht mein Nacken kaputt sein könnte. Ganz besondere Wirkung erziele ich, wenn ich dann noch eine Pfote in die Luft strecke. Damit krieg ich sie alle. Und ich kriege alles.

Warum ich Sitz, Platz und so Zeugs machen muss, hat sich mir noch nicht erschlossen. Als Welpe gab es noch Leckerlis, wenn ich mich auf Kommando hingesetzt habe. Jetzt nicht mehr. Weswegen ich auch nur dann komme, wenn ich es will. Und nicht, weil man mich ruft. Naja, meistens jedenfalls, manchmal macht es auch Sinn, sich in der Nähe seines Menschenrudels aufzuhalten. Die machen sonst gerne mal Dummheiten, von denen ich sie mit Bellen, Fiepen oder Jaulen abhalten muss.

So gesehen bin ich auch kein Hund. Sondern der Bodyguard meiner Menschen. Und ihr Therapeut. Ich bringe sie zum Lachen, wenn sie es nötig haben. Ich kuschele mit ihnen, wenn sie Liebe brauchen. Und ich bin die Putzfrau, irgendwie. Wenn sie wieder mal Essen fallen lassen. Dann lasse ich mich herab und mache den Boden sauber. Ohne mich läuft ja sonst nix im Haushalt.

Sechzehn

>»Möpse können, wie Menschen, im Alter figürlich etwas nachlassen, jedoch an Ausdruck gewinnen.«
>*Katharina von der Leyen*

»Nicht mehr als drei.« Der ungewaschene, schwitzende Kerl im Feinripphemd und tatsächlich in weißen Socken, die in Sandalen stecken, rammt die Fäuste in die ausgebeulten Taschen seiner Bermudahose. Der säuerliche Geruch, der unter seinen Achseln hervorquillt wie schlecht gewordener Eintopf, raubt mir fast den Atem. Trotzdem gebe ich den Rasenmäher nicht unter zehn Euro her.

»Neu kosten die dreißig aufwärts«, bleibe ich hart.

»Der ist aber nicht neu.« Über der Bermuda spannt sich das Hemd. Der Bierbauch hat sicher viel Geld gekostet. »Hat ja nicht mal nen Motor.« Der Kerl lacht scheppernd und zeigt seine gelblichen Zähne.

»Deswegen ist das ja auch ein Handmäher. Und der kommt völlig ohne teuren Sprit aus«, springt Chris mir bei.

»Fünfzehn«, schlage ich vor.

»Vier.«

Ich schüttele den Kopf.

»Die Schneiden sind wie neu.« Chris streicht wie verliebt über den Griff des Mähers.

»Quatsch, die haben schon Rost angesetzt.« Der Typ ist echt eine harte Nuss. Leider nicht die erste an diesem Tag.

Seit der Flohmarkt um neun Uhr eröffnete, habe ich unzählige solcher Gespräche geführt. Mein Eindruck ist langsam, dass man den Leuten noch Geld dafür geben soll, dass sie die Sachen mitnehmen.

»Flugrost. Ich sag Ihnen was«, Chris beugt sich über den Biertisch, der als Warenpräsentaton gilt. »Ich schenk ihnen ne Flasche Cola dazu, mein Geheimtipp.«

»Dreizehn und Cola?«, frage ich.

»Nä.« Der Dicke zieht die Nase hoch. »Weil du es bist – sieben.«

»Elf.«

»Acht.«

»Zehn.«

»Achtfuffzig.«

»Nein. Neun.« Ich will eigentlich gar nicht, dass er zuschlägt, denn das bedeutet, dass ich seine schwitzende Hand zum Verkaufsabschluss schütteln muss. Allein bei der Vorstellung schüttelt es mich. Leider willigt der schweißige Käufer ein. Ich überwinde meinen Ekel. Neun Euro sind neun Euro, sage ich mir. Der Kerl zieht mit dem Mäher von dannen.

»Boah ey ... ne Gartendusche wär für den besser«, flüstert Chris und bezirzt dann eine Mutter mit Kleinkind, das einen Holzroller für sich entdeckt hat. Ich atme tief durch. Eigentlich bräuchte ich dringend eine Pause. Aber schon steht der nächste Interessent vor mir, Typ Student, und fragt nach dem Preis für eine Laterne.

Ich schiele nach links, wo Frieda (das Pflaster unter einem ausladenden Strohhut versteckt) einem älteren Ehepaar gerade ein paar Plastikfliesen für den Außenbereich schmackhaft macht. Sie hat eindeutig mehr Verkaufserfahrung als ich.

»Guck mal, die Kerze ist sogar dabei«, versuche ich den Preis in die Höhe zu treiben.

»Aber die ist total schief«, nörgelt der Student.

»Ja, ist wohl mal warm geworden, das macht den besonderen Charme aus«, versuche ich es weiter. Er wiegt den Kopf hin und her und bietet mir schließlich zwei Euro. Ich lehne ab, und er geht weiter.

Bis zum späten Nachmittag haben sich die Tische zwar einigermaßen geleert, die Kasse aber wohl nicht gefüllt. Ja, wir sind mitten in Schwaben, und ja, die Leute wollen sparen, manche müssen es auch, und ja, das hier ist ein Flohmarkt. Trotzdem bin ich wenig begeistert, als Chris zwei schmiedeeiserne Zaunelemente für einen Preis hergibt, der in meinen Augen gerade mal dem Schrottwert entspricht. Aber ihm hat der Käufer gefallen, besser gesagt, dessen Hintern. Frieda ist ein bisschen härter im Verhandeln, bekommt aber immer dann ein weiches Herz, wenn Mütter mit Kindern auftauchen. Ich glaube, das eine oder andere Teil hat sie sogar verschenkt. Als Arne um vier mit Zita kommt, bin ich platt. Meine Füße brennen, in meinem Kopf summt es, und ich habe irgendwie den Überblick verloren.

»Ich mach weiter«, schlägt Arne vor. »Ist ja nicht mehr viel. Ich räume dann auf.« Ich nehme ihm dankbar meine Tochter ab und latsche in die Parzelle. Ein, zwei Stunden nichts hören. Nichts sehen. Augen zu und Füße hoch. Dann muss die mehr oder weniger spontane Party vorbereitet werden, zu der sich nach und nach noch andere Gäste außer Freddy und ihre Frau gemeldet haben. Ich finde so was toll. Eigentlich. An allen anderen Tagen. Aber jetzt bin ich müde und würde mich am allerliebsten sofort ins Bett legen.

Zita scheint zu spüren, dass Mama nicht im Spielmodus ist. Kaum habe ich sie in ihr Bettchen in der Laube gepackt, schläft meine Süße ein. Ich drücke ihr ein Küsschen auf die Stirn und lasse mich auf das von Chris frisch aufgepolsterte und mit rotem Samt bezogene Sofa fallen. Ziehe mir das englische Plaid über den Kopf und bin sofort und auf der Stelle weg.

Und zwar sehr weit weg. Auf einem Kreuzfahrtschiff. Mitten im Meer. Ich stehe an der Reling wie die winselnde Käthe im Film. Breite die Arme aus und spüre die Gischt in meinem Gesicht. Anders als im Film bin ich allein. Was ich ganz gut finde, denn Leonardo das Cabrio ist erstens nicht mein Typ, zweitens winkt Frieda mir von einem Deckchair aus zu, und drittens weiß ich, dass ich nach unten muss. In meine Kabine. Zu meinem Mann.

Als ich mich umdrehe, steht Arne hinter mir. Das Schiff beginnt zu sinken. Frieda macht einen Hechtsprung in das einzige Rettungsboot. Dann spüre ich Wasser an meinen Füßen, es steigt, und als ich das nächste Mal die Augen aufschlage, liege ich auf einer riesigen Planke, die Platz für fünf Schiffbrüchige bieten würde. Ich schreie die Filmschauspieler innerlich an, weil die doofe Kate Winslet den Leonardo Di Caprio trotz immens großem Rettungsbrett mit Kapazität für mindestens vier Personen hat absaufen lassen. »Damit habt ihr mir den ganzen Film verdorben«, brülle ich. Arne, der im Wasser treibt, winkt mir aus den Wellen zu und sagt: »Steh auf!«

»Steh auf.« Chris rüttelt mich sanft an der Schulter.

»Ich kann schwimmen.«

»Prinzessin, huhu?«

»Aaaaargh.«

»Erde an Tanja, Erde an Tanja!« Jetzt rüttelt er fester und zieht mir das Plaid weg. Schade, ich hätte gerne noch ein bisschen weitergeträumt. Wäre mit Arne an Land geschwommen auf eine einsame Insel, weißer Sandstrand, Palmen und Gedöns. Aber statt Südseeparadies haben wir ja unsere Parzelle. Und die toppt jede Filmkulisse. Während ich viel länger als geplant geschlummert habe, hat Arne Zita bespaßt und ist jetzt mit ihr bei der Schaukel zwei Wege weiter. Chris hat Lichterketten mit unzähligen winzigen Lämpchen installiert, die gegen die beginnende Dämmerung anleuchten. Eigentlich stammen die Ketten aus der Weihnachtsabteilung, aber im Apfelbaum sehen sie aus wie ein Sternenhimmel. Am Tor hängen bunte Luftballons, rote und weiße Girlanden sind zwischen den Büschen gespannt. Unter dem Baum stehen zwei alte Bauerntische. Chris hat sie mit weißen Bettlaken gedeckt und mit einem üppigen Blumenstrauß in allen Farben und einem opulenten mehrarmigen Silberleuchter dekoriert.

»Wow!« Chris hat sich selbst übertroffen, stelle ich fest. An den Stuhllehnen hängen kleine Sträußchen, winzige Ausgaben vom Monster auf dem Tisch. Das Besteck ist jeweils mit rotweißem Band umschlungen, die Servietten hat er zu kunstvollen Gebilden gefaltet. Das witzigste aber sind die Gartenzwerge. Vor jedem Gedeck steht ein anderer Geselle, die mir bekannt vorkommen. Ich hätte sie ja auf die

Deponie verfrachtet, aber Chris hat sie gerettet und jeden in einer anderen Knallfarbe angestrichen. Auf den Bäuchen stehen Namen.

»Geniale Platzkarten«, rufe ich. Mein Zwerg ist apfelgrün, der von Arne himmelblau und Zitas – natürlich – quietschpink. Chris wird rot.

»Danke«, freut er sich über mein Kompliment. »Mir war so danach.«

»Also wenn so was dabei rauskommt, dann darf dir öfter danach sein«, lache ich und nehme ihn in den Arm.

»Schluss mit Schmusen!« Rolf stößt das Törchen auf. Mudel und Earl wuseln ihm zur Begrüßung durch die Beine, sodass er kaum vorwärtskommt. Schön zu sehen, dass der Mops wieder ganz der Alte ist. Und schön zu sehen, dass Rolf den Schreck überstanden hat. Er sieht wie immer blendend aus mit seinem Dreitagebart und der leichten Sommerbräune, die er trotz der vielen Arbeit im Laubenpieper bekommen hat. Chris knutscht seinen Mann zur Begrüßung.

»Schönes Paar«, denke ich und sehe an mir herunter. Meine Klamotten sind ziemlich zerknittert, und ich nehme an, dass ich zwar Haare am Kopf, aber nach dem Schlafen keine Frisur mehr habe. Und mit den paar Utensilien aus meiner Handtasche kann ich ganz bestimmt kein ordentliches Make-up zaubern. Ein Blick auf die Uhr zeigt, dass ich es nicht mehr schaffe, nach Hause zu fahren.

»Du siehst wild aus.« Rolf knutscht mich zur Begrüßung und drückt mir einen Stoffbeutel in die Hand. »Mach was dagegen.«

»Du bist der Hammer!« Er hat doch tatsächlich meinen

Badezimmerschrank geplündert und sogar eines meiner Lieblingssommerkleider mitgebracht.

»Schuhe hab ich nicht gewusst, aber zur Not gehst du barfuß«, lacht er. Ich sause in die Laube und mache mich an die Restaurierung. Rolf hat zwar Haarklammern vergessen, aber in der Schublade finde ich Gummiringe und binde mir die Haare zum Zopf. Lidschatten, Mascara und Rouge, schon sehe ich etwas frischer aus. Rosa Gloss auf die Lippen und dann das gelbe Kleid mit dem gerafften Ausschnitt. Rolf hat einen guten Griff getan.

»Wuhuuuuu!« Als ich auf die Terrasse trete, pfeift Arne anerkennend. Die müde gespielte Zita pennt im Kinderwagen. Wir decken den Wagen mit einem Moskitonetz ab und parken unsere Kleine unter dem Baum. Sie ist so müde und satt, dass ihr das Gekläffe gar nichts ausmacht, als die ersten Gäste eintreffen.

Freddy sieht angespannt aus, als sie mit ihrer Freundin eintrifft.

»Das ist Heike«, stellt sie vor. Ich finde Heike auf Anhieb sympathisch mit den kurzen schwarzen Locken und der etwas zu lang geratenen Nase, an der ein kleiner Brillant funkelt.

»Freut mich«, sage ich ehrlich und nehme beide Frauen in den Arm.

»Danke, für neulich«, flüstere ich Friederike ins Ohr.

»Passt schon«, sagt die und beugt sich zu den Hunden. Ihr Shirt ist am Rücken tief ausgeschnitten und gibt den Blick frei auf ihr Tattoo, einen Adler mit weit ausgebreiteten Schwingen. Hat sicher mächtig wehgetan, überlege ich. Heike guckt erst distanziert bis pikiert, muss dann aber lachen, als Earl ihr begeistert am nackten Bein hochspringt und über die Wade leckt. Der Mops mag die meisten Menschen auf Anhieb. Dieses Mal habe ich kein Problem damit. Die beiden Frauen sind okay.

Nach Freddy und Heike trudeln erst Frieda mit Raimund und Lude und dann Horschd mit Marcel und Mirabelle ein. Ich war ein bisschen unentschlossen, ob ich Marcel auch einladen sollte. Aber da sein Vater nun mal kommt, um meiner Freundin eine Freude zu machen … Ich hatte ehrlich gesagt Bauchschmerzen, was Arne dazu sagt. Er sagt nichts, sondern begrüßt Marcel freundlich. Was er sagt, kann ich nicht hören, denn die Hunde toben wie eine wild gewordene Affenbande kläffend durch den Garten.

Frieda sieht famos aus in ihrem weißen, schwingenden Kleid, das an allen möglichen Stellen Fransen und Bordüren aus Spitze hat. Eine Wucht. Ihre Haare hat sie so toupiert, dass man die noch kahle Stelle mit der Naht nicht sehen kann. Hinter dem Ohr steckt eine rote Seidenblume. Horschd ist hin und weg und sagt die erste halbe Stunde lang kaum ein Wort, so sehr ist er damit beschäftigt, seine ehemalige Flamme ja nicht aus den Augen zu verlieren.

Nachdem Chris und Rolf alle mit einem kühlen Holundersecco versorgt haben, nimmt Marcel mich unauffällig zur Seite.

»Ich habe noch jemanden eingeladen«, raunt er mir zu, während wir den Mops dabei beobachten, wie er sich im Blumenbeet wälzt. Ich hoffe für Earl, dass der Dreck trocken ist, sonst muss er nachher baden.

»So geheimnisvoll?« Ich nippe an meinem Drink. Arne ist mit Raimund ins Gespräch vertieft.

»Eigentlich gar nicht. Eigentlich geschäftlich.«

»Eigentlich?« Da ist doch was im Busch. Nicht nur ein Dackel, der nach einem nicht vorhandenen Kaninchen buddelt.

»Ich hatte dir doch versprochen, mich nach einem möglichen Investor fürs Bellobad umzuhören.«

»Habe ich ganz bestimmt nicht vergessen«, antworte ich und hoffe, dass er angesichts der doch ziemlich mickrigen Einnahmen vom Flohmarkt fündig geworden ist.

»Sie will sich das mal anschauen. Und hat eben heute Zeit.«

»Sie?« Ich habe das Blitzen in Marcels Augen bemerkt. So hat er bei mir nie gestrahlt. Nachtigall, ick hör dir stampfen! Marcel nickt, und im selben Moment ruft hinter uns eine Frau: »Hallo? Ist hier bei Bellobad?«

Alle Köpfe fahren herum und starren zum Gartentor. Die Hunde stürmen los, um die Ankommende zu begrüßen. Mirabelle ist ganz aus dem Häuschen, und ich sehe Marcel an, dass er am liebsten auch losrennen würde.

»Das ist Marika«, sagt er mit einem gewissen Stolz in der Stimme. Rolf lässt die mit zahlreichen Rundungen ausgestattete Marika in den Garten. Mirabelle weicht ihr nicht von der Seite, als sie mit wehendem schwarzem Haar auf Marcel zugeht und ihm einen Kuss auf den Mund drückt. Ich muss grinsen. Die beiden haben offensichtlich schon sehr intensiv verhandelt.

Viel Zeit zum Knutschen haben sie nicht, denn prompt zuckelt Malgorzata mit dem Bollerwagen heran. Der ist mit Schüsseln und Platten bepackt, mit denen sie eine komplette Fußballmannschaft satt machen könnte.

»Sooo scheeene Ooohbend«, flötet sie, als sie die Speisen auf die Tische stellt, bis von der Tischdecke nicht mehr viel zu sehen ist. Es gibt eine Wurstplatte, gegrilltes Gemüse, Hähnchenschlegel und Käse, bunte Salate, Ofenkartoffeln mit Quark und einen Raimund, der der knackigen Polin mit offenem Mund beim Werkeln zusieht. Chris und Rolf grinsen zu mir. Ich habe verstanden und tausche unauffällig die mit Namen beschrifteten Gartenzwerge so, dass Malgorzata neben Raimund sitzen muss.

»Ich wusste nicht, wie du heißt«, gesteht Chris gegenüber Marika und zuckt den blauen Lackstift. »Aber du bekommst natürlich auch einen Zwerg.«

»Ich hoffe doch nicht«, sagt Marcel trocken und legt die Hand auf ihren prallweiblichen Bauch. Wir müssen alle lachen, und das ist der Startschuss für das große Schlemmen.

Am meisten Spaß hat vermutlich der Mops. Der sitzt auf Freddys Schoß und lässt sich von ihr mit Schinken füttern. Ich hoffe, er kotzt nachher nicht, aber wenn es der Wissenschaft dient ... Ich habe allerdings keine Ahnung, welche Studie sie da gerade betreibt. Ein vor Hungergier fiepender Mops kann kaum von Interesse für die Veterinärmedizin sein.

Arne legt mir den Arm um die Schulter. »Die ist ganz schön raffiniert«, flüstert er mir ins Ohr, als Freddy den Hund an Heike weiterreicht. Earl knutscht sie sofort am Hals. Heike schmilzt. Wie alle, die dem Mops begegnen.

»Wie meinst du das?«, flüstere ich zurück.

»Ich hab dich angeflunkert«, gesteht er leise. »Ich wusste nicht, ob du freiwillig einen Abend mit Freddy verbringen willst. Aber ich wusste, dass du einem wissenschaftlichen Zweck nicht im Wege stehen würdest.«

»Hä?« Ich verstehe nicht. Vielleicht ging das Frau Schliemann damals ähnlich.

»Keine Studie. Sie will einen Mops.«

Jetzt dämmert es mir. Earl als Charmebolzen auf vier Pfoten kann live niemand widerstehen. Plattnase, Ringelschwanz und der Blick aus den kullerrunden Augen bringen jeden zum Schmelzen.

Wir schielen zu Zita. Die pennt immer noch. Arne zieht mich hoch.

»Ich muss dir noch ein Geständnis machen«, sagt er, als wir hinter der Laube stehen und in den Abendhimmel starren. Sterne sehen wir keine, dazu ist Stuttgart viel zu hell erleuchtet.

»Hast du wieder mal gekündigt?«, necke ich ihn.

»Eher so was wie das Gegenteil«, orakelt er und nimmt meine Hand.

»Weißt du, was am neunten Juni ist?«

»Mein Geburtstag. Wenn ich den vergessen würde, dürftest du mich einweisen.« Ich mag meinen Geburtstag nicht jedes Jahr, weil mir manchmal meine Eltern fehlen. Aber seit die Jungs und die Hunde meine Familie sind, hatte ich eigentlich nur noch schöne Partys.

»Auch. Aber da wirst du keine Torte bekommen.«

»Weil?«

»Da müssen wir in die Stadt.«

»Arne, das ist fast ein Jahr hin, was ...«

»Ich war gestern beim Standesamt. Dein Geburtstag wird unser Hochzeitstag.«

Als mir dämmert, was er da sagt, machen sich in meinem Bauch Ameisen, Schmetterlinge und bislang von der Wissenschaft unentdeckte Insekten ans große Krabbeln und Kribbeln.

»Arne! Das ist nicht mal ein Jahr bis dahin! Ich brauche ein Kleid, wir brauchen eine Band oder was weiß ich, das schaffen wir nie.«

»Müsst ihr auch nicht.« Wie aus dem Nichts sind Rolf und Chris aufgetaucht. Beide halten eine brennende Wunderkerze in der Hand.

»Als Trauzeugen ist die ganze Organisation unser Job«, gibt Chris bekannt.

»Wusstet Ihr das schon?«, frage ich baff.

»Klar, ich muss ja das beste Lokal der Stadt reservieren.« Rolf lacht.

»Ihr seid so herrlich doof«, lache ich. Earl schießt um die Ecke und muss so schnell bremsen, um nicht gegen meine Beine zu knallen, dass er einen Purzelbaum schlägt.

»Und du bist der herrlich Doofste von allen«, sage ich zärtlich und drücke den dreckverschmierten Mops an mich.

Gestatten,

Earl, der verliebte Mops. Wir hatten einen fantastischen Abend im Garten, Mirabelle und ich. Nur wir zwei unter dem Busch. Lude war so nett, mit Mudel zu spielen, damit Mirabelle und ich in Ruhe kuscheln konnten. Ich habe ihr erst mal die Ohren abgeleckt und dran geknabbert. Sie hat meinen Kopf in ihr Maul genommen. Himmlisch. Dann ... ach was, also das geht keinen was an.

Ich bin froh, dass meine Menschen wieder auf Spur sind. Auf Dauer wird mir das auch zu anstrengend, wenn ich mich um alles kümmern muss. Tanja und Arne teilen sich wieder das Körbchen. Ich kuschele mit Rolf und Chris. Und meinem Sohn. Das Baby hat langsam eine Größe erreicht, dass ich denke, es wird bald interessanter zum Spielen.

Die anderen sehe ich zum Glück auch regelmäßig, wenn sie in den Laubenpieper kommen. Da ist es immer schön. Und schön sauber. Auf dem Boden. Ich würde mich freuen, wenn wir uns dort auch mal begegnen. Sie dürfen mir gerne einen Käsekuchen ausgeben.

Mopsfidele Grüße,
der Mops.

Siebzehn

… und dann ging es weiter, das Leben, die Liebe, das Schnarchen vom Mops

Der Flohmarkt lockte zwar einige Besucher an, brachte aber weit weniger ein, als erhofft. Tanja wird das Geld in ein Kinderbettchen für Zita investieren. Und Chris bastelt aus dem Restbestand fröhlich Deko für den Laubenpieper. Freddy und ihre Frau kommen regelmäßig in den Biergarten. Die Frauen haben allerdings so viel mit sich selbst zu tun, dass sie von den anderen Gästen wenig mitbekommen. Schließlich müssen sie im Halbstundentakt die von der Züchterin neu hochgeladenen Fotos von Mausi bestaunen. Das schwarze Mopsmädchen zieht demnächst bei ihnen ein.

Chris und Rolf haben einen fetten Streit darüber bekommen, wer mit Tanja das Brautkleid kaufen darf. Chris hat sich gegen Rolf durchgesetzt. Der war drei Tage lang beleidigt. Dann hat Arne ihm angeboten, seinen Anzug gemeinsam zu kaufen. Und auch das Outfit für Zita. Die bis dahin sicher ihre ersten Schuhe braucht.

Die Jungs sind vollauf damit beschäftigt, das Internet nach allen möglichen und unmöglichen Hochzeitsseiten zu durchforsten. Schließlich soll es für ihre Prinzessin der schönste aller schönen Tage werden.

Frieda und Raimund sehen sich alle vier, fünf Wochen,

telefonieren aber regelmäßig. Mit Horschd hat sie wieder lockeren Kontakt und überlegt sich, mal ein Wochenende in Reutlingen bei ihm zu verbringen. Ohne Dackel, der soll so lang zu ihrem Sohn. Lude ist tatsächlich kein Allergen für Vogler. Raimund hat mittlerweile den Job gewechselt und macht jetzt Karriere in der Pharmazie.

Mirabelle und Earl sehen sich regelmäßig, wenn Marika und Marcel neue Pläne vorlegen.

Earl ist wieder ganz der Alte. Er frisst, spielt, lässt sich streicheln und ist – der beste Mops der Welt. Allerdings muss er Diät halten. Sonst passt ihm der Frack bei der Hochzeit nicht mehr.

Und was weiter passiert – erzähle ich euch bald!

Noch kein endgültiges Ende, aber … happy!

Credits

An einem Punkt, an dem ich ganz, ganz unten war, weil die Geschichten aus der WG scheinbar am Ende waren, bekam ich Post von Elisabeth Steppich. Sie fragte, ob ich mir vorstellen könnte, für Weltbild einen vierten Band über Earl und seine Menschen zu schreiben. Wenn sie in dem Moment meinen Affentanz gesehen hätte, hätte sie wahrscheinlich dankend abgewinkt. So aber verdanke ich ihr wunderschöne Schreibstunden mit meinen virtuellen Freunden.

Ein herzliches Danke auch an Jessica July. Sie weiß es nicht, hat aber durch ihre Anfrage, ob ich mal bei Weltbild eine Lesung halten könnte, einen riesigen Stein ins Rollen gebracht.

Franka Zastrow von der Agentur Schlueck hat dann den Knopf dran gemacht.

Mädels, dank euch dreien lebt jetzt ein echter Mops bei mir. Der heißt nicht Earl. Liefert aber jeden Tag jede Menge Stoff. Wenn er mich nicht gerade vom Schreiben anhält, weil er so laut schnarcht.

Ohne meinen Mann François gäbe es allerdings gar nichts Getipptes. Er hat unsere Urlaubskasse geplündert, damit ich in der Bretagne die ersten Zeilen schreiben konnte. Weil seine Madame zwar an passendes Schuhwerk, nicht aber ans technische Equipment gedacht hatte. Merci, mon amour. Que serais-je sans toi?

Mopsfidele Grüße gehen an die Mopseltern aus dem Mopsforum, die mir ihre schönsten Zitate zur Verfügung gestellt haben. Dafür ein ganz großes Wuff.

Silke Porath, Winter 2016

Bonus – exklusiv für Weltbild-Leser
Brezel, Baguette und Mops

Silke Porath ist mit einem Franzosen verheiratet. Ihr Monsieur ist eine wandelnde Vorlage für die erfolgreiche Kolumne »Brezel trifft Baguette« im Schwaben-Blog im Ländle. Die bekennende Schwäbin schildert darin ihr lustiges Leben mit einem Gallier an ihrer Seite. Die beiden haben während der Entstehung dieses Buches einen Mops adoptiert. Diese Geschichte erzählt sie hier exklusiv für Weltbild-Leser.

Bei uns jault und bellt es jetzt dreifach. Wir sind schon länger Eltern eines reinrassigen italienischen Straßenköters namens Rudi und von Charlie, einem waschechten rumänischen Findelhund.

Dabei standen mein Monsieur und ich am Tag unserer Hochzeit für einen kurzen Moment schon vor den Trümmern unserer noch nicht begonnenen Ehe. Monsieur kam als Offizier der französischen Armee nach Tübingen. Einen Sprachkurs hat er nie gemacht. So was machen Franzosen nicht. Entweder man versteht sie. Oder man lässt es. Mein Monsieur lebt seit über dreißig Jahren im Ländle. Trotz ungewohnter Speisen wie Brezeln oder paniertem Schnitzel ist er kleben geblieben im Land der Kehrwoche.

Frankreich gilt ja als das Land der permanenten Revolte. Da ist es nur logisch, dass mein Monsieur auch gegen die Grammatik auf die Barrikaden geht. Dass es im Deutschen den Buchstaben »H« gibt, ignoriert er konsequent. Denn das Aussprechen dieses Lautes würde bei ihm eine sofortige, irreparable Rachenentzündung auslösen, sagt er. Also verzichtet er auf das H. Auch beim (H)Eiraten. Was zur umgehenden Scheidung hätte führen können. Das war nämlich so: als die Standesbeamtin uns schon so weit gebracht hatte, dass die ganze Familie in Tränen aufgelöst war, sollten Monsieur und Madame sich noch gegenseitig etwas Nettes sagen. Ich war zuerst dran. Rotzte und heulte was von großer Liebe, Mann des Lebens. Sehr romantisch, wie ich fand.

Dann sah mein Zukünftiger mich an. Und platzte raus: »Isch abe meine Affe gefundöhn!«

Schweigen. Betretenes Schweigen. Sekunden lang.

Die Trauzeugin rief: »Was?«, und sah dabei sehr entsetzt aus. Die Standesbeamtin war auch nicht gerade überzeugt. Und mein Vater holte innerlich wohl schon die Keule raus.

Monsieur hauchte mir ein Bisous auf die Stirn. Allgemeines Aufatmen im Saal und die Erkenntnis, dass er keineswegs eine zoologische Fantasie hatte. Er meinte Hafen. Naturellement.

Endlich, endlich ist unser Mops bei uns eingezogen. Ganz ohne Buchstabe H im Namen. Nach vielen Jahren mit meiner Lieblings-WG und dem Lieblingshund war es auch allerhöchste Eisenbahn, dass ich eine Plattnase an meiner Seite habe.

Die Züchterin nannte ihn Buddy. Was gar nicht geht, wenn man einen Franzosen als Mann hat, denn der nennt ihn sonst »Böhdi«. Was auf eine Unterbekleidung für Damen schließen lässt. Madame hat also das Hirn angeschmissen und da es ein B-Wurf ist, musste ein Name mit B her. Unser Baby heißt also Baudelaire Napoléon. Einmal, weil er schön ist, dann nach dem berühmten Dichter, und außerdem benimmt sich der Fratz wie eine Kampfmaschine. Die nicht mal ein Gallier so richtig ernstnehmen kann – denn der Mops ist kein Hund, sondern irgendetwas zwischen Marzipanschwein und Clown.

Und er stiehlt meinem Monsieur komplett die Show. Der wollte neulich nur mal kurz zur Bank. Und blieb drei Stunden lang verschollen. Weil sich zwei Dutzend Bankerinnen um den Mops geschart, ihn auf den Tresen gesetzt und Selfies gemacht hatten. Als Monsieur irgendwann mit einem nach unzähligen Parfums stinkenden Mops wieder nach Hause kam, war sein einziger Kommentar: »Die gücken alle nur nach die kleine Ringelschwohnz.«

Ich habe Monsieur angemessen getröstet. Mit einem mit französischer Büttähr bestrichenen Baguette. Das bekommt er auch immer, wenn Madame was angestellt hat. Das mit dem Mops war nämlich so: ich wurde zu einem Mopstreffen eingeladen. Durfte dort Bücher signieren. Und traf zum ersten Mal im Leben auf die geballte Lebensfreude hunderter Mopsmenschen und deren Plattnasen. Was soll ich sagen? Ich bin dahingeschmolzen. Innerlich. Außen nicht, weil es saukalt war. Weswegen ich den Abend dann auch zu Hause am PC verbracht habe.

Es ist ja schon ein bisschen gruselig, woher das Internet weiß, was man gerne mag. Einmal nach Hormonen gegoogelt, schon wird frau mit Werbung für Mittel gegen Wechseljahresbeschwerden und für undichte Blasen zugemüllt. Keine Ahnung, woher das Netz wusste, wo ich tagsüber war, am Abend jedenfalls ploppten Dutzende Seiten und Bilder mit Möpsen auf. Dazwischen entdeckte ich eines von einer Fledermaus. Das habe ich angeklickt. Es war so ein »Ooooh wie süüüüß«-Foto. Es war keine Fledermaus, sondern ein frisch geschlüpfter Mops. Fledermäuse sind als Haustier ja auch nur bedingt geeignet.

Wie das so ist – manchmal überschwemmt einen der Habenmuss-Zwang mit aller Macht. Ich kenne das sonst nur beim Anblick von Schuhläden oder Buchhandlungen, da setzt bei mir im Gehirn die eine Schaltung aus, die lose mit den Finanzen verbunden ist. Bei mir sind an dem Abend sämtliche Sicherungen durch geknallt, und ich habe sofort die Züchterin angeschrieben. Nach zwei Tagen und gefühlten drölfzighundert Mails war das Fellbündel auf meinen Namen reserviert.

Was jetzt noch fehlte war, Monsieur einzuweihen. Es vergingen zwei Tage, sieben, zwanzig, und ich war beschäftigt mit der Frage: Wie sag ich's meinem Manne? Immer dann, wenn ich einen Anlauf nahm, hatte er entweder Stress bei der Arbeit, Männerschnupfen oder es lief ein französischer Spielfilm. Als eines Abends die Züchterin mahnte, ich solle nun definitiv Ja oder Nein sagen, weil sie schon siebzehn Interessenten für den Mopsjungen auf der Liste habe, habe ich meinen ganzen Mut zusammengekehrt und mich neben Monsieur auf die Couch gesetzt.

Zu meinem großen Glück brachte das französische Fernsehen gerade eine gute Nachricht. Mein Lieblingsgallier hatte also gute Laune.

»Duhuuuu«, flötete ich.

»Was?« Er kennt mich. Wenn ich flöte, habe ich entweder absurd viel Geld ausgegeben oder etwas kaputt gemacht.

»Ich hab da was gemacht«, eierte ich rum.

»Ah.«

»Also ... ich ... das ist so ...« Supergau. Wenn jemandem mit meinem Beruf die richtigen Worte fehlen, sollte man umschulen. Ich hab an der Stelle das Handy gezückt und ihm unter die Nase gehalten.

»Guck mal.« Zu sehen war der Babymops, wie er quasi in die Kamera lächelt.

»Was ist das? Eine Amster? Ein Maus?«

»Ein Mops.«

»Oui. Und?«

»Naja, ich hab den ... also ich könnte den ...« Ich wischte wie bekloppt über das Display und zeigte meinem gallischen Gatten drölfzighundert Fotos vom Hund.

»Wie eißt die Und?« Er sprach tonlos.

»Buddy«, flüsterte ich.

»Ist ein doofe Nahm für eine Und.« Monsieur lehnte sich zurück. »Dem muss was Französisch eißen.«

Eine Weile lang sagte er gar nichts, und ich zitterte und bangte. Schließlich war ich ja quasi seit Wochen schwanger. Nach einer gefühlten Ewigkeit machte Monsieur den Mund wieder auf.

»Wann kann man die kleine Möps ab'olen?«

Natürlich ist auch er auf den ersten Blick dem kleinen Marzipanschwein hemmungslos verfallen. Was er nicht bedacht hat: der Mops stiehlt ihm komplett die Schau. Monsieur, in unserer Heimatstadt bekannt wie ein bunter Hund, weil so ziemlich der einzige Gallier hier, wurde bislang von der holden Weiblichkeit umgarnt. Übrigens egal, ob ich daneben stand oder nicht. Die meisten Mädels schmelzen, wenn er sie mit Küsschen begrüßt und seinem französischen Charme übergießt. Die Frauen machen immer noch verzückt »Hach«, wenn Monsieur auftaucht. Allerdings wegen Baudelaire.

Der Mops hat sich artgerecht bei uns eingeführt. Im Auto auf dem Rückweg von seiner Züchterin saß er auf meinem Schoß und hat geweint. Klar, wenn man acht Wochen alt ist und plötzlich ohne Mama und sieben Geschwister auf große Fahrt geht, das haut selbst den stärksten Kerl um. Nach zehn Minuten schlief er ein. Nach zwanzig Kilometern auf der Autobahn kotzte er mir in den Ausschnitt. Nach weiteren zwei pennte er weiter, und wir steuerten die nächste Raststätte an. Mit Hundekotze bekleckert stürmte ich Richtung sanitärer Anlagen. Dort aber kostet einmal Pipi 50 Cent, ohne die man gar nicht erst durch die Schranke kommt. Ich hatte natürlich kein Geld dabei.

Die Klofrau war gerade dabei, vor dem automatischen Eingang zu wischen.

Ich: »Ich habe kein Geld dabei, dürfte ich vielleicht …«

Sie: Pikierter Blick über den Schrubberstiel hinweg.

Ich: »Mein neuer Welpe hat mich grade vollgekotzt.« (Heftige Gestern auf meinen Pulli)

Sie: Will gehen.

Ich: »Es ist ein Mops.«

Was soll ich sagen? Die Klofrau drehte sich um, strahlte mich an und ließ mich ein in ihre heiligen gekachelten Hallen.

Bis nach Hause blieb er dicht. Dann hat er auf den Teppich gepinkelt. Sozusagen sein Revier markiert. Der Chef ist er trotzdem nicht. Zumindest nicht bei den Vierbeinern. Da regiert weiterhin unser Großvater Rudi mit seinen stolzen sechzehn Jahren auf der Schnauze. Dass er Monsieur und Madame fest in den Krallen hat, würden wir natürlich absolut verneinen und vehement bestreiten, wenn uns jemand danach fragte. Aber da wir hier unter uns sind … Ja, so ein Mops kann einen ganz fix um den Ringelschwanz wickeln. Ist uns auch passiert. Aber das verraten Sie bitte niemandem. Merci!

Baudelaire macht übrigens keinen Unterschied zwischen Brezel und Baguette. Er frisst alles. Und hat dauernd Hunger. Weswegen ich jetzt auch Schluss machen und meine echten Jungs aus dem echten Leben mit echtem Essen füttern muss.
 Herzlich!
 Eure Silke Porath

Noch mehr Lust auf Mops und Monsieur? Alle Kolumnen (bis auf diese!) gibt es bei www.imlaendle.me